Josef Aldenhoff

Ich und Du – warum?

Josef Aldenhoff

Ich und Du – warum?

Was Beziehungen schwierig macht
und wie sie gelingen können

C. Bertelsmann

Verlagsgruppe Random House FSC® N001967

1. Auflage
© 2016 by C. Bertelsmann Verlag, München,
in der Verlagsgruppe Random House GmbH
Umschlaggestaltung: buxdesign, München
Satz: Uhl + Massopust, Aalen
Druck und Bindung: GGP Media GmbH, Pößneck
Printed in Germany
ISBN 978-3-570-10255-8

www.cbertelsmann.de

Inhalt

Maria, Maria, Maria …

für Anna-Lena, Carla, Ella, Franz,
Johannes, Johann, Lara, Lenny, Lilian,
Lisa, Luise, Lukas, Tedi.

Ich und Du – wie geht das?

Vor 630 Millionen Jahren war die Erde ein eisverkrusteter Ball, snowball-earth. Kein Ort für Lebewesen. In den Lücken des Eises hatten sich unsere Vorfahren für Millionen Jahre zur Verteidigung eingerichtet. Lebenskraft gestaut. Jetzt löste sich der Bann, der Planet erwärmte sich. Die Lebewesen breiteten sich über den Erdball aus, zu Wasser, zu Lande. Dies war die erste Globalisierung.

Von diesem Glücksfall tragen wir einen Hoffnungsvorrat in uns, in den Knochen, in den Augen, den Ohren, in unserem Gehirn, auf der Haut, in jeder Regung.

Von diesem Vorrat zehren wir in den Zeiten des Fortschritts und der Abstiege. Keine Enttäuschung braucht diesen Vorrat völlig auf. Wie ein Phönix entsteht er bei jeder Neugeburt, fast ungeschmälert. Stets derselbe glücksfähige Typ.

Alexander Kluge[1]

Menschen wollen nicht allein sein. Sie nicht, ich nicht.

Wir suchen Nähe, Vertrauen und vor allem – Liebe. Sie bricht unsere selbst geschaffenen Panzer auf, bringt unser geordnetes, von vielerlei Nützlichkeitserwägungen geprägtes Leben so in Fahrt, dass wir wider alle Hemmungen und Ängste, wider Erfahrung, gute Vorsätze und alle Vernunft losgehen, um die und den Anderen zu suchen, die zu uns passen. Um dann aufzublühen im Jubel der Verliebtheit, in diesem überwältigenden Glück einer anderen Möglichkeit, zu leben, einer Hoffnung, die sich immer wieder neu entfaltet.

Woher kommt dieser Zauber? Dieses Versprechen, aus dem sich seit Jahrtausenden wie aus keinem anderen Phantasie, Poesie, Tragik mit nie versiegender Kraft speisen?

Ist es der Hoffnungsvorrat, von dem Alexander Kluge spricht? Liebe als Ursprung aller Sehnsucht nach gelungenem Leben? Liebe als Ursprung allen Lebens überhaupt – im unmittelbaren wie im übertragenen Sinn?

Beziehung ist hoch attraktiv, Liebe für viele das Wunschziel ihres Lebens, die treibende Kraft, immer aufs Neue Grenzen zu überschreiten, so kühn und wagemutig zu sein, dass uns unsere Alltagspersönlichkeit kaum wiedererkennt. Wir gehen aus uns heraus, wachsen über uns hinaus. Wir glauben, dass alles möglich ist. So fühlt sich Glück an. Und wenn es nach uns geht, sollte das dauern. Ein Leben lang.

Aber dann mischt sich die Vernunft ein. Über viele Generationen vererbt, ebenfalls ein Überlebensfaktor. Sie will Glück allenfalls in geordneter, berechenbarer Form, in stabilen Beziehungen. Zumeist in Zweierbeziehungen als Mann und Frau. Sie sind nach wie vor die bürgerlich-etablierte Form des Zusammenlebens, die so selbstverständlich erscheint, dass Schwule und Lesben vehement um dieses Recht auf Ehe kämpfen. So wichtig ist den meisten Menschen ihre Existenz als Zweierbeziehung, dass sie eilig die nächste Beziehung beginnen, noch bevor sie die gerade scheiternde beendet haben. Einige probieren es nach der Scheidung sogar wieder mit demselben Partner.

Hier also scheinen wir unsere alles überstrahlende Herausforderung zu suchen: Dieses überaus attraktive Wagnis Liebe zu leben, in den Beziehungsstrukturen unserer Gesellschaft, als Gegenentwurf zu all den Normen und Erwartungen, dem allseits geforderten Funktionieren und Optimieren.

Die Liebe ermutigt und befähigt, sich über all diese pseudovernünftigen Zwänge hinwegzusetzen. Im unerschütterlichen Vertrauen darauf, dass es gelingen kann.

Gelingen lassen wollen wir Liebe bevorzugt in dauerhaften

Beziehungen, nur Wenige halten Serien von kurzen Glücksgeschichten für erstrebenswert. Aber gerade für die langen Beziehungen gilt, dass Glück oder auch nur Zufriedenheit eher selten sind. Von den »ordentlich« geschlossenen Ehen scheitern über dreißig Prozent – über das Scheitern nicht-ehelicher Beziehungen gibt es keine sicheren Zahlen. Dauer wird oft mit Kampf auf den verschiedensten Beziehungsebenen bezahlt. Solche alten Liebesbeziehungen setzen auf die längst enttäuschten Träume und die immer noch aktiven Erwartungen; wieder und wieder mit hohem Einsatz und im gefährlichen Wissen um die Schwächen des anderen, die früher durch Vertrauen behütet waren – um dann in immer bittereren Niederlagen zu enden. Liebe hat sich längst dem Hass angenähert.

Warum ist Innehalten in diesem Stadium so schwer, oft unmöglich? Warum fragen Sie nicht, ob es Ihnen noch gut genug geht, um so weiterzumachen?

Vielleicht, weil loslassen zwar Ihrer Liebe gutgetan hätte, aber nicht Ihrem Bedürfnis nach Macht, nach Kontrolle. Kontrollverlust macht Angst, und sei es nur die Angst, allein im Regen zu stehen. Macht wird in Beziehungen selten thematisiert, vielleicht gerade, weil es ein Grundthema ist. Das die Liebe erdrückt. Angst wird schon eher wahrgenommen, vor allem, wenn sich das Beziehungsgefüge zu lockern beginnt.

Es kommt Vieles an die Oberfläche, wenn zwei Menschen zusammenleben, Erwünschtes, Beglückendes, aber auf Dauer eben auch unsere ungeliebten, in den Schatten verbannten Anteile. Wie die sich entpuppen, unterliegt meist nicht unserer vernünftigen Kontrolle. Es kann sich so schön anfühlen, wenn das Interesse des Anderen die Persönlichkeitsanteile wachsen lässt, an die wir selbst nicht glauben mochten, aber nicht immer erscheinen sie uns deshalb akzeptabel.

Als Therapeut frage ich mich oft: Warum nur stürzen wir uns immer wieder begeistert und siegesgewiss in dieses schwierigste aller Vorhaben? Aber als Mann weiß ich, wie ich es als Frau wüsste – nur anders –, dass nichts so unfassbar mitreißend ist, wie der Moment, wenn mich die Liebe packt. Da kommt mir aller therapeutische Hochmut abhanden – Gott sei Dank! –, und ich verstehe meine Klienten, die sich hineinstürzen in das nächste Beziehungsabenteuer.

Mit jedem neuen Versuch wird die Frage dringlicher, was wir tun könnten, damit es endlich klappt?

Um unser Bedürfnis nach Beziehung gut leben zu können, nicht überwiegend daran zu leiden und andere leiden zu machen, sollten wir uns mit unserer Herkunft und den dadurch geprägten seelischen Strukturen vertraut machen. Und herausfinden, wie diese Strukturen unsere Beziehungen dominieren. Denn das Gelingen von Beziehungen setzt, bei allen Emotionen, Wissen voraus. Das wäre ja durchaus verfügbar, manchmal auf der Ebene des gesunden Menschenverstandes, manchmal als Ergebnis aufwendiger wissenschaftlicher Studien. Wir müssten uns nur darum bemühen. Die heute landläufigen Erwartungen an eine glückliche Beziehung beruhen auf idealisierenden Vorstellungen und haben mit den Beziehungsrealitäten nur wenig zu tun.

Gute Beziehung bleibt ein anspruchsvolles Ziel.

Wie komme ich dazu, dieses Buch über Liebe und Beziehungen zu schreiben? Sind zwei geschiedene Ehen, immer wieder neue, mehr oder weniger glückliche Beziehungen ein Qualitätsmerkmal? Bei einiger Introspektion durchaus. Einige Motivation kommt aus meiner therapeutischen Tätigkeit, während der mir wieder und wieder vor Augen geführt wird, wie wenig Wissen den Willen zur Beziehung begleitet. Das gilt keineswegs nur für den schnellen Sex oder die von vornherein als kurzfristig angelegte Urlaubsbekanntschaft, sondern gerade auch für viele langjährige Ehen, bei denen das Aufwachen aus einer nachhaltig gepflegten Illusion so viel schmerzhafter ist als nach dem One-Night-Stand.

Ich will versuchen, Modelle zu vermitteln, wie Beziehung funktionieren könnte, und Hindernisse zeigen, die das Scheitern heraufbeschwören.

Gerade dann, wenn es nicht funktioniert hat, wenn Sie sich eingestehen müssen, dass Sie, ja Sie, nicht die oder der Andere, Ihre Beziehung nicht zuletzt auch durch Ihr Verhalten ruiniert haben, wäre es für alle Beteiligten, Sie, Ihre/n Partner/in und die ja oft so schnell entstandenen Kinder, besser, wenn Sie sich gut, vielleicht ein wenig resignativ, aber ohne Rosenkrieg trennen könnten, um – danach – vielleicht, ja, ein neues Beziehungsleben beginnen zu können. Wieder offen zu sein für die Beglückungen und die Verrücktheiten der Liebe, die uns lebendiger machen als alles andere.

* * * *

Es gibt drei Arten von Texten in diesem Buch:

- Der Haupttext, der mit diesem Einleitungskapitel beginnt;
- Kapitel, die vorwiegend erklären, die psychologische oder biologische Mechanismen deutlich machen sollen, sind in Kästen gesetzt;
- Zitate und Notate von mehr oder weniger prominenten Zeitgenossen, die ihre – oft überraschende – Meinung zu Beziehungen oder zu Liebe äußern, und fiktive Paartherapien, also Gespräche zwischen ihr, ihm und dem Therapeuten, die versuchen, interpersonale Mechanismen, manchmal auch Sackgassen deutlich zu machen.

Sie sind ein Beziehungsinsider

Von Beziehungen verstehen Sie jede Menge, es ist Ihnen nur meistens nicht bewusst.

Zum Beispiel:
Ihr Chef stellt Ihnen den neuen Mitarbeiter vor, den Nachfolger von Herrn M., mit dem Sie sich von Anfang an so schwertaten. Nach den Erfahrungen mit seinem Vorgänger waren Sie durchaus reserviert.
Doch schon in der ersten Minute ist alles anders, Sie öffnen das Visier; ein paar Worte gewechselt, Sie wissen, es wird klappen.
Abends berichten Sie Ihrer Frau davon, die Ihnen rät, etwas vorsichtiger zu sein und abzuwarten, aber Sie sind sich sicher. Und behalten recht. Zwischen Ihnen und dem Neuen stimmt die Chemie.

Es könnte auch umgekehrt sein:
Sie geben sich Mühe, wollen der Neuen ohne Vorurteile begegnen; aber Sie merken vom ersten Moment an, dass Sie ihr nicht trauen, dass sich Ihnen die Nackenhaare aufstellen. Innerlich schelten Sie sich dafür, können sich selbst nicht verstehen. Aber nach ein paar Monaten wissen Sie sicher, dass Ihr erstes Gefühl Sie nicht getrogen hat: Für Sie bleibt die Neue eine Schlange!

Noch ein Szenario:
Sie leben schon lange genug allein, haben sich eingerichtet; viel Hoffnung haben Sie nicht, dass Sie die Frau Ihres Lebens noch

treffen werden. Die Wunden aus Ihrer ersten Ehe sind allmählich vernarbt. Schön wäre es schon, nicht mehr solo durch die Welt zu dackeln.

Heute haben Sie sich entschlossen, in die neu eröffneten Deichtorhallen zu gehen. An Beziehung denken Sie gar nicht, eine Fotoausstellung ist ja keine Partnerbörse. Irgendwann lässt Ihre Begeisterung für die Bilder etwas nach, und Sie bemerken, dass eine attraktive Frau sich für genau dieselben Fotos zu interessieren scheint. Stimmt das denn? Ihr Eindruck bestätigt sich, verstohlen fangen Sie an, sie zu beobachten. Irgendwann bemerkt sie das und lächelt Sie an! Sie erschrecken und drehen erst mal eine Runde durch einen Nebenraum, aber schließlich gewinnt Ihre Neugier die Überhand, und Sie suchen sie, finden sie nach einigen bangen Minuten auch. Und im Überschwang des Wiederfindens sprechen Sie sie an, ob sie nicht Lust hätte, mit Ihnen einen Kaffee zu trinken. Nicht so wahnsinnig originell, aber Sie haben ohnehin schon zu viel Herzklopfen, um noch klare Gedanken zu fassen. Doch das Gefühl ist ganz klar: Ihnen würde Ihr Leben entgleiten, wenn Sie ihr nicht noch näher kommen könnten, wenigstens für einen kurzen Moment. Offensichtlich passt der Vorschlag, sie nimmt an.

Im Gespräch stellt sich heraus, was Sie eigentlich schon wussten, als Sie sie zuerst sahen: Dass Sie gut zusammenpassen. Nach zwei Monaten leben Sie in einer beginnenden, mit vielen Unsicherheiten behafteten, aber offensichtlich aufkeimenden Liebesbeziehung.

Natürlich hätte das auch anders gehen können. Sie hätte Sie doof finden, Ihre Anmache als Anmache abqualifizieren können, oder sie wäre verheiratet gewesen, oder, oder, oder ... War aber nicht!

Eine »alte« Geschichte:
Ihre Erinnerungen an die Kindheit sind nicht mehr so klar, aber Ihre große Schwester erzählt Ihnen bei irgendeinem Familien-

treffen, dass Sie schon als Dreijähriger sehr klar wussten, mit der neuen Frau Ihres Vaters, also Ihrer Stiefmutter, würden Sie nicht zurecht kommen. Zumindest hätten Sie sich sehr eindeutig verhalten. Es gab erkennbar keinen Grund. Sie war nett zu Ihnen, gab sich offensichtlich Mühe. Ihre Dreikäsehoch-Einschätzung hat sich aber bewahrheitet.

Überlebensvorteil Beziehung

Was ich hier über Beziehungen schreibe, wissen Sie eigentlich schon. Sie hätten es als Mensch nicht weit gebracht, wenn Sie nicht Insider zum Thema Beziehung wären. Auch in Ihrer Herkunftsfamilie konnten Sie sich nur so durchsetzen.

Mit »wissen« meine ich nicht unbedingt, dass Sie darüber Vorträge halten könnten. Aber das müssen Sie ja auch nicht, um sprechen oder laufen oder radfahren, Stimmen oder Gesichter erkennen zu können. Sie tun es einfach. Ganz ähnlich leben Sie Beziehungen, ohne groß darüber nachzudenken; aus einer mehr oder weniger stabilen Gewissheit, dass es so schon irgendwie stimmt. Aus Ihrer sozialen Umwelt, aus dem Verhalten Ihrer Eltern, das Sie geprägt hat, und nicht zuletzt aufgrund der Genetik ist Ihre Beziehungskompetenz entstanden, und die ist weitgehend automatisiertes Verhalten. Was nicht heißt, dass soziale Kompetenz simpel oder trivial wäre: Wenn auch nur minimale Fähigkeiten fehlen, wie beispielsweise bei dem gerade sehr populären Asperger-Autismus, funktioniert zwar einiges im Leben gut, aber anderes, vor allem im Bereich Beziehung, kann unendlich mühsam und nur für Nichtbetroffene komisch sein.[2]

Entstanden ist die Beziehungsfähigkeit als Überlebensvorteil unter härtesten Bedingungen, zu einem Zeitpunkt, als keineswegs klar war, dass die Menschen das Überleben packen würden.

Unsere Beziehungsfähigkeit ist ein, vielleicht der wichtigste,

Evolutionsvorteil, der die Gattung Mensch überleben und alle anderen Lebewesen dominieren ließ. Halbwegs zutreffend einschätzen zu können, wie andere Ihnen gesonnen sind, ist ein unglaubliches Erfolgskonzept! Und weil Sie ahnen, dass Sie das gut können, wollen Sie es immer wieder ausprobieren. Nicht selten ordnen Sie diese Fähigkeit einem anderen menschlichen Bedürfnis, dem nach Macht, unter. Unser Ich will mit guten Gründen Macht! Und so üben wir Macht über die aus, die wir am besten kennen, die uns vertrauen, uns anvertraut sind. Wenn Sie in solch einer Situation feststecken, fragen Sie sich vielleicht manchmal, ob das so geplant war.

Ihre evolutionäre Herkunft macht Glanz und Elend Ihrer heutigen Beziehungen aus. Sie sind ein Oldtimer, Ihr Schaltplan hat Millionen Jahre auf dem Buckel. Diese Ausstattung garantiert Ihnen die Möglichkeit, Kindheit und Jugend zu überleben und sich fortzupflanzen. Mehr war in den kurzen Lebensdauern vor über hunderttausend Jahren nicht drin. Schon das ist nicht so einfach, alles andere erfordert Sonderausstattungen.

Besonders das heute vom *common sense* formulierte Ziel, in einer glücklichen Beziehung mit einem *significant other* gut zu leben, älter zu werden, respektvoll und freundschaftlich miteinander umzugehen, Interessen zu teilen und möglichst noch tollen Sex miteinander zu haben, stand nicht in den Lieferbedingungen. Auch wenn es manchmal funktioniert, bleibt es eine Herausforderung, vielleicht eine Vision, jedenfalls überhaupt keine Selbstverständlichkeit!

Im Vergleich zu Ihren Vorfahren leben Sie heute in tiefstem Frieden und unter luxuriösen Bedingungen. Selbst wenn Sie existenzielle Sorgen haben, sind die nicht gleich lebensbedrohend, zumindest nicht in Mitteleuropa. Deswegen haben Sie den Kopf ziemlich frei und bilden sich auch öfter mal ein, Sie könnten Ihre Beziehung offen und frei gestalten, ohne dass es negative Konsequenzen hätte.

Können Sie auch. Bis zu einem gewissen Grad. Die Grundbedingungen dafür sind gerade in den letzten fünfzig Jahren sehr viel günstiger geworden:

- Auch wenn Sie nicht mehr den Ernährer spielen wollen, werden Frau und Kinder nicht verhungern, denn wir leben in einem ziemlich guten, allerdings nicht völlig risikolosen sozialen Netz.

- Auch wenn Ihre Frau Ihnen den Krempel hingeschmissen hat und mal für ein paar Wochen die familienferneren Alternativen des Lebens ausprobiert, haben Sie reale Chancen, dass Sie das mit den Kindern, dem Haushalt und dem Job hinkriegen, ohne existenziell gefährdet zu sein. Viele Alleinerziehende machen es Ihnen vor.

- Wenn Sie mit Ihrer frisch (seit drei Wochen) erbeuteten neuen Traumpartnerin Sex haben und sie gleich schwängern, finden Sie sich nicht unausweichlich in einer neuen Kleinfamilie wieder. Es ist keine Katastrophe – selbst wenn Sie das vielleicht so erleben –, Sie könnten das Baby ja abtreiben lassen, ohne sozial geächtet zu werden. Das wollten Sie nie, aber wie das halt so ist. Wenn Sie katholisch erzogen sind, macht Ihnen das Gewissensbisse, aber die Wenigsten werden ihre Karriere- und Lebensplanung heute den moralischen Zwängen einer Religionsgemeinschaft unterordnen.

- Wenn es mit Ihrer Ehe nach zwanzig Jahren nicht mehr »klappt«, dann können Sie sich offen eine neue Partnerin suchen, sich scheiden lassen, ohne dass Ihnen – außer vielleicht von Ihrer Mutter – Vorwürfe gemacht werden. Sie müssen also nicht für den Rest Ihres Lebens in einer unglücklichen Ehe verharren und sich eine heimliche Geliebte halten. Sie können, aber Sie müssen nicht.

- Wenn Sie nicht heiraten, sondern in einer früher als »wild« bezeichneten Ehe leben wollen, können Sie das ohne viele Nachteile realisieren, wenn Sie die juristischen Rahmenbedingungen – Adoption der Kinder etc. – beachten.

Was Beziehungsgestaltung angeht, ist der Rahmen des Möglichen in der Tat viel weiter geworden, ja, die Möglichkeiten sind (fast) unbegrenzt. Normen sind kaum noch sichtbar. Sie können wirklich fast jeder finanziellen, zwischenmenschlichen, werbungsinduzierten Laune folgen, Ihr Sexleben nach den Anregungen von *Fifty Shades of Grey* ausrichten oder versuchen, die geilsten Youporn-trailer nachzuspielen, Ihre Kinder nach den Kriterien von Summerhill aufwachsen lassen – weiß noch jemand, was das war? Googeln können Sie's ja mal – oder nach den Empfehlungen der Super-Nanny erziehen, zusammenleben, mit oder ohne Trauschein usw. usf.

Nur, wie gut geht es Ihnen damit?

Das ist offen. Ein Zitat von Jesper Juul macht das deutlich: »In den Familien herrschen … komplizierte Zustände … Das Zusammenleben von Kindern und Eltern findet in einer Offenheit statt, die aber nicht definiert ist. Das Vielversprechende daran sind die neuen Möglichkeiten, echte Gleichwürdigkeit und Wärme in den Beziehungen entstehen zu lassen. Die Gefahr besteht darin, dass der äußere Rahmen diesen Prozess nicht stützen kann und dass das Fehlen von festen Richtlinien ein Gefühl von Angst und Chaos auslösen kann.«[3]

Beziehungswärme oder Angst?

Wenn Sie, Ihr/e Partner/in, Ihre Kinder sich gut fühlen, bekommt Partnerschaft eine lebenstabilisierende Funktion im Sinne des Wortes, denn auch Ihre Gesundheit profitiert davon. Kaum ein äußerer Faktor wirkt sich gesundheitlich so positiv aus wie Wohlbefinden in der Beziehung. Sex mit der geliebten Person hat zwar – bei großen individuellen Unterschieden – keinen größeren Trainingseffekt als »schwere Hausarbeit« oder »Graben im Garten« …, ist aber fundamental beglückend und gesundheitsfördernd.[4] Liebe heilt, wie Werner Bartens mit vielen Beispielen belegt[5], und wem die Liebe zerbricht, der muss auch auf seine Gesundheit aufpassen, besonders auf sein Herz. Kein Witz!

Also, mit Ihrer Freiheit umgehen lernen, das wär's. Mit *Ihrer* Freiheit. Wie Sie Beziehung gestalten, wie Sie lieben, wie Sie glücklich werden könnten, das unterliegt einem höchst individuellen Bewertungssystem. Vorbilder, Modelle sind nicht schlecht, aber letzten Endes können nur Sie für sich selbst entscheiden, was für Sie persönlich stimmt. Ausprobieren ist manchmal okay, manchmal wissen Sie es eigentlich schon vorher. Denn wie gesagt: In Sachen Beziehung sind Sie Insider!

Vertrauen ist das Zauberwort

Hugh Jackman, geboren 1968, ist ein sehr erfolgreicher Schauspieler und Musicaldarsteller; er sagt über seine 20 Jahre während Beziehung:

»Am Tag meines Heiratsantrags wollte ich meine Frau Deborra mit einem Picknick im Park überraschen, aber es schüttete, die Enten fraßen die Croissants, und ich brachte vor lauter Nervosität keinen Bissen runter. Jetzt sind wir bald 20 Jahre verheiratet, und ich fand es überhaupt nicht hart. Im Englischen sagt man ja scherzhaft ›happy wife, happy life‹. Da ist schon etwas dran, und ich sage auch zu meinen Kindern immer, wenn sie mit meinem Ruhm hadern: Erfolg kommt und geht, aber die Liebe zu euch wird immer bleiben.«[6]

Klaus Meine, geboren 1948, ist seit 1969 Frontman und Songwriter der Band Scorpions. Er spricht über Treue.

SZ: Eine so langlebige Ehe (43 Jahre) kriegen die wenigsten Rockstars hin. Wie geht das?
KM: Keine Ahnung. Warum soll das denn nicht gehen?
SZ: Sie sind in fernen Ländern auf Tour, stehen immer im Mittelpunkt, werden überall gepampert. Ego-Anfälle, Exzesse, ungeahndete Grenzüberschreitungen, ewige Rastlosigkeit, totale Dekadenz. So stellt man sich das vor als Nicht-Star.
KM: Sicher, aber Gabi und ich haben das ganz gut hingekriegt über die

Jahre. Vertrauen, Vertrauen, Vertrauen ist das Zauberwort. Wenn du einen Partner hast, der immer da ist, wenn es dir nicht gut geht, der dich auf so einer langen Strecke supportet, dann muss man das auch zurückgeben.[7]

Warum sind wir so fit in Beziehungen?

Wenn wir uns Menschen mit unseren nächsten Verwandten unter den Primaten vergleichen, ist zweifelsfrei klar: Der Mensch ist himmelhoch überlegen! Aber vor 200 000 Jahren war diese Entwicklung längst nicht ausgemacht. In der afrikanischen Savanne, wo nach heutigem Wissen wohl unsere Ursprünge liegen, waren die Überlebenschancen unserer unmittelbaren Vorläufer alles andere als rosig. Umgeben von Konkurrenten, die viel stärker, schneller, gefährlicher waren, kaum weniger intelligent und vor allem viel, viel zahlreicher, grenzte es aus Sicht der Evolution wohl an ein Wunder, dass sich Menschen überhaupt entwickeln konnten und dass sie überlebt haben. Zumal menschliche Babys viel mehr Kalorien verbrauchen als die Kinder von Schimpansen, Bonobos, Orang-Utans oder Gorillas.

Was also hat ermöglicht, dass die paar zehntausend Menschenvorläufer überlebten, sich vermehrten und schließlich die dominanteste Spezies auf der Erde wurden?

Natürlich kann das keiner zweifelsfrei beantworten, denn es gibt ja keine Überlieferung aus dieser Vorzeit. Es besteht also nur die Möglichkeit, Menschen und ihre nächsten Verwandten unter den Menschenaffen nach neuropsychologischen Kriterien genau zu beobachten und daraus Rückschlüsse zu ziehen auf das, was sich in Jahrmillionen abgespielt haben könnte. Apropos nächste Verwandte: Die letzten gemeinsamen Ahnen hatten diese Affen und die Menschen vor sechs Millionen Jahren, was heißt, dass wir gar nicht so nah verwandt sind, sondern uns schon früh unterschiedlich weiterentwickelt haben.

Aus solchen Beobachtungen hat der zur Zeit in Leipzig forschende Entwicklungspsychologe Michael Tomasello die aufregende Hypothese entwickelt, Menschen hätten eine besondere Begabung zu »hyper-sozialem« Verhalten[8]: Menschen interessieren sich demnach sehr viel stärker für die geistigen und emotionalen Zustände anderer als unsere nächsten tierischen Verwandten und reagieren auch viel sensibler darauf. Das trifft sich mit der Theorie von Sarah Blaffer Hrdy[9]: Sie fragte sich, welchen Vorteil es den Menschen bietet, dass schon sehr kleine Babys herausfinden können, ob ein anderer Mensch ihnen freundlich oder unfreundlich gesonnen ist, beziehungsweise ob es gefährlich oder angenehm ist, von diesem Menschen anstelle der Mutter betreut zu werden. Sie nimmt an, der entscheidende Vorteil dieser Begabung lag darin, dass die Menschenmütter ihre Kinder schon sehr früh an andere helfende Personen abgeben konnten, zumindest zeitweise. Frauen wirkten in Frühzeiten zum Beispiel an der Nahrungsbeschaffung entscheidend mit und konnten ihre Babys dabei nicht immer mitnehmen. Oder sie bekamen das nächste Kind und gaben deswegen ihre Kleinkinder an Ersatzmütter ab. Schimpansen tun das zum Beispiel überhaupt nicht. Die Auswahl solcher Ersatzpersonen war durchaus kritisch für die Zukunft des Kindes. Deswegen war es ein Selektionsvorteil für unsere Vorfahren der Art *Homo erectus*, besser als selbst die schlauesten Affen für diese hochdifferenzierte Beziehungsbildung ausgestattet zu sein. Schimpansenbabys haben, aber vergessen diese Fähigkeit, weil ihre Mutter sie ohnehin nicht hergibt.

Sie, der moderne Mensch von heute, haben diese Ausstattung geerbt, auch wenn Babys diese Fähigkeit zur Einschätzung anderer Menschen in unserer Zivilisation nicht so lebensnotwendig brauchen. Sie entstand und wurde wahrscheinlich genetisch fixiert in den ein bis zwei Millionen Jahren, in denen der *Homo erectus* sich entwickelte. Die paar hundert Jahre, seit denen diese Fähigkeit nicht mehr zum Überleben gebraucht wird, weil die menschliche Existenz inzwischen relativ gut abgesichert ist, haben auf die Genetik noch keinen Einfluss gehabt. Mittlerweile profitieren wir alle in vielfältigen Situationen von dieser Fähigkeit, andere Menschen schnell zutreffend einzuschätzen. Sie beeinflusst unsere sozialen Strukturen in Zweierbeziehung, Familie und Beruf nachhaltig. Wir setzen sie nicht nur als Baby, sondern auch in allen höheren Altersstufen ein, und zwar immer dann, wenn eine schnelle und fein abgestimmte Beziehungsgestaltung von besonderem Wert ist. Unbewusst beherrschen wir ein ausgefeiltes psychologisches Repertoire zum Management von Beziehungen. Wahrscheinlich aller Arten von Beziehungen! Dieses Repertoire nützt Mutter und Kind, Partnerin und Partner und allen anderen sozialen Verbindungen wie etwa zwischen Chef und Mitarbeitern.

Theory of Mind

Eine meiner Aufgaben als leitender Oberarzt war die Besetzung freier Assistenzarztstellen. Aufgrund der schriftlichen Bewerbungen wählte ich ungefähr sechs Bewerberinnen und Bewerber aus, mit denen ich dann ein etwa halbstündiges Gespräch führte. Ich befragte sie eingehend hinsichtlich ihrer menschlichen und beruflichen Qualifikation, um eine oder einen Spitzenkandidatin/en auszuwählen, die oder der optimal in unser hervorragendes Team passte. Ich gab mir Mühe.

Meine Sekretärin machte gerne launige Bemerkungen über die einzelnen Kandidaten, mit denen sie lediglich bei dem Anklopfen an das Sekretariat Bekanntschaft machte. Zu meiner Überraschung schien ihre Einschätzung mit meiner ziemlich genau übereinzustimmen, obwohl ich viel mehr Zeit für meine Entscheidung und auch eine wesentlich größere Erfahrung in der Auswahl ärztlicher Kolleginnen und Kollegen hatte.

Eines Tages schlug ich vor, dass jeder von uns unabhängig eine Reihung vornehmen und sie schriftlich fixieren sollte; wenn alle Kandidaten »durch« waren, würden wir unsere Listen vergleichen. Unsere Ergebnisse waren tatsächlich weitgehend identisch.

Wie das? War ich trotz meiner Erfahrung ein besonders schlechter Menschenkenner, war sie ein Genie im zwischenmenschlichen Kontakt? Weder noch. Sie profitierte von dieser grundsätzlichen menschlichen Fähigkeit, die es jedem erlaubt, andere Personen in kürzester Zeit ziemlich zutreffend einzuschätzen. Ich war natürlich klar überlegen, wenn es um die psychiatrisch-neurologische Qualifikation ging, aber wenn die allgemeinmenschlichen Qualitäten gefragt waren, wie Umgangsstil, Vertrauenswürdigkeit, Ausstrahlung, dann zog meine Sekretärin gleich. Anders ausgedrückt: Wir waren uns einig, wenn es um die Frage ging, ob der Kandidat einer wäre, von dem wir einen Gebrauchtwagen gekauft hätten.

Diese Fähigkeit nennen die Psychologen Theory of Mind. Klingt wie ein Computerspiel und ist ein Allround-Werkzeug zwischenmenschlichen Verhaltens, das sich in früher Kindheit zu entwickeln beginnt und im Alter von drei Jahren voll ausgeprägt ist. Der Ausdruck bedeutet, dass wir aufgrund der Introspektion in unser eigenes Denken und Fühlen die Theorie entwickeln, dass andere Menschen eine Seele wie wir selbst haben und dass wir aus den Analogien zwischen unserem und dem Verhalten anderer rückschließen, was der andere jetzt wohl gerade denkt. Da wir es nicht wissen, sondern nur vermuten, heißt es Theorie. Eine wichtige Voraussetzung für die Entwicklung der Theory of Mind ist das Interesse an anderen Menschen, was bei Kleinkindern schon im Alter von wenigen Monaten nachweisbar ist. Besonders gilt das für die Interpretation von zielgerichtetem Verhalten. Indem Kinder annehmen, andere seien wie sie selbst, können sie einen Zusammenhang zwischen ihren eigenen und den Seelenzuständen anderer herstellen.

Bei einer Reihe von seelischen Krankheiten, vor allem Autismus, Alkoholkrankheit und Schizophrenie, sind die Theory-of-Mind-Fähigkeiten eingeschränkt. Der Vorteil der Theorie liegt vor allem darin, dass wir Voraussagen machen können, wie sich andere vermutlich verhalten werden und welche Gedankengebäude dahinterstecken, ohne dass wir das im Einzelnen genau erfragen müssen. Dadurch können wir soziale Situationen schnell zutreffend einschätzen.

Ihre erste Beziehung

Über die wichtigste Phase in Ihrem Leben wissen Sie nichts. Überhaupt nichts. Sie waren schlicht zu klein.

Jetzt, als Erwachsene, machen Sie sich Gedanken über Ihr Leben, sorgen sich und versuchen zu planen. Können Sie machen. Sie können sich auch einer Psychotherapie unterziehen, wenn Sie was für Ihre Seele tun wollen. Oder ins Kloster gehen und Retreats absolvieren, christlich, buddhistisch ...

Nur müssen Sie sich klar sein, dass die wesentlichen Voraussetzungen Ihres sozialen Lebens bereits in den ersten drei Lebensjahren festgelegt wurden. Ihre übliche Bewertung, lediglich das für wesentlich zu halten, was Sie als erwachsene Person erinnern, unterschätzt, dass Ihnen in Ihrer vorbewussten Lebensphase etwas Wesentliches passiert ist: Der Kontakt zu Ihren ersten Bezugspersonen entscheidet über Ihr Verhaltensrepertoire im künftigen Leben, prägt Ihre Persönlichkeit mindestens genau so wie Ihr genetisches Erbe, in manchen Bereichen wahrscheinlich deutlich stärker.

Es schadet nichts, wenn Sie das bedenken.

Wie Persönlichkeit entsteht, können Sie bei Babys am besten beobachten. Am interessantesten sind natürlich Ihre eigenen Kinder, aber jede Gelegenheit ist nützlich. Zunächst haben Sie vielleicht den Eindruck, dass so ein Winzling bis auf schlafen, schreien, saugen und verdauen gar nichts kann. Das täuscht.

Denn schon sehr kleine Kinder nehmen bereits kurz nach der Geburt Kontakt zu der Person auf, die sich um sie kümmert, also meistens zur Mutter. Aber nicht nur sie, auch die anderen, die ins Blickfeld kommen, werden begutachtet. Bereits kleinste Kinder bewerten: Gut für mich oder gefährlich? Als Sie so klein waren, ist Ihre Beziehungsfähigkeit entstanden. Das ist also gelaufen, der Prozess ist abgeschlossen. Sind Sie jetzt irritiert, dass etwas so Wesentliches ohne Ihr aktives Zutun geschehen ist? Dass somit Änderungen nicht einfach zu bekommen sind? Wenn Sie Glück mit Ihrer Mutter, Ihren Eltern hatten, ist es toll, wenn nicht, dann kann Ihr Leben ganz schön schwierig sein.

Was in dieser Lebensphase gelaufen ist, begründet Ihre Persönlichkeit, Ihr Verhaltens- und Beziehungsrepertoire und Ihr grundlegendes Wohlbefinden.

Deswegen ist die Beziehung zwischen Ihnen und Ihren Eltern so entscheidend. Ja, aber, mögen Sie hier einwenden, zu dieser Beziehung haben Sie doch fast nichts beigetragen. Sie waren doch viel zu klein. Richtig. Der Mensch, der Sie heute sind, ist sehr wesentlich das Produkt der Zuwendung und der Erziehungsbemühungen Ihrer Eltern. Das ist für selbstbewusste Menschen, die gerne ihr Leben im Griff hätten, nicht leicht zu akzeptieren.

Mein Gott, die Eltern! Jeder Kontakt ist doch Stress ohne Ende! Als Mann haben Sie die Probleme eher mit Ihrem Vater, als Frau mit der Mutter. Für Ihr weiteres Leben, für Ihre Beziehungsgestaltung, für die Beziehung zu den eigenen Kindern, wäre es gut, wenn Sie die Beziehung zu Ihren Eltern klären könnten. Auch wenn Sie für den Stress nur zu einem geringen Teil verantwortlich sind, es fühlt sich besser an. Vielleicht erinnern Sie sich aus grauer Vorzeit noch an eines der zehn Gebote: »Du sollst Vater und Mutter ehren, auf dass dir's wohl ergehe und du lange lebst auf Erden.« Ob Sie sich so was gebieten lassen, ist Ihre Entscheidung, aber dieser alte Schriftsatz ist nicht falsch. Als Psychotherapeut weiß ich, dass es furchtbar schwer sein kann, diesen Vater, diese Mutter nun auch noch zu ehren.

Obwohl die Ihnen das Leben ganz schön vermasselt haben, indem sie eben nicht auf Ihre Bedürfnisse eingegangen sind, indem sie manipulativ waren, Sie erpresst haben oder indem sie sich um allen möglichen Unsinn mehr gekümmert haben als um Sie. Ich habe erwachsene Menschen bei dem Versuch, sich vorzustellen, dass sie ihre Eltern »ehren« sollten, vor Wut weinen sehen. Aber es hilft nichts, diese Personen haben Ihre entscheidende Lebensphase geprägt. Und mit sich werden Sie erst weiterkommen, wenn Sie das akzeptieren.

Bei Ihnen ist es gut gelaufen? Sie haben eine schöne, liebe- und respektvolle Beziehung zu Ihren Eltern, Sie freuen sich auf jedes Treffen, weil Ihre Eltern an Ihnen interessiert sind, ohne Sie zu bevormunden, und sie sich auch auf die Enkelkinder freuen?

Super. Dann werden Sie mit meinem Berufsstand vermutlich nicht viel zu tun bekommen.

Verlässlichkeit ist nicht verzichtbar

Gut wäre auf jeden Fall, dass Sie mit sich und Ihrer Beziehung zu Ihren Eltern im Reinen sind, wenn Sie selbst Kinder haben wollen. Spätestens wenn gerade so ein schreiendes Etwas auf die Welt gekommen ist und Sie nicht so recht wissen, was Sie mit ihm anfangen sollen. Wenn Ihre Beziehung zu Ihren Eltern gut war, können Sie sich auf Ihre Intuition verlassen, wenn nicht, dann müssen Sie basteln, sich informieren, Rat und Hilfe suchen.

Hauptsache, Sie kümmern sich, wann auch immer dieses neue Wesen irgendwie signalisiert, dass das angesagt sein könnte. Also eigentlich ständig.

Denn aus den Bedürfnisäußerungen des Babys und Ihrer Reaktion darauf entsteht die Wahrnehmungsfähigkeit des kleinen Menschen für seine Gefühle. Je differenzierter Sie reagieren, desto genauer lernt das Kind seine Bedürfnisse kennen und sie zu unterscheiden.

Übrigens ändern sich auch Ihre Wahrnehmung, Ihre Gefühle,

Ihr emotionales Repertoire, wenn Sie mit Kindern umgehen. Die formen Sie ebenso, wie Sie es tun. Wenn Sie offen dafür sind, bekommen Sie jede Menge. Ziemlich schön ist das!

Daraus folgt Verschiedenes:

Der Person, die sich des Babys annimmt, die zur wesentlichen Bezugsperson für das Baby wird, sollte es gut gehen. Sie sollte genügend Zeit haben, sich um das Baby zu kümmern und auch etwas für ihre eigenen Bedürfnisse zu tun. Warum soll es ihr gut gehen? Nur so kann sie etwas von ihrem Wohlbefinden weitergeben. Denn Babys, die ja noch nicht bewusst wahrnehmen, merken vor allem eines: Wie die Person drauf ist, die mit ihnen umgeht. Also wäre es eine gute Investition in das künftige Familienglück und in die Zukunft des neuen Menschen, wenn die Mütter, denn die sind es ja meistens, sich wohlfühlen würden. Das ist wichtiger als der Job des Mannes oder die ausgewogene Partnerschaft. Obwohl das alles ineinandergreift. Aber zu bestimmten Zeiten gibt es bestimmte Prioritäten. Und das sind in den ersten Wochen nach der Geburt die Bedürfnisse des Babys.

Es muss übrigens nicht nur eine Bezugsperson sein. Die Eltern können sich das Umsorgen des Babys teilen. Wobei teilen schon teilen meint. Darauf komme ich später zurück. Wenn die Untersuchungen zur Bindungsfähigkeit auch von einer Bindungsperson ausgehen, heißt dies nicht, dass es nicht auch mehrere sein können. Da Menschenbabys schon früh ihre möglichen Beziehungspartner auf Verträglichkeit durchchecken, können auch mehrere Mütter oder Väter zu Bezugspersonen werden. Nur die Verlässlichkeit ist nicht verzichtbar!

Es geht nicht in erster Linie ums Überleben. Kleine Menschen sind in gewissen Grenzen schon erstaunlich überlebensfähig. Sondern es geht darum, dass aus diesem gerade begonnenen Leben eine zufriedene Persönlichkeit entstehen kann, dass es ein Leben wird, dessen Träger es gut geht und der etwas davon an seine Umgebung weitergeben kann. Also geht es doch ums Ganze.

In den ersten Wochen läuft fast alles über Blickkontakt, Berührung.

Ziemlich bald wird es komplexer. Verhalten entsteht entsprechend den sich entwickelnden Fähigkeiten des Kindes, Mutter und Kind reagieren gegenseitig mit immer mehr Verhaltensweisen aufeinander.

Aus diesen Reaktionsweisen entsteht eine der wichtigsten Eigenschaften des Menschen überhaupt: das Vertrauen in die Beziehung, konkret der sogenannte Bindungstyp. Der entscheidet darüber, ob Sie künftig auf andere offen und vertrauensvoll oder zurückhaltend und mit viel Abwehr zugehen. Oder ob Sie überhaupt nicht auf andere zugehen können.

Diese Entwicklung ist meistens mit drei bis vier Jahren abgeschlossen. Dann ist der kleine Mensch zwar nicht fertig, das werden sie im besten Fall nie, aber die wesentlichen Grundstrukturen sind da.

Was heißt das nun für Sie?

In den ersten Jahren Ihres Lebens ist eine seelische Struktur entstanden, die darüber entscheidet, wie das mit Ihnen und den anderen, vor allem jenen anderen, denen Sie gerne näherkommen würden, so läuft. Das ist Ihnen nicht bewusst: Sie merken es allenfalls, wenn Sie Beziehungen eingehen und dann feststellen, dass diese Beziehungen immer wieder nicht funktionieren oder mit vielen Reibungen und Schmerzen verbunden sind. Bei den ersten Malen denken Sie sicher, das liege an der oder dem Anderen. Manche Menschen behalten diese Sichtweise ihr Leben lang. Vielleicht kommen Sie aber doch mal auf die Idee, es könne an beiden, also auch irgendwie an Ihnen liegen. Wenn Sie nach dieser Einsicht auch noch einen Beitrag zur Verbesserung leisten wollen, könnten Sie eine Psychotherapie versuchen.

In der Therapie ändern Sie einfach Ihr Verhaltensmuster? Manipulation??

So einfach ist das nicht. Denn was Sie als Kleinkind gelernt haben, können Sie nicht per Knopfdruck ablegen und schon gar nicht auf Aufforderung. Ein wichtiger Schritt ist Achtsamkeit: Sie lernen, erst einmal bewusst wahrzunehmen, was Sie in den verschiedenen Situationen einer Beziehung fühlen, bevor Sie in die eingeübten Handlungsautomatismen einklinken.

In einer Therapie könnten Sie sich ansehen, wieso Ihre Beziehungen immer wieder in dieselbe Sackgasse laufen. Und wie diese Muster in der Wechselwirkung mit Ihren früheren Bezugspersonen entstanden sind.

Das Tempo rausnehmen, hinschauen! Und sich danach vielleicht Alternativen zu den ausgetretenen Interaktionspfaden überlegen, die aber auch wieder eingeübt werden müssen. Dadurch könnte sich vielleicht was ändern in Ihrem Beziehungsverhalten.

Bei der Psychotherapie können Sie wählen: zwischen der sehr strukturierten kognitiven Verhaltenstherapie, in der Sie transparent gezielt an Ihren Problemen arbeiten, und den psychoanalytischen Verfahren, die sich von Sigmund Freuds Couch ableiten, auch wenn die wenigsten Psychoanalytiker heute noch eine Couch benutzen.[10]

Möglicherweise überdenken Sie das mit den Kindern jetzt noch mal. Das schadet nichts, denn Kinder zu kriegen, geht manchmal viel zu einfach. Wenn Sie daran zweifeln, ob Sie es wollen, sollten Sie diese Zweifel erst ausräumen, vielleicht auch über die Rahmenbedingungen nachdenken, die sich möglicherweise vor dem Hintergrund des hier Gesagten ändern müssen, damit Sie guten Gewissens ein Kind kriegen können. Rahmenbedingungen für das Kind, nicht für den Job, nicht für die Karriere! Damit erweisen Sie sich und Ihrem potenziellen Kind einen guten Dienst. Manchmal kommt ein Kind allerdings, ohne sich um Ihre Zweifel zu scheren. Dann müssen Sie durch. Es ist aber auch legitim, auf Kinder zu verzichten. Ihre Entscheidung!

Nachfragen, niemals anklagen

SZ: Warum wollten Sie sich mit Ihren Eltern versöhnen?

Buchfellner: Ich merkte, dass sich in meinem Leben immer wieder dieselben Dramen abspielen. Ich hatte bestimmte Verhaltensmuster, die mich hinderten, ein glückliches Leben zu führen. Vor allem in Partnerschaften. Irgendwann bin ich draufgekommen, dass nicht mein Partner schuld ist, sondern viel bei mir liegt. Und ich hatte das Gefühl, ich muss in meine Kindheit zurückgehen, um etwas verändern zu können.

Ich wollte in die Fußstapfen meiner Eltern gehen, um sie zu verstehen. Nachfragen, niemals anklagen. Nur verstehen.[11]

Wann und wie entsteht Beziehung?

Die bewusste Erinnerungsfähigkeit des Menschen beginnt zwischen dem zweiten und dritten Lebensjahr, wenn eine beidseitige kleine Hirnstruktur, der Hippocampus, ausgereift ist. Sie hat unter anderem die Funktion, das am Tag Erlebte zu speichern, bis diese Information während des Schlafes dauerhaft in der Großhirnrinde abgelegt wird.

An die Zeit, in der die neuronalen Strukturen des Hippocampus noch nicht ausgereift waren, können wir uns nicht bewusst erinnern. Trotzdem ist dieser Zeitraum für Ihre Persönlichkeitsentwicklung und eben auch für Ihre Beziehungsfähigkeit enorm wichtig:

Ob Ihre Bedürfnisse in dieser ersten Zeit Ihres Lebens angemessen befriedigt wurden, ob Sie genügend Zuwendung bekamen, ob Sie ein vertrauensvolles Verhältnis zu Ihren wichtigsten Bezugspersonen entwickeln konnten, ob es überhaupt Bezugspersonen gab – all dies hat in Ihnen eine Verhaltens- und Persönlichkeitsstruktur reifen lassen, die unabhängig von Ihrer Erinnerung daran größte Bedeutung für Ihr weiteres Leben hat.

Mutter-Kind-Interaktion

Bereits Neugeborene sind in der Lage, Gesichtsausdrücke von Erwachsenen nachzumachen, und schon im Alter von wenigen Monaten kommt es zu einer intensiven Kommunikation zwischen Mutter und Kind. Diese Kommunikation gestalten beide, Mutter und Kind, gemeinsam: Kinder verhalten sich keineswegs nur passiv, Aktion und Reaktion befinden sich in einem dynamischen Austausch. Es gibt zurückhaltende Babys, um die ihre Mutter regelrecht werben muss, aber auch Kinder, die ihre Mutter aktiv anlächeln und sie zum Lachen bringen können. Umgekehrt prägt das Befinden der Mutter, ihr Ausdrucksverhalten das Verhaltensrepertoire der Babys entscheidend. Zwischen Mutter und Kind entwickelt sich ein unverwechselbarer, für diese zwei Menschen charakteristischer Umgangsstil, der die Persönlichkeitsentwicklung des Kindes prägt. Das Baby lernt, seine eigenen Gefühle durch die Reaktion der Mutter differenziert wahrzunehmen. Je einfühlsamer und genauer die Mutter auf das Baby einzugehen vermag, desto feiner entwickelt sich die Gefühlswahrnehmung der Kinder. Es gibt schwierige und sonnige Kinder und liebevolle und zurückhaltende Mütter. Und wie man's wird, weiß keiner. Statt sich in Schuldzuweisungen oder Hybris zu ergehen, wäre es gut, wenn Sie sich der eigenen Grenzen und Möglichkeiten und der Ihres Kindes bewusst würden. Untersuchungen zur Mutter-Kind-Interaktion[12] schon in den ersten Lebensmonaten zeigen, dass Säuglinge mit recht unterschiedlichem Zuwendungsverhalten in die Welt der Kommunikation starten. Was nun gerade nicht heißt, dass man die wenig kommunikativen oder viel schreienden einfach ohne Zuwendung lassen darf, gerade sie brauchen jede Menge davon. Das kann teilweise sehr anstrengend sein; Mutter und Vater sein ist in solchen Fällen nicht das reine Glück, sondern kann ein anspruchsvoller Job werden. Wie er gemacht wird, entscheidet über das weitere Leben des kleinen Menschen: Ob er ein weites Spektrum an Möglichkeiten hat, in Beziehungen glücklich zu werden, oder ob er mit Angst und Schwierigkeiten zu kämpfen haben wird, wenn er seinen Drang nach Nähe auszuleben versucht.

Von den vielen üblen Dingen, die Kindern angetan werden, ist der Neglect, also das Nichteingehen auf die Gefühlsäußerungen von Kindern, eines der schlimmsten!

Die Mutter-Kind-Beziehung, die spätestens vom ersten Lebenstag an, wahrscheinlich schon früher in der Schwangerschaft, beginnt, ist die wichtigste dieser Beziehungen, sie kann aber auch durch die Beziehung zu anderen Bezugspersonen ersetzt werden, vorausgesetzt, diese sind ähnlich konstant verfügbar.

Bindung als sichere Basis

In den ersten Lebensjahren passiert, was die spätere Beziehungsfähigkeit ausmacht .Attachment Theorie heißt das berühmte Buch des britischen Psychologen und Kinderpsychiaters John Bowlby[13]. Auf der Grundlage von ausgedehnten Beobachtungen des Bindungsverhaltens von Müttern und Kindern in Uganda durch seine Kollegin Mary Ainsworth entwickelte er seine Theorie: Das Bindungsverhalten von Kleinkindern manifestiere sich im Suchen nach Nähe zu einer identifizierten Bindungsperson, wenn Stress und Gefahr drohen. Als Bindungspersonen werden solche Menschen ausgewählt, die für das Baby jederzeit verfügbar sind, in sozialen Interaktionen sensibel auf das Kind reagieren und die in einem Zeitraum zwischen sechs Monaten und zwei Jahren zuverlässig Zuwendung geben.

Die sich in dieser Phase entwickelnden Verhaltensmuster prägen die Gefühle und Erwartungen des erwachsenen Individuums. Nach Bowlbys Theorie können sich normale Gefühle und normales Sozialverhalten ohne eine konstante Beziehung zu einer zuverlässigen Bezugsperson nicht entwickeln. Das Kleinkind braucht dieses gelernte Verhalten als »sichere Basis«, von der aus es die Welt erforscht. Ihre Zeitinvestition in den ersten zwei Lebensjahren des Babys bringt also ganz schön viel!

Die vier Bindungstypen, die man nach Bowlbys Theorie unterscheidet, sind:

- Kinder mit einem **sicheren** Bindungstyp haben ein solides Vertrauen in die Bindungsperson und machen sich auf dieser Grundlage daran, die Welt zu erforschen. Da sie ihrer eigenen Emotionen sicher sind, können sie auch mit den Gefühlen anderer gut umgehen und bilden so stabile Kontakte in ihrem sozialen Umfeld und in persönlichen Beziehungen. Das heißt nicht, dass sie alles immer nur toll finden, sie können durchaus auch mal schlecht drauf sein, heulen und zetern; allerdings verlieren sie dadurch nicht das grundlegende Vertrauen in die Bindungsperson.
- Ein Kind mit einer **unsicher vermeidenden** Bindung hat seine Bindungsperson als abweisend erlebt; damit es diese, für das Kind schwer zu händelnde Erfahrung nicht wieder machen muss, vermeidet es den Kontakt, gibt sich zum Beispiel unabhängiger, als es wirklich ist. Diese Menschen sind sich nicht sicher, ob die Beziehungsperson wirklich für sie verfügbar ist, ob ihnen Liebe überhaupt zusteht. Interessanterweise steigen bei solchen Kindern die Stresshormone beim Weggehen der Bezugsperson stärker an als bei denjenigen mit einem sicheren Bindungstyp. Wenn sie erwachsen sind, entscheiden sich Menschen mit einem unsicher vermeidenden Bindungstyp oft, Beziehungen im Zweifel aufzugeben, ohne dass für Außenstehende recht klar wird,

wo das Problem eigentlich liegt. Es liegt in der nicht mehr sichtbaren Vergangenheit.

- Beim **unsicher ambivalenten** Bindungstyp wurde die Bindungsperson als nicht verlässlich, unberechenbar oder widersprüchlich erlebt; bei diesen Menschen ist das Bindungssystem ständig aktiviert, sie »scannen« ständig die Bezugspersonen, wie es denn jetzt mit der Verfügbarkeit steht. Dieser Zustand ist mit hohem Stress verbunden und für ein Individuum offenbar schwer zu ertragen. Es kommt zu widersprüchlichen Versuchen, wie Überanpassung oder Opposition, um Stabilität herzustellen. Hauptthema ist der Versuch, Aufmerksamkeit beim Gegenüber zu erreichen, um auf diese Weise immer wieder bestätigende Antworten zu bekommen.
- Kinder, die eine **desorganisierte** Bindungsstruktur erlebt haben, tun sich enorm schwer, überhaupt irgendeine Strategie zum Umgang mit ihren Bindungspersonen zu entwickeln. Sie sind oft sehr ambivalent, was ihre Bedürfnisse nach Nähe oder Distanz angeht, und schaffen es deswegen nur sehr selten, auch nur halbwegs stabile Bindungsstrukturen zu entwickeln. In dieser Gruppe finden sich Menschen nach frühen Psychotraumen, Missbrauch und anderen schweren Schädigungen.

Menschen mit den sicheren Bindungstypen haben wahrscheinlich in Beziehungen gar keine Probleme, oder nur wenige – es gehören ja immer zwei dazu. Je problematischer aber die Bindungsstruktur ist, desto schwieriger sind die Beziehungen der Erwachsenen und desto sinnvoller wäre eine Therapie, aber desto dornenvoller ist sie auch. Die am schwersten gestörten Menschen tun sich besonders schwer, weil sie ihre Situation als besonders bedrängend empfinden und deswegen keine Zeit für eine achtsame Betrachtungsweise zu haben glauben. Aber wenn sie etwas ändern wollen, bleibt auch ihnen dieser Weg nicht erspart.

Kurzes Fazit aus den Überlegungen zur Mutter-Kind-Interaktion und aus John Bowlbys Arbeiten:

- Die ersten vier Jahre sind entscheidend für das Leben Ihrer Kinder.
- In dieser Zeit sollten Sie viel Zeit für sie haben, mal mehr, mal weniger, aber insgesamt schon eher eine ganze Menge.
- Die Intensität der Zuwendung ist unterschiedlich, Neugeborene brauchen mehr, Krabbler etwas weniger, aber verlässlich verfügbar sollten die entscheidenden Bezugspersonen allemal sein.
- Sie müssen nicht wie eine Glucke auf Ihren Kindern sitzen, aber Sie sollten ihren Ansprüchen gerecht werden. Die sind individuell unterschiedlich, aber in dieser Zeit haben sie die oberste Priorität.
- Wenn Ansprüche in diesem Alter befriedigt werden, müssen sich die Kinder diese Zuwendung nicht im Erwachsenenalter von ihren Partnern holen – was meistens schiefgeht.
- Sie sind wichtig für Ihre Kinder. Wenn Sie das nicht wollen, sollten Sie lieber keine bekommen.

Da war doch noch was – Kitas?

Nach dem Kinderförderungsgesetz (KiföG)[14] können Kinder nach dem ersten Geburtstag, also wenn sie noch ziemlich klein sind, in einer Kindertagesstätte oder von einer Tagesmutter betreut werden. Sie, die Eltern, haben also die Möglichkeit, wieder beide arbeiten zu gehen. So weit, so gut. Ein wesentlicher Beitrag zur Berufstätigkeit beider Eltern, besonders der Mutter.

Und was wird aus der Bindungsstruktur Ihres Kindes, der Grundlage für seine spätere Beziehungsfähigkeit? Ist die mit dem vollendeten ersten Lebensjahr abgeschlossen? Keineswegs. Wenn Sie die Internetverlautbarungen zu diesem neuen Gesetz lesen, dann finden Sie an vielen Stellen Bemerkungen zur Qualität der Kinderbetreuung, die sich im Allgemeinen auf den Ausbildungsstand der Erzieherinnen und ihre Bezahlung beziehen. Beides hängt eng zusammen, denn ohne gute Bezahlung wird man wohl keine gut ausgebildeten Erzieherinnen finden. Aber das reicht noch nicht.

Wenn Sie so kleine Kinder in eine Kindertagesstätte geben wollen, sollte die so organisiert sein, dass ein Kind im Wesentlichen von ein und derselben Erzieherin betreut wird; denn nur dann kann Ihr Kind auch mit ihr eine stabile Bindungsstruktur ausbilden. Je nachdem, wie viele Stunden Ihr Kind dort ist, wird es unter Umständen mehr Zeit mit der Erzieherin als mit Ihnen zubringen.

Selbstverständlich ist diese Forderung nach Konstanz offenbar nicht: Für eine große, neu zu eröffnende Kita in einer Landeshauptstadt in Norddeutschland wurden Erzieherinnen gesucht, die nur für das Windelwechseln eingesetzt werden sollten. Abgesehen davon, dass sich auch die Arbeitszufriedenheit dieser Erzieherinnen-Subgruppe wohl in Grenzen halten dürfte, ist es eine ziemlich schlechte Idee, ein Baby ausgerechnet für den besonders sensiblen, weil intimen Bereich des Windelwechselns immer wieder mit anderen Personen zu konfrontieren. Wie zu hören war, sollte das die Flexibilität der Kinder fördern – eine vermutlich groteske Fehleinschätzung, deren Wirkung aber erst Jahre später zum Tragen kommen dürfte, wenn sich weder die Eltern noch das mittlerweile sozial auffällig gewordene Kind an die wechselnden Erzieher während der Kita-Episode in ihrem Leben erinnern dürften.

Chance Pubertät!

Kinder brauchen ihre Eltern und eine liebevolle und konsequente Erziehung. Sie lernen dann, dass bestimmte Verhaltensweisen ihrerseits bestimmte Konsequenzen haben. Vor allem aber brauchen sie klare Kommunikation. Was heißt das? Eltern sollten mit ihren Kindern sprechen und ihnen mitteilen, was ihnen wichtig ist, warum sie sich so oder anders verhalten und was sie in welcher Situation fühlen und denken, besonders was sie in Bezug auf die Kinder fühlen und denken. Einmal mehr kann nicht schaden. Das ist nicht so einfach, vor allem wenn Sie sich klarmachen, dass jede Ihrer Äußerungen oder Verhaltensweisen hinterfragt werden kann. Und das nicht nur im »Warum-Alter« zwischen drei und vier.

Im Allgemeinen läuft diese Kommunikation in den ersten plus minus 13 Jahren besser oder auch mal schlechter in den Bahnen, die durch Mutter-Kind-Interaktion, Bindungsverhalten etc. vorgegeben wurden.

Aber plötzlich bricht das Chaos aus, natürlich völlig unvorhergesehen, die Familie steht am Abgrund! Das Mädchen, der Junge ist offensichtlich plötzlich verrückt geworden. Akuter Gedächtnisverlust, vor allem für die Selbstverständlichkeiten des Alltagslebens! Nonchalance gegenüber sozialen und schulischen Zwängen! Völlig inadäquate Reaktionen bei harmlosen Bemerkungen, Missverständnisse – um es mal positiv auszudrücken – ohne Ende! Kurz: Die Krise! Der Ruf nach dem Kinder- und Jugendpsychiater!

Ehe Sie sich zu wichtig nehmen, sollten Sie bitte versuchen, sich klarzumachen, dass das in jeder Familie passiert, bei fast jedem normalen Kind und – dass es vorbeigeht. Pubertät ist keine Krankheit, sondern Ausdruck eines normalen Reifungsprozesses. Wenn Sie es einigermaßen geschickt anstellen, wird alles wieder gut. Geschickt anstellen heißt, akzeptieren! Ja! Akzeptieren, dass Ihr Kind gerade einen unglaublich herausfordernden, aber auch ziemlich faszinierenden Zustand durchläuft, in dem ihm wenig Raum für die normalen Abläufe von Familienleben und Schule bleibt. Sie haben so einen Zustand ja auch mal hinter sich gebracht, aber anscheinend haben Sie ihn vergessen.

Allerdings machen Kinder in dieser Phase auch öfters die Bekanntschaft mit den problematischen Dingen, die unsere Gesellschaft so freigebig bereithält, und das mit einem unübersehbaren Drang zum Exzess: Alkohol, Drogen, Computerspiele, Pornos etc. Nur wenn es schlecht läuft, wird ein Lebensproblem daraus. Und sehr, sehr (!) selten kommt in dieser Phase auch die erste Episode einer seelischen Krankheit zum Vorschein.

Um es kurz zu machen:

Sie müssen sich um Ihre Kinder kümmern, eigentlich sonst auch, aber in der Pubertät auf jeden Fall. Kümmern heißt nicht, mit Geheimdienstmethoden kontrollieren, heißt nicht, Ihren Stiefel auf Biegen oder Brechen durchziehen, heißt schon gar nicht, jetzt Erziehungsprinzipien zur Anwendung bringen, von denen Ihre Tochter oder Ihr Sohn bisher noch nie etwas gehört hat. Sondern heißt, sich Zeit nehmen, mit den Kindern reden, über die Probleme und die irritierenden Verhaltensweisen, die plötzlich aufgetaucht sind bei bis dahin meist ziemlich gut funktionierenden Kindern. Reden meint auch zuhören, versuchen, sich in Ihr Kind hineinzuversetzen, nicht gleich Panik zu schieben, dass jetzt der Untergang des Abendlandes ansteht. Reden meint nicht diktieren. Denn was da passiert, ist auch für die Youngsters überraschend und überhaupt nicht einfach. Ihr Nervensystem wird in dieser Phase komplett umgebaut und für das

Leben in erwachsenen Beziehungen fit gemacht. Aber das vollzieht sich nicht reibungslos, sondern ziemlich unkoordiniert. Die Regeln des Beziehungslebens werden anhand von Erfahrungen neu gelernt. Pubertierende merken, dass sich Selbsteinschätzung und der Blick auf die Welt ständig ändern, dass Ziele und Werte, die jahrelang fest und unverrückbar waren, plötzlich ins Wanken geraten. Und vor allem, dass das ohnehin nicht so richtig geheure andere Geschlecht, das bisher noch gut zu ignorieren war, mit einem Mal attraktiver und beunruhigender wird.

Gut wäre, wenn Sie mit diesen Veränderungen respektvoll umgehen könnten. Denn der komplette Umbau des Nervensystems (siehe das folgende Kapitel) ist keineswegs eine Kleinigkeit, sondern nichts anderes als die Entstehung einer neuen Persönlichkeit auf dem Weg zum Erwachsensein. Als Betroffene merken Ihre Kinder nur die Konsequenzen dieser sehr dynamischen Veränderungen, von den zugrunde liegenden Mechanismen bekommen sie nichts mit. Sie erleben eine Veränderung ihrer Gefühle, plötzliche Wechsel der Befindlichkeit, plötzlichen Bock auf Blödsinn oder zumindest auf Ungewöhnliches, sie erleben, dass sie sich für Folgen eigentlich gar nicht interessieren, sie erleben Phasen von Null-Bock, die sich mit Phasen von großem Interesse abwechseln – nur dass dieses Interesse sich oft nicht auf die Themen bezieht, die von den lieben Eltern für relevant gehalten werden. Das Ganze wirkt sich vor allem auf den sozialen Bereich aus, Benehmen, Gruppenverhalten, Angepasstheit in der Schule etc. etc.

Unterstützung im Chaos

Stellen Sie sich vor: Wie ginge es Ihnen selbst damit, wenn sich plötzlich Ihre Wahrnehmung, Ihre Werte, Ihre Lust ändern? Ohne Vorwarnung, ohne Erklärung! Was bräuchten Sie?

Ja, Unterstützung. Keine anbiedernden, besserwisserischen, panischen Erziehungsversuche, sondern Unterstützung, ruhig, gelassen; wirkliches Interesse. Und Regeln, klare Hinweise – jetzt mehr denn je! Denn auch wenn Ihr Kind gerade den vorgegebenen Erziehungsregeln in dieser Phase noch weniger offensichtliche Wertschätzung entgegenbringt als vorher, kann der Blick auf jemanden, der dieses Chaos hinter sich hat und mit dem Leben akzeptabel zurechtkommt, durchaus beruhigend wirken. Hilfreich ist auch die klare Ansage, dass manche Praktiken ein Gefährdungspotenzial haben und dass es besser wäre, differenziert damit umzugehen.

Was differenziert heißt, müssen Sie erklären. Dazu müssen Sie sich eine Meinung gebildet haben. Das können Sie! Sie haben Lebenserfahrung gesammelt, und wenn Sie nicht wissen, wie Sie diese Erfahrungen ausdrücken sollen, können Sie sich durch Internet und Bücher informieren.

Zum Beispiel Alkohol und Drogen. (Damit wir uns richtig verstehen: Ich mache hier keine Drogenberatung, mir geht es um Ihre Beziehung zu Ihrem Kind.) Konkret: Wie können Sie mit dem schwierigen Thema Haschisch und Schnaps bei 16- bis 20-Jährigen umgehen, ohne dass Ihre Beziehung Schaden nimmt, im besten Fall, dass Ihre Beziehung daran wächst? Ja, Sie haben schon recht gelesen: Das Thema ist eine Herausforderung.

Alkohol bedeutet bei jungen Männern meist Bier und harte Sachen. Bei jungen Frauen eher Alcopops. Und wenn Jugendliche das ausprobieren, führt das schon mal zum Exzess. Das ist noch nicht der Untergang des Abendlandes, aber wenn Ihr Sohn oder Ihre Tochter von nun an jedes Wochenende bis zu Besinnungslosigkeit säuft, wird es ihm/ihr mit Sicherheit schaden. Ihr Vorbild spielt eine große Rolle. Zum Beispiel nimmt Ihr Kind wahr: Sie, als erwachsener Mensch, erlauben es sich, gelegentlich eine toxische – immer! Erinnern Sie sich? Die Menge machts! – Substanz zu sich zu nehmen, die bei Dauereinnahme abhängig machen kann, weil Sie gelernt haben, dass sie Ihnen schmeckt, und weil Sie den Effekt auf Ihr Seelenleben mögen. Oder: Sie sind lieber abstinent, zum Beispiel weil Ihnen die Sache mit der

Toxizität und dem Abhängigkeitspotenzial nicht so richtig geheuer ist. Auch wenn Ihr Kind Ihre Meinung nicht teilt, wird es sie als eine ernst zu nehmende Option erinnern, wenn es selbst darüber nachzudenken beginnt.

Oder Cannabis: Unter den illegalen Drogen ist Cannabis die am wenigsten schädliche. Cannabis ist mit Sicherheit weniger toxisch als Alkohol und macht bei gelegentlichem Gebrauch auch nicht abhängig. Es bringt Sie in einen schön abgerundet distanzierten Zustand, in dem die Zwänge der Realität ihren beängstigenden Druck verlieren. Und es schwächt die Nebenwirkungen verschiedener Krebstherapien ab.

Sollten Sie, sollte Ihr Kind also Haschisch rauchen, wenn Sie sich nicht gerade einer Krebstherapie unterziehen müssen? Tja. Finden Sie das mal raus. Es ist wichtig für Sie wie für Ihr pubertierendes Kind, dass Sie dazu Ihre eigenständige persönliche Meinung finden. Wenn Sie das schaffen, ist das unendlich viel wertvoller, als einfach einem Kochrezept mit der Aufschrift »Du sollst« zu folgen. Denn das ist das Wertvollste, was Sie Ihrem Kind mitgeben können: Dass es dank Ihrem Vorbild in die Lage versetzt wird, bei schwierigen, ambivalenten Problemsituationen eine individuelle Lösung zu finden. Individuell heißt: die ihm entspricht. Nicht der Inhalt ist wichtig, sondern die Art und Weise, wie Sie das machen.

Auch wenn Ihnen Alkohol und Drogen, vielleicht ergänzt durch Computerspiele oder Pornos, in Bezug auf Ihr Kind vielleicht gerade die meisten Sorgen machen, bezogen auf die wirklich wichtigen Veränderungen der Pubertät sind diese Themen eher marginal.

Wie? Was? Wofür ist dieser nervige Zustand denn da?

Pubertierende lernen Beziehung! Soziale Beziehungen, hierarchische Beziehungen, partnerschaftliche Beziehungen, Liebesbeziehungen. Und, sie müssen sie gänzlich neu lernen, da die Beziehungen eines Kindes anders sind als die eines Erwachsenen, und sie lernen sie durch *learning by doing*, indem sie alles ausprobieren. Anders funktioniert das nicht. Und auch hier spielen Sie eine große Rolle. Nicht als allein selig machende Alternative, sondern als Option. Wenn Sie klar und wahrnehmbar sind, in Ihrem Beziehungsverhalten, in Ihren Zu- und Abneigungen, in der Art, wie Sie Probleme lösen oder mit der Trennung von Ihrer Partnerin umgehen, dann geben Sie Ihren Kindern die Möglichkeit zu entscheiden, es auch so oder eben anders zu machen. Wie gesagt, im besten Fall ist Ihr Lebensstil eine Option. Das sollten Sie wohl erst mal verarbeiten.

Aber auch wenn Sie das alles hinkriegen, heißt das nicht, dass Sie damit jede Situation vor dem Eskalieren bewahren können, dass Sie Chaos ausschließen können.

Ihre Kinder können es allerdings deutlich besser. Die Philosophin Nathalie Knapp weist darauf hin[15], dass die Pubertät neben vielen, für das reibungslose soziale Leben eher problematischen Veränderungen auch eine starke Fähigkeit mit sich bringt: die Toleranz, unsichere Situationen über längere Zeit aushalten zu können. Überlegen Sie mal, wie das wäre, wenn Sie diese »Unsicherheitstoleranz« auch hätten: Das wäre doch tatsächlich etwas, was Sie von Ihrem pubertierenden Kind lernen können!

Sie und Ihr Kind werden die Pubertät überstehen, und irgendwann ist sie vorbei.

Schon wieder was, das vorbei ist. Fast schade?

Die große Chance der Pubertät ist, dass Sie und Ihre Kinder so einiges neu lernen können, was vorher vielleicht etwas schräg gepolt war. Die zweite Chance nach der frühen Kindheit. Denken Sie daran.

Allein

Als Sie gerade geboren waren, brauchten Sie Ihre Mutter zum Überleben. Allein hätten Sie keinerlei Chance gehabt. So war es auch während der Kindheit, und selbst Ihre Jugendzeit haben Sie wohl besser in der Familie zugebracht, obwohl Sie manchmal nach Alternativen gesucht haben.

Irgendwann sind Sie ausgezogen und lebten allein, oft auch nicht so richtig allein in einer WG. Das war aber nicht als Endzustand gedacht, und Sie arbeiteten zielstrebig auf eine Zwei- oder Drei- oder Viersamkeit hin.

Trotzdem, allein sein sollten Sie können, denn sonst ist es schwer, gute Beziehungen zu leben.

Als ich einmal von einer Frau verlassen wurde, die damals mein ein und alles war, fühlte ich mich so allein. Allein und unvollständig, nur ein halber Mensch, ich traute mich nicht in die Uni, von Partys ganz zu schweigen. Ich glaubte allen Ernstes, es werde nie wieder so werden wie früher. Vieles, das mir bis dahin vertraut gewesen war, wurde fremd, manchmal bedrohlich. Kein guter Zustand. Schließlich reifte mein Entschluss, eine Psychotherapie zu machen, so richtig auf der Couch und so. Ich geriet an eine ebenso alte wie erfahrene Psychotherapeutin, die laut auflachte, nachdem sie sich meine Sorgen angehört hatte: Aber sicher würde ich mein Leben wieder genießen, mich vollständig fühlen und öfters mal glücklich sein. Obwohl ich Lachen eine etwas ungewöhnliche therapeutische Intervention fand, behielt sie natürlich recht.

Das Gefühl von Unvollständigkeit ist ein Merkmal der unguten Variante des Alleinseins, die Angst, mit dem Leben nicht zurechtzukommen, ein anderes. Um beides nicht spüren zu müssen, nehmen Menschen in Beziehungen viele Einschränkungen und Demütigungen auf sich.

Die Angst vor dem Alleinsein sieht man ihnen nicht an. »Sie wirkt so selbstständig und kompetent, sie ist die Seele der Beziehung, sie sieht so toll aus, wenn sie sich einmal getrennt hat, wird sie kein halbes Jahr allein bleiben ...« Der Außenstehende hat keine Ahnung, und selbst wenn solche Bemerkungen ehrlich gemeint sind, die von der Angst vor dem Alleinsein geplagten Menschen können damit meist nichts anfangen.

Was nährt diese Angst?

Zum Beispiel, dass Sie glauben, mit sich allein nicht weit zu kommen. Unvollständig wie Sie sind. Ihr Selbstgefühl ist ohnehin nicht das beste. So richtig verstehen Sie sich auch nicht. Ihre Gefühle kommen irgendwoher und gehen irgendwohin, aber Sie können Sie nicht beeinflussen.

Und das ist Ihnen gar nicht geheuer.

Besonders morgens ist diese Unsicherheit deutlich. Da kommen Sie sich oft wie in einem fremden Land vor, mehr wie ein »verdächtiger Fremdling« denn wie eine Vertrauensperson.

Alles wäre gut, wenn Ihnen jetzt jemand sagen würde, dass er/sie Sie so mag, wie Sie sind. Vielleicht sogar, dass sie/er Sie liebt, dass er mit Ihnen leben will. Mit Ihnen, diesem zweifelhaften Bündel von nicht so tollen Gefühlen und Eigenschaften. Sie würden das natürlich bezweifeln, aber wahrscheinlich würde es Sie beruhigen.

Mit einem Mal würde der Nebel der unklaren Gefühle verfliegen, ersetzt durch das warme Gefühl der Zusammengehörigkeit, durch so etwas wie Sicherheit. Wir Menschen sind eben soziale Wesen, und die Gegenwart von anderen signalisiert erst einmal eine Art Normalzustand.

Wenn einer sagt, dass er Sie liebe, müssen Sie sich nicht mehr mit Ihren Schattenseiten auseinandersetzen, denn die/der Andere liebt und akzeptiert Sie ja, wie Sie sind, und deshalb fühlen Sie sich vollkommen.

Im Einklang mit den dunklen Seiten

Ihre dunklen Seiten wären allerdings auch jetzt ein Thema, denn sonst belasten Sie Ihre Liebesbeziehung leicht so, dass sie bald Bruchstellen zeigen wird. Sie können nur dann Liebe geben, empathisch statt egoistisch sein, wenn Sie mit sich halbwegs im Reinen sind. Andernfalls müssen Sie Ihre Kraft aus der Zweierbeziehung ziehen. Entgegen weit verbreiteter Annahmen ist sie dafür aber nicht da, und sie wird das oft nicht überstehen. Sie selbst kommen dann mit der natürlichen Nähe-Distanz-Bewegung nicht zurecht, kriegen Panik, wenn der Andere mal etwas mehr Luft für sich braucht. Distanz gehört auch und gerade zu guten Beziehungen, ist normal und gesund; aber wenn Sie diese vorübergehende Wegbewegung nicht aushalten, wird das Leben anstrengend. Die alltägliche, ganz basale Selbstbestätigung sollten Sie nur sehr selten von Ihrer Traumpartnerin/Ihrem Traumpartner abrufen müssen, sonst ist sie/er es vielleicht nicht mehr lange.

Der verdächtige Fremdling, der Teil von sich, den Sie nicht kennen, der ist gewichtiger als die Ihnen bewusste Persönlichkeit. Lernen Sie ihn kennen! Suchen Sie Ihre komplette Identität, auch die ungeliebte Hälfte im Dunkeln, bleiben Sie nicht nur an der netten Oberfläche! Das lohnt sich, denn gerade in unseren unbekannten Teilen liegt oft viel Kreativität, viel ungeahnte Power. Klar, die ist mit Vorsicht zu genießen. Aber glauben Sie mir, Sie sind überhaupt mit Vorsicht zu genießen. Möglicherweise nimmt Ihr Partner diese Seite mit Interesse und Neugier wahr, was Ihrer Beziehung den besten Input gibt, den sie bekommen kann. Wenn er Sie so nicht sehen mag, wird es allerdings auch interessant.

Haben Sie sich einmal auf die Suche nach Ihrer ganzen Persönlichkeit gemacht und auch Ihren Schattenseiten eine Daseinsberechtigung zugestanden, so werden Sie feststellen, dass die Angst, die Angst vor dem Alleinsein sich auflöst und dass Sie die andere, bessere Variante des Alleinseins entdecken können. Sie gibt Ihnen Ruhe und Sicherheit. Als ganze Persönlichkeit sind Sie für die Eventualitäten des Lebens besser gerüstet.

Doch auch als ganze Persönlichkeit ist Alleinsein, für Monate und manchmal Jahre, nicht immer angenehm, unter anderem, weil vieles gemeinsam mehr Spaß macht. Nur wird Sie ein solches Defizit nicht in Ihrer Existenz bedrohen. Wenn Sie allein sind, führen Sie vielleicht manchmal Selbstgespräche. Ich ertappe mich dabei, dass ich mit meiner Hündin rede. Die macht zumindest den Eindruck, als hörte sie interessiert zu. Mir zeigt diese Art von Gesprächen, dass Kommunikation ein wichtiges Element des Menschseins ist. Probieren Sie es aus.

Oskar Maria Graf hat eine Kalendergeschichte geschrieben mit dem Titel: *Niemand kann allein sein.*[16] Keine nette Geschichte:
Ein Eigenbrötler lebt immer alleine und glaubt, gut damit zurechtzukommen. Eines Abends flüchtet sich eine Frau, wohl eine Prostituierte, aus Angst vor ihrem Zuhälter in das Hinterhaus, in dem er wohnt. Für einen kurzen Moment entsteht die Chance auf Nähe, Wärme, Zweisamkeit, dann jagt er sie aus einer Mischung aus Gier und Angst vor der Nähe wieder davon. Und bleibt allein.

Wenn Sie lange allein sind, können Sie sich an diesen Zustand so gewöhnen, dass Sie Schwierigkeiten haben, ihn aufzugeben. Das Alleinsein kann sich so sehr stabilisieren, dass Sie sich Gefühle der Sehnsucht oder des Glücks mit einer anderen Person gar nicht mehr zugestehen. Das ist ein Zustand der Entbehrung, der Sie anfällig für Depressionen macht.

Aber es gibt auch Menschen, die sich freiwillig fürs Alleinsein entscheiden, weil sie sich selbst genügen. Frauen können das oft besser als Männer. Sicher kann man sich nicht sein, dass Alleinsein funktioniert. Wie die Graf'sche Erzählung zeigt. Aber auch das Zusammensein funktioniert ja nicht immer.

Los geht's!

Nach Abschluss der Pubertät verfügt der Mensch im Prinzip über die komplette Erstausstattung, um sich in das Abenteuer Liebesbeziehung zu stürzen. Und das tut er dann ja meistens auch.

Nach der Pubertät kommt die Lebensphase, in der Sie jede Menge Erfahrungen mit Liebe, Sex, Vertrauen, Beziehungsgestaltung, aber auch mit Liebeskummer und Beziehungsabbruch machen.

Kennenlernen, erster Kontakt, Verliebtheit, Lust und Liebe, das Herausfinden »des« oder »der Richtigen«, oft in einer Lebensphase, in der auch sonst alles neu definiert wird.

Zusammenleben und Alleinsein wechseln sich ab, was nicht selten mit heftigen emotionalen Achterbahnfahrten verbunden ist.

Und »plötzlich« finden Sie sich in einer dauerhaften Beziehung wieder. Sie haben genug ausprobiert, und mit einem Mal erscheint eine Beziehung stabil, die Aufregung bei jedem Kontakt legt sich, Sie beruhigen sich, die oder der Andere wird eine Konstante in Ihrem Leben, und irgendwann fänden Sie es schön, wenn es immer so weiterginge.

Jetzt sind Sie reif, zum ersten Mal eine dauerhafte Beziehung aufzubauen, zu heiraten, Kinder zu bekommen. Über die Dauer reden wir später.

Projektion und Empathie

Projektion

Manche Menschen sind Ihnen schon im ersten Moment Ihres Zusammentreffens sympathisch, andere können Sie genauso unmittelbar nicht leiden. Sie wissen das sofort und sind sich Ihres Urteils sicher, bevor Sie mit diesen Menschen irgendwelche Erfahrungen machen konnten. Das hat mit Ihrer Fähigkeit zur »Theory of mind« zu tun. Einerseits. Aber es kommt noch ein Mechanismus dazu, der gleichermaßen für Tempo wie für Verwirrung sorgt.

Man nennt ihn »Projektion«: Stellen Sie sich vor, Sie würden den anderen Menschen durch einen halb durchlässigen Spiegel betrachten. In diesem spiegeln Sie sich selbst und sehen dahinter, da er halb durchlässig ist, die andere Person. Ihr eigenes, vertrautes Bild »projiziert« sich also auf Ihr Gegenüber. Ihre Beurteilung hängt davon ab, ob Sie mit ihm angenehme oder unangenehme Anteile von sich zur Deckung bringen können. Ähnlichkeiten helfen natürlich.

Verblüffend ist, wie sicher Sie sich zu sein scheinen. Das hat mit der Realität der anderen Person wenig zu tun, sondern mehr mit Ihnen, mit Ihren Bedürfnissen und Abneigungen! Projektionen lassen sich nur schwer auflösen, da Erfahrungen im Allgemeinen der Projektion untergeordnet werden. Korrigieren, oder besser: der Realität anpassen können Sie

Ihre Einschätzung zum Beispiel in einer psychotherapeutischen Gruppe, in der Sie die Gültigkeit Ihrer Annahmen im Detail hinterfragen und herausfinden, wie richtig Sie mit Ihrer Projektion liegen. Eine andere Möglichkeit der Realitätskontrolle ergibt sich, wenn eine Projektion offenkundig keinen Sinn macht:

Während eines wissenschaftlichen Auslandsaufenthaltes traf ich mit einem Wissenschaftler zusammen, den ich spontan nicht leiden konnte. Es gab keinerlei Grund für meine Abneigung. Wir arbeiteten auf unterschiedlichen Gebieten, er war mit gegenüber freundlich respektvoll, sodass mir meine Abneigung, die ich nach Kräften zu verbergen suchte, schon unangenehm war. Ich fürchtete, dass ich irgendwann nicht auf der Hut wäre, sondern spontan agieren würde und dass daraus eine peinliche Situation entstehen könnte. Die kognitive Spannung zwischen meiner Einstellung und dem Fehlen jeglichen bewussten Grundes dafür war so groß, dass ich immer wieder darüber nachdenken musste. Schließlich fiel es mir wie Schuppen von den Augen. Der Kollege hatte, ohne dass mir dies zunächst bewusst war, einige Eigenschaften mit mir selbst gemeinsam, die ich an mir nicht gut akzeptieren konnte: Ich bin auf meinem Gebiet sehr ehrgeizig, versuche das aber unter einer entspannten Lässigkeit zu verbergen. Ich bemühe mich, freundlich und verträglich zu wirken und meine konkurrierenden und negativen Gedanken nicht zu zeigen. So war er auch, ziemlich genau, und führte mir so ungewollt eine Seite von mir vor Augen, die ich nicht gut aushalten kann, bis heute. Als mir das klar wurde, löste sich meine spontane Abneigung im selben Moment auf. In der verbleibenden Zeit kamen wir gut miteinander aus, oder besser, ich kam gut mit ihm aus, er mit mir ja offensichtlich schon früher.

Wäre das nur ein kurzer Kontakt gewesen, hätte ich überhaupt keinen Grund gehabt, meine Einschätzung zu hinterfragen und schließlich zu revidieren! Das Umgekehrte passiert, wenn Ihnen jemand spontan sehr sympathisch ist oder wenn Sie sich verlieben. Zuneigung und Liebe können auch allmählich wachsen, indem Sie eine Person immer besser kennen, ihre positiven Seiten schätzen und ihr Ausdrucksverhalten bewundern lernen. Die Alternative ist der berühmte Blitz inklusive Donnerschlag, von dem Sie getroffen werden, ohne dass Sie eine Ahnung haben, wie es dazu gekommen ist. Dass es sich so toll anfühlt, ist kein Argument gegen die Projektion.

Sie glauben, Sie seien für einander bestimmt? Da uns Projektionen nicht bewusst sind, erleben wir sie manchmal als etwas fast Übernatürliches oder Übermenschliches, als Ausdruck einer höheren Macht. So schön oder aufregend dieser Gedanke anmutet, für das konkrete Leben ist es sicher besser, wenn Sie's etwas irdischer angehen lassen. Soziale Netze und Zweierbeziehungen funktionieren wesentlich über Versuch und Irrtum. Die Chance, einen guten, ausbaufähigen Kontakt herzustellen, ist auf diesem Weg sicher besser zu realisieren, als wenn Sie sich aufmachen und die Ihnen vorbestimmte Herzensfreundschaft wie den heiligen Gral suchen.

Was bringt das Ganze? Wahrscheinlich Zeitersparnis. Vermutlich macht Projektion das Leben einfacher, weil sie schnelle Bewertungen ermöglicht. Die müssen zwar nicht stimmen, sind aber im zwischenmenschlichen Bereich manchmal hilfreich. Und ab und zu landen Sie ja auch einen Treffer. Es gibt nur keine Garantie.

Möglicherweise ist die »Wahrheit« einer Beziehung, die ohnehin schwer herauszufinden ist, beziehungsweise sich immer wieder ändert, erst mal nicht so wichtig wie die Möglichkeit, mit einer fremden Person schnell auf einen Nenner zu kommen.

Projektionen haben oft auch einen Bezug zur eigenen Bedürftigkeit: Wenn Sie dringend eine Beziehung suchen, scannen Sie Ihre Umgebung intensiver und machen einen oberflächlich attraktiven »Fund« schnell passend zu Ihren eigenen inneren Werten. Das kann funktionieren, denn Ihr Gegenüber mag von der überaus freundlichen Zuwendung, die Sie projektionsbedingt über ihn/sie ausgießen, so angetan sein, dass er/sie ebenso zugewandt auf Sie eingeht. Die Wahrscheinlichkeit auf ein positives Gesamtergebnis wird damit deutlich gesteigert. Für negative Projektionen gilt das umgekehrt genauso.

Empathie

Das Mitgefühl, die sogenannte Empathie, ist etwas anderes: Sie lassen zu, dass die Gefühle anderer ähnliche Gefühle in Ihnen auslösen, Sie fühlen mit, das Leiden anderer macht Sie traurig, deren Freude glücklich. Dadurch wird der Kontakt zum anderen intensiver, beide erleben, dass sie in ihrem wichtigsten Anteil, ihren Gefühlen, erkannt und akzeptiert werden. Jetzt können Sie näher zusammenrücken. Empathie ist eine starke Bedingung für gute Beziehungen.

Empathie entsteht, wenn Ihnen die andere Person nahe ist; Jaron Lanier verwendet den Ausdruck des »inneren Kreises«[17]. Dieser »innere Kreis« scheint ein Merkmal Ihrer Person und Ihrer Gruppe zu sein; erweitern Sie ihn oder machen Sie ihn enger, so verändern Sie auch Ihre Persönlichkeit. Befindet sich ein Mensch außerhalb, so können Sie Ihre Gefühle für ihn abblocken; Sie leiden oder Sie freuen sich nicht mit ihm. Diese Blockade von Empathie ist die Voraussetzung für die meisten Aktivitäten auf der Schattenseite menschlichen Verhaltens: Sklaverei, Kriege, Ausgrenzung von Menschen anderer Rassen, von Flüchtlingen oder Migranten. Das Statement »die gehören nicht zu mir«, scheint ein Freibrief zu sein, andere Menschen mitleidslos und schlecht zu behandeln. Wer zu mir gehört, für den tue ich etwas. Umgekehrt kann jemand aus dem »inneren Kreis« ausgestoßen und dadurch zum »Freiwild« werden. Dahin gehören auch Mobbing oder das bevorzugt auf dem Schulhof stattfindende Bullying.

Aber man darf halt nie auf eine Reaktion hoffen

Moritz von Uslar: Wenn es richtig ernst wird: Wie lautet dein Anmachspruch?

Elyas M'Barek: Offenheit ist gut: Wenn eine Frau gut aussieht, gehst du hin und sagst: Pass mal auf, du bist wunderschön. Aber man darf halt nie auf eine Reaktion hoffen.[18]

Kennenlernen – wie?

Sie wollen einen Menschen kennenlernen, mit dem Sie sich eine Partnerschaft, eine Liebesbeziehung, eine Ehe vorstellen könnten? Wie? Vielleicht wenden Sie jetzt ein, dass darüber nachzudenken schon der falsche Ansatz ist, denn wenn Sie erst zu grübeln anfangen, wird das eh nichts. Alternativ folgen Sie Ihrer Intuition, lassen alle Ihre Reize funkeln und tausend Assoziationen blühen, mobilisieren Ihre besten Seiten, legen der ersehnten Person alles zu Füßen, gehen das volle Risiko ein, sich lächerlich oder unmöglich zu machen. Hier stehen Sie, Sie können nicht anders. Und mit Glück gefällt's der Angebeteten.

Da ist etwas dran. Einerseits.

Andererseits sind Sie vielleicht schon länger allein, offensichtlich ist Ihnen noch nicht die oder der Richtige über den Weg gelaufen. Grübeln ist vor diesem Hintergrund zumindest verständlich.

Was tun?

Sie könnten sich zum Beispiel einen Hund kaufen.

Dass es überwiegend Hundebesitzer sind, mit denen Sie auf diese Weise Kontakt bekommen, ist nicht unbedingt ein Schönheitsfehler. Sie glauben gar nicht, was für interessante Leute darunter sind. Vor allem haben Sie eine Menge Gesprächsthemen, denn mit Hunden kennen Sie sich ja aus.

Sie können auch in einen Sportverein eintreten und werden dort Menschen, auch solche anderen Geschlechts, kennenlernen. Beim Golfen bleiben Sie relativ distanziert, das Sprechen ist während der zahlreichen entscheidenden Spielmomente verpönt, aber bei Weinschorle oder Weißbier danach geht schon was.

Sehr nahe kommen Sie sich, wenn Sie tanzen, besonders nahe beim Tango, einem Tanz, der den Männern sehr entgegenkommt, weil er die männliche Führung kompromisslos fordert.

So können Sie mit anderen Menschen in Kontakt kommen. Und darum geht es zunächst mal: um Kontakt! Kontakt ist die Voraussetzung, mit einer anderen Person kommunizieren zu können. Unsere Vorfahren konnten dies nur, wenn sie einander auf Sicht- oder Hör- beziehungsweise Sprechweite nahe gekommen waren.

Wenn Sie heute in einer großen Stadt mit U- oder S-Bahn fahren, können Sie eine interessante Beobachtung machen: Sehr viele Menschen sind sich körperlich sehr nahe, sitzen oder stehen zum Teil eng gedrängt. Jede Menge Kontaktmöglichkeiten also. Die meisten nützen diese Chance aber nicht, um Bekanntschaften zu knüpfen! Sie kommunizieren zwar – aber nicht mit ihren Sitz- oder Stehnachbarn. Vielmehr nehmen sie mithilfe ihrer Handys Kontakt auf zu anderen Menschen, die nicht nur nicht anwesend, sondern nahezu beliebig weit weg sind.

Ob Ihre Mitfahrer freudige oder traurige Reaktionen zeigen, hängt in keiner Weise von den Personen in ihrer unmittelbaren Umgebung ab, sondern ausschließlich von dem, was auf ihrem Handy erscheint. Unsere Vorfahren hätten dieses Verhalten überhaupt nicht verstanden, es wäre ihnen wegen des Ausblendens der Realität wohl sogar gefährlich vorgekommen. Das Erstaunliche an dieser Art der Kommunikation wird nicht erst durch die Erfindung der Smartphones deutlich. Schon seit Jahren verblüfft mich immer mal wieder, wenn ein neben mir gehender Mensch plötzlich, ohne einen für mich ersichtlichen Anlass, zu sprechen beginnt; zuerst vermute ich, er meine mich, aber schnell stellt sich das als Irrtum heraus. Er spricht mit irgendeiner anderen Person. Anfangs wusste ich nicht recht, ob ich mich als Psychiater alarmiert fühlen sollte, denn der intensive Austausch mit nicht anwesenden Personen, die man selbst hören, andere aber nicht wahrnehmen können, entspricht ziemlich gut der Definition von Halluzinationen. Erst die Entdeckung des Headsets klärte die Situation. Mittlerweile ist diese Art der Kommunikation selbstverständlich geworden, trivial finde ich sie dennoch nicht.

Also, wie nun? Kennenlernen?

Wenn Sie spontan jemanden treffen, bekommen Sie einen Gesamteindruck von der Person – ihr Aussehen, ihre Bewegungsmuster, den sinnlichen und inhaltlichen Eindruck ihrer Sprache. Bei Gefallen müssen Sie einen Weg finden, sich irgendwie näherzukommen, was bei den bezaubernden Sichtbekanntschaften aus U-Bahn, vom Joggen oder am Flughafen nicht so einfach, oft zum Verzweifeln schwierig ist. Zu den inneren Werten müssen Sie sich weiterhangeln, na und auch zu den nicht ganz unwichtigen Informationen, ob die Person, die Ihnen so gefällt, verheiratet oder sonst in festen Händen ist. Letzteres muss Sie bei genügend Entschlossenheit zwar an nichts hindern, aber wissenswert wäre es schon.

Jüngere Menschen lassen es meist darauf ankommen. Vorkehrungen, die das Kennenlernen erleichtern sollen, treffen Menschen, die gescheiterte Beziehungen hinter sich oder das Gefühl haben, dass sie jetzt lange genug allein gewesen sind: Zurückhaltende Naturen belassen es beim Lesen von Zeitungsannoncen, aktivere suchen Internetplattformen auf.

Wenn Sie sich solcher indirekter Beziehungsanbahnungsinstrumente bedienen, starten Sie so ähnlich wie Theodore Twombly in *Her*. Sie haben es zunächst mit virtuellen, fast irrealen Persönlichkeiten zu tun, denen Sie näherkommen können, wenn es für Sie passt:
Wenn Sie eine Zeitungsannonce aufgeben, können Sie sich so

präsentieren, wie Sie das für richtig halten, und eine Vorselektion treffen, welche Typen bei der Partnerwahl infrage kommen sollen, welche gar nicht. Ob beides zielführend ist, können Sie nicht wissen, denn je nach Selbsteinschätzung muss Ihre Präsentation Ihrer tatsächlichen Erscheinung nicht entsprechen, sie kann besser sein, aber auch schlechter. Und woher wissen Sie, welcher Typ der Richtige für Sie ist? Manchmal passen die Typen am besten, die auf den ersten Blick gar nicht zu passen scheinen.

Ein großes Internetportal zur Beziehungsanbahnung – solche Portale haben in den letzten zehn Jahren einen enormen Zuwachs an Nutzern zu verzeichnen – wirbt mit Porträts von eher jüngeren Menschen, die Statements abgeben wie:»Was mir an ihm wichtig ist? Ernste Absichten«,»Nur auf Glück zu vertrauen, ist mir zu wenig«,»Auf den Zufall warten, dafür ist meine Zeit zu schade«,»Klar habe ich Ansprüche! Warum nicht?«

Halten diese Aussagen, was sie versprechen?

Wenn Sie sich dort anmelden, müssen Sie zunächst einen relativ ausführlichen Fragebogen ausfüllen, nach dem aufgrund geheimer Rezepturen des jeweiligen Portals ein psychologisches Profil erstellt wird. Dabei spielen Kriterien wie Ausbildung, Beruf, Interessen und Hobbys, Werte und Lebensziele die entscheidende Rolle[19]. Dieses Profil passt zu bereits im Rechner gespeicherten Interessenten, die Ihnen anschließend präsentiert werden. Jetzt wird es ernst, denn Sie können in einem geschützten, weil anonymen, Rahmen mehr oder weniger vorsichtig Kontakte aufnehmen; zuerst nur über die Internetplattform, mit oder ohne Freigabe Ihrer Fotos. Wenn es Ihnen weiterhin passt, können Sie sich in der Realität verabreden. Verhaltensempfehlungen für das erste Date werden gratis mitgeliefert.

Aufregend ist das schon, wenn Sie nach Monaten oder Jahren der Einsamkeit plötzlich eine Reihe Menschen präsentiert bekommen, die infolge der Weisheit des Computers angeblich wunderbar, sogar in Zahlenwerten ausgedrückt, zu Ihnen passen. Die Kompetenz dieses Programms leiht Ihnen seine Sicherheit.

Im persönlichen Kontakt müssten Sie sich die erst erarbeiten. Dass Ihr Gegenüber Interesse an romantischem Sex hat, werden Sie in der Realität, wenn Sie etwas vorsichtig veranlagt sind, nicht im ersten Monat herausfinden; im Internetforum können Sie darauf bauen, dass der Computer schon dafür gesorgt hat. Sie bekommen einen Kontakt mit Menschen angeboten, über deren selbstreflektiertes Seelenleben Sie viel erfahren. Vor allem, dass diese Menschen natürlich auch suchen! Das erleichtert den weiteren Prozess der Kontaktaufnahme wesentlich – denn der oder die Gefundene ist wahrscheinlich nicht in festen Händen. Manchmal ändert sich dieser Status allerdings sehr schnell – und damit wirbt der Anbieter auch: Eben erst auf der Plattform erschienen, und schon schließt diese Person ihr Profil wieder, mit dem Hinweis, dank eben dieser Plattform frisch verliebt zu sein!

Sie bekommen plötzlich Angebote! Immer noch haben Sie die Möglichkeit, solch ein Angebot nicht wahrzunehmen, sich zurückzuziehen, und Sie werden auch nicht persönlich haftbar gemacht, wenn Sie trotz Ihrer Mitgliedschaft monatelang nicht aktiv werden. Zahlen müssen Sie allerdings mit Anmeldung. Trotzdem, es passiert etwas, weil Sie die Initiative ergriffen haben, und das ist nicht schlecht.

Richtig los geht es auch bei diesem Verfahren erst dann, wenn Sie den persönlichen Kontakt suchen, wenn Sie sich zu dem ersten Date verabreden. Dann sind Sie mit der oder dem Auserwählten allein.

Vielleicht ist der Unterschied zwischen den direkten und den virtuellen Verfahren des Begegnens gar nicht so entscheidend. Vieles bleibt ja. Die Spannung, einem anderen Menschen zu begegnen, die Frage, wie er reagieren wird, wenn Sie ihm sagen, dass er Ihnen gefällt, das Herzklopfen, die Unsicherheit mit der phantastischen, alle Vorstellungen sprengenden Möglichkeit im Hintergrund, dass er sagt: »Ja, dich will ich!«

Suchen oder finden

Kennen Sie das Gefühl, wenn Sie »auf der Pirsch« sind, wenn Sie mit hoher Dringlichkeitsstufe eine Frau, einen Mann suchen? Ihre Wahrnehmung ist irgendwie gesteigert, Sie nehmen weibliche oder männliche Silhouetten schon auf große Entfernung wahr, Sie gehen langsamer oder Sie drehen sich beim Überholen um, damit Sie einen Blick von vorn erhaschen können, nein, die ist es nicht – und weiter geht die Suche. Selbst wenn Sie nicht aktiv suchen wollen, kommen Sie schnell in solch einen Zustand, »es« geht quasi von selbst los. Diese Sucherei kann sehr schnell quälend werden, erschöpfend, weil Sie nicht zur Ruhe kommen. Von außen betrachtet haben Sie jetzt »hungrige Augen«. In diesem Zustand büßen Sie schnell das notwendige Urteilsvermögen ein. Haben Sie die Person schließlich angesprochen und vielleicht sogar eine Verabredung hingekriegt, fragen Sie sich nicht selten: O Gott, an wen bin ich jetzt geraten?

Cleverer wäre es, zu finden. Jetzt denken Sie vielleicht: Ja schlau! Und wie soll das ohne Suchen gehen? Seien Sie versichert, es geht. Wenn Sie eine kontemplative Grundhaltung einnehmen und die Welt zu sich kommen lassen, werden Sie feststellen, dass Sie keineswegs weniger Kontakte bekommen als bei der Sucherei. Der große Vorteil ist aber: Sie bleiben bei sich und lehnen sich nicht ständig so weit aus dem Fenster, dass Sie abzustürzen drohen.

Esoterischer Quatsch?

Nicht ganz: Wenn Sie sich vom Suchen verabschieden, nehmen Sie Druck raus, können genauer hinschauen. Und Vorkehrungen dagegen treffen, dass Sie den oder die Erstbeste/n nehmen und erst nach der ersten Nacht, dem ersten Monat oder gar nach der Eheschließung feststellen: Der/die ist ja gar nicht so, wie ich sie/ihn gesehen habe.

Also: Druck rausnehmen.

Nun ist nicht jede Person, die Ihnen gefällt, warmherzig, hübsch, als Partnerin geeignet. Aber es gibt ja sehr unterschiedliche Formen von Beziehungen, platonische Lieben, kameradschaftliche Freundschaften, heiße Liebesbeziehungen und Zweckgemeinschaften zur Pflege sexueller Vorlieben.

Um sich näherzukommen, brauchen Sie Zeit und Achtsamkeit. Ausprobieren, ob und wie Sie sich aufeinander einlassen können, ob das eigene Begehren ein gemeinsames wird.

Reales oder eingebildetes Glück?

Sie sind sich jetzt schon ziemlich nahegekommen und finden sie immer toller: So schöne blaue Augen, die auf innere Werte schließen lassen! Sie schaut Sie still, in aller Ruhe an, betrachtet anscheinend gelassen Ihre Bemühungen, sie zu beeindrucken. (Sie erinnern sich: Sie folgen einfach Ihrer Intuition, lassen alle Ihre Reize funkeln und tausend Assoziationen blühen, mobilisieren Ihre besten Seiten, legen der ersehnten Person alles zu Füßen, gehen das volle Risiko ein, sich lächerlich oder unmöglich zu machen – Sie können nicht anders …)

Sie spricht nicht viel, was Ihnen umso mehr Raum lässt, Vermutungen über ihre Gefühle anzustellen: Empfindet sie Zuneigung für Sie? Ist sie still – aber umso leidenschaftlicher – in Sie verliebt? Haben Sie Chancen? Okay, davon gehen Sie mal aus!

Das schöne schweigende Gegenüber bietet Ihnen vor allem eines: eine ideale Projektionsfläche. Ihre Wünsche, Ihre Sehnsüchte scheinen auf dieser schönen Oberfläche auf und lassen Ihre Sehnsucht nach einer Partnerin zur veritablen Verliebtheit anwachsen.

Und nun?

Es kann ja sein, dass sie amüsiert gelassen ist, aber nichts Tiefes für Sie empfindet! Ist das nun ein Ausdruck für die Vergeblichkeit aller Verliebtheit, für die Einseitigkeit tiefer Empfindungen, ein weiterer Beweis, dass am Ende aller Sehnsucht die Einsamkeit zwischenmenschlicher Kälte steht?

Das kann schon sein.

Möglich ist tatsächlich, dass sie nichts für Sie empfindet, gar nichts, vielleicht ein wenig Überdruss. Dass sie nur nicht die Traute hat, Ihrem Liebesüberschwang etwas entgegenzusetzen. Und dass sie bald versuchen wird, sich aus dem Staub zu machen, den Kontakt abzubrechen. Lassen Sie ihr diesen Ausweg.

Es kann aber auch sein, dass sie anfangs in der Tat nicht so richtig von Ihnen überzeugt war, sich aber dann von Ihrer Inbrunst entflammen lässt und sich schließlich ziemlich heftig in Sie Feuerkopf verlieben wird.

Oder es ist tatsächlich so, wie Sie von Anfang an gehofft, nein!, gewusst haben: die große Liebe!

Projektion scheint weder wahr noch falsch zu sein, sondern ein Instrument der Annäherung zweier potenzieller Liebespartner. Potenziell heißt möglich, und was ist nicht alles möglich!

Deswegen ist es unerlässlich, dass Sie der heißen Projektion eine Phase der Klärung folgen lassen. Was ist Sache? Möchte sie auf Sie eingehen, oder denkt sie nicht daran? In dieser Phase müssen Sie Raum lassen, sonst verbauen Sie sich die Wahrheitsfindung und tappen in der Folge unrettbar im Nebel herum. Auf die Stärke der Projektion können Sie sich nicht verlassen, denn die bleibt dabei: Dies ist die wahre, die einzige, die Frau, die besser als alle anderen ist. Wie kommt das? Auf der nicht durch persönliche Statements der Schönen getrübten Projektionsfläche können sich Ihre Phantasien ungestört entfalten – und die sind Ihnen nun mal vertrauter, sicherer als alles andere.

Jetzt geht es also um die Frage, wie ist sie wirklich? Sie müssen zuhören und sie anschauen, denn unser phantastisches Emotionserkennungssystem funktioniert nur im direkten Kontakt mit realen Menschen.

Sie haben sich im Café verabredet, um mal in Ruhe miteinander zu reden. Jetzt sitzt sie/er Ihnen gegenüber. Was tun?

Wenn Sie Kontakt zu einem anderen Menschen bekommen

wollen, dann müssen Sie etwas von sich erzählen. Nicht von Ihrer katastrophalen Mutterbeziehung oder warum Ihre fünfte Frau im Bett so eine Null war, sondern eher, wie Sie zum Leben stehen, was Ihnen Spaß macht, was Sie von Emotionalität halten, was Ihnen an Freundschaft wichtig ist. Da gibt es diesen ziemlich alten Test[20] der »36 Fragen für einen gelungenen Smalltalk«, bei dem zwei Fremde in einer Stunde gemeinsam grundlegende, zum Teil existenzielle Fragen beantworten und sich dabei ziemlich weitgehend offenbaren. Zum krönenden Abschluss sehen sie sich vier Minuten in die Augen.

Jetzt sind sie sich ziemlich nahe.

Ja, Sie sollten sich anschauen, in die Augen schauen. Nicht starren! Es geht nicht darum, wer zuerst wegschaut! Sondern sich anschauen und auf die Gefühle achten, die dabei in Ihnen entstehen. Das kann ganz schön intensiv werden. Aber wollten Sie das nicht?

»Sieh mir in die Augen, Kleines« – Rick aus *Casablanca* wusste schon, was er da sagte. Paartherapeuten empfehlen übrigens, sich auch beim Sex anzusehen und nicht mit zugekniffenen Augen verbissen vor sich hin zu rammeln. Probieren Sie's aus. Es ist ganz schön intensiv.

Soziale Netze und die Liebe

Zweierbeziehungen sind nicht unsere einzigen sozialen Verbindungen, sondern jeder von uns ist multipel vernetzt, auf allen Ebenen. Verwandtschaftliche, freundschaftliche, berufliche, sportliche Netze umgeben uns und stützen unsere Existenz. Diese Netze sind unabhängig davon vorhanden, ob wir sie für unsere Absichten nutzen. Wahrscheinlich ist es auch nicht so wichtig, ob uns gefällt, was die Personen unserer Netzwerke auszeichnet, denn vieles davon läuft offensichtlich unbewusst ab.

Netzwerkeffekte spielen auch in Bereichen eine Rolle, in denen Sie überhaupt nicht an so etwas denken:

Eine Forschergruppe in San Diego hat herausgefunden[21], dass Menschen, die überwiegend gut oder schlecht schlafen, in Netzen verbunden sind, deren Personen das gleiche Schlafmuster zeigen, also ebenfalls gut oder schlecht schlafen. Auch die Art und Weise, wie diese Personen mit ihren Schlafstörungen umgehen, clustert genauso: Nimmt, was in den USA gebräuchlicher ist als bei uns, einer Marihuana, um besser schlafen zu können, so finden sich in seiner Netzwerkumgebung mehr Menschen, die das gleiche Verhalten zeigen. Das Verblüffende an diesen Befunden ist, dass sie uns überhaupt nicht bewusst sind! Auch die Wissenschaftler können bis heute nicht erklären, wie solche Effekte übertragen werden. Ähnliches gilt für Sucht- oder für Herz-Kreislauf-Erkrankungen. Hat jemand ein problematisches Konsumverhalten im Umgang mit

Alkohol, finden sich in seiner Umgebung viele andere mit ähnlichem Verhalten. Wenn sich einer wenig bewegt, übergewichtig ist und deswegen eine Neigung zu erhöhtem Blutdruck und Herz-Erkrankungen hat, so finden sich in seiner Umgebung vermehrt andere mit demselben Muster.

Man könnte also festhalten, dass wir in einer Matrix leben und handeln, die uns ziemlich weitgehend charakterisiert. Vermutlich hängt auch unser Wohlbefinden davon ab.

Welchen Effekt könnte es auf diese Matrix haben, wenn wir uns in eine andere Person verlieben?

Darüber gibt es keine sicheren Befunde. Aber denkbar sind zwei Möglichkeiten:

Wir könnten suchen, was uns vertraut ist, und würden mit einer gewissen Wahrscheinlichkeit einen Partner finden, der unserer Matrix ziemlich weitgehend entspricht. Denkbar wäre auch, dass sich ein Partner an den anderen im Verlauf der Beziehung anpasst.

Aber wir verlieben uns ja nicht unbedingt in Menschen, die uns gleichen, sondern nicht selten werden wir bei der Begegnung mit einer fremden oder unvertrauten Person »vom Blitz getroffen«. Romeo und Julia wurden von Shakespeare nicht zufällig aus zwei verfeindeten Clans kommend dargestellt. Eine Konsequenz solcher Verliebtheiten aus heiterem Himmel könnte sein, dass dadurch der Kontakt zu einem ganz anderen, bisher nicht erreichten Netzwerk hergestellt würde. Diese Variante mutet ein wenig wie das Verhalten der Habsburger an, die ihre Vormachtstellung nicht durch Kriege, sondern durch Hochzeiten ausbauten, was mit Liebe allenfalls am Rande zu tun hatte.

Es scheint also immer um mehr als um das jeweilige Liebespaar zu gehen, oder: Wenn Sie flirten, könnten Sie mal dran denken, wer noch alles involviert ist.

Himmelsmacht 1

Es ist passiert.

Sie wissen selbst nicht, wie Ihnen geschah.

Plötzlich ist diese Person, die Sie eben noch nicht kannten, das Wichtigste in Ihrem Leben, um genau zu sein, das einzig Wichtige. Sie brauchen kaum noch Schlaf, Ihr Job ist uninteressant, die Herrschaft der Termine, Ihre Diät, Ihr ach so wichtiges Work-out-Programm – alles egal!

So was von sekundär! Zählen tut nur noch sie/er.

Was ist das?

Na ja, Sie wissen es – Sie haben sich verliebt.

Wenn Sie das schon mal hatten, erkennen Sie es wieder, beim ersten Mal wissen Sie überhaupt nicht, woran Sie sind, überwältigend ist es allemal.

Klingt ein bisschen, als wenn Sie eine Krankheit hätten?

Sagen wir mal so: Normal ist dieser Zustand nicht.

»Die Liebe ist eine Himmelsmacht – ich warne dich!« Mit diesen Worten versucht Brechts Mutter Courage ihre Tochter zurückzuhalten. Vergeblich!

Ihre Erfahrungen im Umgang mit Himmelsmächten halten sich wahrscheinlich auch in Grenzen. Krank sind Sie aber nicht, dazu geht es Ihnen viel zu gut. Am ehesten können wir uns wahrscheinlich auf die Beschreibung einigen, dass Sie sich in einem Ausnahmezustand befinden. Denn die Regel ist diese Art von Befindlichkeit ja nicht.

Tatsache ist, dass im Zustand der Verliebtheit alle Beziehungsmechanismen plötzlich voll koordiniert und hoch synchronisiert zusammenarbeiten, wie von selbst und ohne jede Anstrengung:

- Ihre Begabung zur Empathie, Ihre Fähigkeiten in der Theory of mind erheben sich zu neuen Höhenflügen, um zu erahnen – was sage ich – erahnen? –, um präzise vorauszusagen, was Ihr geliebtes Gegenüber gerade empfindet und denkt und wie Sie ihm begegnen könnten. Das Tollste ist, es gelingt Ihnen mit traumwandlerischer Sicherheit, Leichtigkeit und einer nie erreichten Trefferquote! Diese Neugier auf die/den anderen! Dieses allumfassende Interesse! Es geht Ihnen wirklich um diese andere Person. Alles möchten Sie wissen, alles ist bedeutsam, alles, alles merken Sie sich. Sie sind so selbstsüchtig selbstlos wie sonst nie. Denn natürlich geht es um Sie! Mehr denn je. So intensiv leben konnten Sie noch nie wie in diesem Moment. Genießen Sie's. In diesem Moment. Was im nächsten ist, wissen Sie nicht.
- Projektion: Natürlich ist das alles Projektion, das würde Ihnen jeder tiefenpsychologisch geschulte Mensch sagen; aber diesmal hat's endlich mal gepasst! Das erträumte Ideal und die überhaupt nicht nüchterne Realität passen eins zu eins aufeinander. Und was nicht passt, wird passend gemacht. Es stimmt und trifft sich, was Sie an Vertrautheit und gegenseitiger Sehnsucht durch den zwischenmenschlichen Raum schieben.
- Nähe/Distanz? Na, Nähe, Nähe, Nähe und noch mal Nähe! So viel und so aufregend und so heiß – und das, obwohl Sie Nähe einer anderen Person, ihre Wärme, ihren Geruch, all diese Details der Intimität sonst doch gar nicht ertragen können.
- Der Sturm der Hormone:
  - Das Dopamin, dieser unglaubliche Flash der Lust, der alle anderen Verstärker alt aussehen lässt.

– Das Serotonin, das mit der Verliebtheit runtergeht, auf Werte, die man sonst nur im Zustand der Suizidalität oder massiver Aggression erreicht – sage einer, er verstünde das!

– Vasopressin und Oxytocin für die innige Nähe und diese unglaubliche – sorry – Geilheit ...

Ein Konzert all unserer seelisch – neuropsychologisch – psychosomatischen Potenziale mit dem einzigen Ziel, Sie zwei Menschen nah, ganz nah aneinander zu binden. Ein Gefühl, das alles andere übersteigt und das Leben unvergleichlich lebenswert macht. Und für das Sie, wenn Sie es einmal erlebt haben, alles, alles tun würden, um es wieder zu erleben.

Aber wenn Sie etwas Lebenserfahrung haben, wissen Sie: Genau das funktioniert nicht. Es passiert, geschieht Ihnen, ist unwahrscheinlich toll, aber aktiv herbeirufen können Sie es nicht.

Ein Geschenk.

Und eine Zumutung. Denn kontrolliert vernünftig ist da nichts.

Erst später las er in den Büchern, dass die Liebe nicht nur »die Vernunft mit sich reißt und geistige Besessenheit« hervorruft, wie Ibn Arabi warnt, sondern eben auch »Auszehrung« bedeutet, »das hartnäckige Kreisen der Gedanken, die Unruhe, die Schlaflosigkeit, das brennende Verlangen, das Feuer der Leidenschaft und die durchwachten Nächte«. Und das ist noch nicht einmal alles: »Sogar noch, was eine Verhaltensstörung hervorruft, ist Liebe, was einen alle Möglichkeiten verspielen, was einen die Fassung verlieren und kindisch werden lässt: ist Liebe.«[22]

Da staunen Sie. Und das sollten Sie auch. Nicht nur, weil es horizonterweiternd ist, wenn Sie sich klarmachen, dass dieser Text ausgerechnet aus dem islamischen Kulturkreis kommt – in diesem lesenswerten Buch stehen noch viele andere unerwartete, nette Dinge! –, sondern auch, weil dieser Text auf die archaische, unvernünftige, beunruhigende Seite der Liebe hinweist. Sie wollten doch wissen, auf was Sie sich da eingelassen haben, oder?

Wird es so bleiben? Natürlich nicht. Deswegen ist es ja so kostbar. Im Übrigen würde das ja keiner aushalten.

Doch es ist ja noch nicht zu Ende.

Zum Verliebtsein kommt die Vertrautheit dazu.

Sie fühlen sich sicher geborgen, wie in den Armen Ihrer Mutter. Daran können Sie sich natürlich nicht mehr erinnern. Aber auch ohne bewusste Erinnerung ist das Gefühl der Geborgenheit eine unglaublich schöne Variante des Wohlergehens. Akzeptiert werden, wie Sie sind, in Sicherheit, ohne dass Sie etwas dafür tun müssen.

Und dieses Gefühl entsteht, wenn Sie mit diesem Menschen zusammen sind, den Sie gerade erst mal seit fünf Tagen kennen.

Geborgen, vertraut, glücklich.

Was ist davon zu halten?

Zunächst: Es ist Ihr Gefühl. Ihres!

Ihre Seele macht das in der Begegnung mit dieser/diesem bis dahin Unbekannten, in die/den Sie sich verliebt haben. Sie wollen vertrauen, sich sicher fühlen, wollen angekommen sein, endlich.

Und weil Sie mit dieser Person noch keine Vorgeschichte teilen, keine ermüdenden Diskussionen über Verantwortung in der Beziehung, über die Zimmerverteilung in der neuen Wohnung, über Ihre und seine Freiräume, dass es noch zu früh für Kinder sei und und und …, ist er genau der Richtige.

Es ist Ihr Bedürfnis. Nicht er macht das, nicht er gaukelt Ihnen etwas vor, sondern in dem, was er sagt und wie er sich verhält, passt er zu Ihren Bedürfnissen. Sie wollen es, und deswegen geben Sie sich dem Gefühl zu ihm hin. Ihre sonst allgegenwärtige, misstrauische Kontrolle können Sie bei ihm aufgeben, eine Wohltat!

Sie gehen deswegen nicht verloren, wissen zwar manchmal

nicht, wie Sie bei diesen pazifikartigen Wellen des Wohlbefindens Luft kriegen sollen, aber Sie sind nicht Spielball eines fremden Individuums. Sie! Die Liebesgeschichte ist Teil Ihrer Biografie, gehört zu Ihnen.

Und jetzt fragen Sie mich, ob Sie ihm vertrauen sollen, sich ihm ganz und gar in die Arme schmeißen? Echt! Das müssen Sie bitte entscheiden! Sie können Ihr Gefühl nutzen, denn das liegt meist nicht ganz falsch, aber so ein paar Gramm Verstand sind nicht direkt schädlich.

Er ist viel jünger, hat kaum Einkommen, aber er will mit Ihrem Geld ein gemeinsames Haus bauen? Tja. Müssen Sie wissen.

Sie wirkt auf den ersten Blick zopfig, ein Hauch von altbacken. O Gott, Ihre Freunde, was werden die sagen? Nicht sie, Sie müssen es wissen! Ihr Gefühl, Ihr Entzücken, Ihre Lust. All dies ist ziemlich individuell und nicht gesellschaftlich normiert. Gott sei dank! Vielleicht war es genau das, was Sie suchten.

Schauen Sie hin, ob es passt, immer mal wieder. Lassen Sie Vertrauen wachsen. Wenn es groß und mächtig wird, kann es Sie tragen, auch über schwierige Phasen hinweg, besser als die Liebe. Vertrauen ist nicht so flüchtig wie die Liebe, es ist grundlegender. Und wenn es weg ist, dann wird es auch mit der Beziehung schwierig.

Aber da Liebesbeziehungen keiner Norm gehorchen, schon gar keiner rationalen, können Sie auch einen durchtriebenen Mistkerl lieben, auf den Sie sich ganz bestimmt nicht verlassen können. Gewöhnlich lieben Sie den viel heftiger als den netten, verlässlichen, fürsorglichen.

Es könnte aber nichts schaden, wenn Sie sich das klarmachen würden.

Beziehungsbiologie

Schon im Kapitel »Sie sind ein Beziehungsinsider« spielte die biologische Grundlage von Beziehung eine Rolle. Jetzt wird es noch etwas spezieller.

Alles, was wir mit uns erleben, unsere Gefühle, Stimmungen, der Wechsel zwischen neutraler Distanz, beginnendem Interesse, leidenschaftlicher Zuneigung, Distanzierung und Entfremdung, passiert nicht in irgendeinem luftleeren Seelenraum, sondern hat eine biologische Grundlage. Die liegt in unserem zentralen und peripheren Nervensystem. Es geht also um Nervenzellen. Die sind von Haus aus schon aktiv, und diese Aktivität wird durch Hormone, Überträgersubstanzen, Neuromodulatoren verändert. Natürlich auch durch Medikamente und Drogen! Die Funktion unserer Nervenzellen ist die Grundlage von wilder Aggression oder inniger Bindung. Daran gibt es keinen Zweifel. Trotz intensiver Forschung wissen wir aber nicht, wie das Feintuning erfolgt. Unsere Theorien sind relativ pauschal, und wir können immer nur Analogschlüsse aus Experimenten am Tier oder – sehr allgemein – am Menschen machen.

Vielleicht verspüren Sie jetzt den Reflex, einzuwenden: Dann ist ja alles »nur« Biologie. Es ist Biologie, natürlich, aber überhaupt nicht »nur«! Unsere Biologie ist die solide Grundlage, auf der sich unser Gefühlsleben, unsere Kognitionen und das Denken entfalten. Diese biologischen Grundlagen sind

»alt«, das heißt, sie stammen aus grauer Vorzeit, und ihre genetische Fixierung hat ermöglicht, dass es uns überhaupt gibt, dass diese Menschen, zu denen wir gehören, überlebt und sich in der Evolution durchgesetzt haben. Diese neurobiologischen Fundamente wurden also nicht für die Menschen der Neuzeit erfunden. Wir teilen sie mit all unseren Vorfahren, weil sich bestimmte Grundeigenschaften in einem harten Überlebenskampf durchgesetzt haben. Dass manche dieser alten Verhaltensmuster mit den Ansprüchen unserer heutigen Zivilisation nicht so richtig toll zusammenpassen, muss nicht unbedingt gegen sie sprechen. Diese Biologie ist so wundervoll differenziert und komplex, dass wir Respekt davor haben sollten. Und schließlich wird das, was Sie fühlen, spüren, erleben, ja nicht schlechter, wenn es eine biologische Grundlage hat. Oder? Schmälert es die Leistung von Michael Schumacher, wenn Sie sich klarmachen, wie Konstruktion und Funktionsweise seiner Rennschlitten aussahen? Wäre Bernhard Langer ein schlechterer Golfer, wenn Sie wüssten, welche Schläger er verwendet? Wäre Felix Neureuthers Leistung banal, wenn Sie wüssten, wie seine Ski konstruiert sind und wie sein Trainingsprogramm aufgebaut ist?

Außerdem, manchmal wäre es sicher hilfreich, wenn Sie sich klar machen könnten, dass dieser unglaubliche Gefühlsaufruhr, diese quälende Eifersucht körperliche Grundlagen haben und nicht Ausdruck von existenzgefährdendem Irrsinn sind.

Biologie oder Psychologie?

Wie ist das nun: Sind Sie Opfer oder Herr/in Ihrer Hormone? Verlieben Sie sich, weil Ihr Hormonspiegel gerade sensationell hoch ist, oder kommt Ihr Organismus auf Touren, weil Sie diese Frau aus der U-Bahn so toll finden?

Beides ist wohl richtig: Den antörnenden Effekt einer neuen Beziehung erreicht kein als Pille geschlucktes Hormon, und es gibt Zeiten, in denen Sie sich leichter oder schwerer verlieben, weil Ihre jeweilige Hormonsitutation das erleichtert. Als Frau merken Sie vielleicht zu bestimmten Zeiten Ihres Zyklus ein größeres Interesse am Flirten als zu anderen.

Die grundlegende Ebene des Mann- oder Frauseins sind die Hormone:

- Östrogene, die mit dem Zyklus schwanken und das Interesse an bestimmten Männertypen zyklusabhängig beeinflussen,
- Testosteron, das bei Männern – und Frauen – die sexuelle Power und die Gier beeinflusst.

Aber auch auf dieser Ebene kann die Psychologie die Biologie dominieren. Sie würden das merken, wenn Sie transsexuell wären: Trotz ähnlichem Körper mit den entsprechenden Hormonen fühlen Sie sich weiblich und in Ihrem dazu nicht passenden Körper fehl am Platz.

The brain runs on fun oder: Wie nackte Gier zur Romantik wird

Viel direkter als die Hormone prägen die Neurotransmitter unser Verhalten[23]:
Die meisten sind Allrounder und bedingen mehrere Funktionen.

- So kontrolliert Dopamin das Feintuning der Bewegungen, der Hormonfreisetzung, des Gedächtnisses – und vor allem ist Dopamin die Substanz von Sehnsucht, Lust und Neu-

Gier! Daniel Bergner bezeichnet die Ursprungsareale des Dopamins[24] als »the ground zero of desire«[25]!

Was Sie spüren und was sich an den Synapsen Ihres Nervensystems abspielt, ist untrennbar miteinander verbunden. Eine erhöhte Dopamin-Freisetzung macht Sie interessierter, neugieriger; niedrige Dopamin-Spiegel entsprechen dem »Null Bock«-Gefühl; aber wenn Sie mit Neuem, Unerwartetem konfrontiert werden, steigt der Dopamin-Spiegel auch an, was das tolle Gefühl von Neuem vermittelt. Das Prinzip »the brain runs on fun« beruht auf dem Dopamin. Sie merken diese Wirkung im Zustand der Verliebtheit, wenn die Wahrnehmung in ungeahnter Weise verfeinert wird, Sehen, Hören, Riechen und Fühlen eine besondere, bisher unbekannte Qualität bekommen. All diese überwältigenden Empfindungen werden mit der geliebten Person assoziiert und so über den Alltag herausgehoben, dass sie Ihnen einmalig erscheinen. Solange die Beziehung neu ist.

Eine übernormale Dopamin-Steigerung liegt auch psychotischem Erleben zugrunde, was erklären kann, warum heftige Liebe manchmal psychotisch anmutet, oder Psychosen bei entsprechender Anlage durch Verliebtheit zum Ausbruch gebracht werden. Anscheinend sind die Veränderungen des Dopamin-Systems unter anderem auch für das rätselhafte Verhalten in der Pubertät verantwortlich: Während Kindheit und Jugend ist der Dopamin-Spiegel höher als beim Erwachsenen, was gut dazu passt, dass in diesem Lebensabschnitt viel Neues gelernt werden muss. Da die Geschlechtshormone in dieser Zeit noch keine wesentliche Rolle spielen, fehlt die Verknüpfung zur Sexualität. Das ändert sich in der Pubertät – von nun an wird Sex und alles, was dazugehört, für sehr viele Menschen das Interessanteste überhaupt sein. Aber da es in der

Pubertät im Rahmen der allgemeinen Effektivitätsmaximierung irgendwann auch zu einer Reduktion von Nervenzellen und ihren Vernetzungen kommt, scheint es Phasen zu geben, in denen das Dopamin, das an der Zielzelle ankommt, gegenüber vorher relativ zu niedrig ist – was das in dieser Lebensphase manchmal penetrant typische Null-Bock-Gefühl erklären könnte, aber auch das Sensation seeking vieler Jugendlicher: Um Lust zu empfinden, muss der Kick größer werden.

Dopamin steht im Gleichgewicht mit

- Serotonin.
  Das dämpft, bringt rationale Überlegungen in das lustvoll triebhafte Geschehen, Differenziertheit, Feinsinnigkeit; die nackte Gier wird in Romantik verwandelt. Serotonin »modifiziert« Ihren Gefühlssturm, verhilft der Rationalität zu ihrem Recht.
  Normale Serotonin-Spiegel scheinen das Chaos zu verhindern, zu stabilisieren.
  Wenn Ihr Serotonin zu niedrig ist, denken Sie zu viel: Das ist eine Voraussetzung für Eifersucht, Zwänge, Depressionen, Suizidalität.
  Das direkte Lusterleben vermitteln die
- Opioide, Endorphine; werden sie experimentell geblockt, gibt es »no satisfaction«.

Wie vielfältig die Wirkungen einer Substanzgruppe unser Verhalten beeinflussen können, zeigen die Peptide
- Oxytocin, Vasopression.
  Sie steigen beim Vorspiel mit der beginnenden sexuellen Erregung an und flushen beim Höhepunkt während des Orgasmus. Verblüffend ist, dass diese Überflutung vor al-

lem mit Oxytocin offenbar die Bindung verstärkt, also einen biologischen Mechanismus der Treue darstellt! Aber das ist nicht alles: Oxytocin wird freigesetzt, wenn das Baby – nur das Baby? – an der Mutterbrust saugt. Und trotz ihrer eindeutigen Rolle im Bereich der Sexualität scheinen diese Peptide auch unser Sozialverhalten zu modifizieren und sogar die Bindung zwischen Herr und Hund![26] All diese Substanzen verändern sich im Verlauf einer Beziehung: Im Zustand der »Beutesuche« brauchen Sie andere Konstellationen als in der ersten Verliebtheit; und wenn mit dem ersten Kind die große Beziehungsumstellung kommt, wird wieder eine andere Cuvée benötigt.

Sie fragen sich vielleicht, ob Sie das wissen müssen. Müssen Sie nicht. Sie können leben, einfach so, ohne sich und andere zu hinterfragen, Tag für Tag, Minute für Minute im Hier und Jetzt. Hervorragend. Erleuchtung durch Akzeptanz ist wunderbar.

Wenn Sie aber mit dem Fragen anfangen – ja, Ihr Fühlen und Denken hat eine biologische Grundlage. Immer, auch bei der Liebe. Besonders in schwierigen Phasen hilft es, an beides zu denken. Ich weiß nicht, wie es Ihnen zum Beispiel mit der Eifersucht geht. Ich finde solche Zustände furchtbar nervig. Aus den Verästelungen der tausendundeinsten Vermutung, was sie, wie sie und mit wem sie jetzt wieder, könnte Sie befreien, wenn Sie sich klarmachen, dass Sie wohl eine Zeitlang etwas zu viel ins Denken investiert haben und Ihre Gefühle nicht wahrnehmen wollten. Was beides mit einem niedrigen Serotonin-Spiegel zusammenpasst. Der Weg zurück ist auch gangbar: Konzentration auf die Gefühle, den Verlust wahrnehmen, die Trauer hochkommen lassen, die Tränen. Wahrscheinlich kommt der Serotonin-Spiegel dann auch wieder auf Touren.

Und wenn die Eifersucht zusammen mit Niedergeschlagenheit, morgendlichem Früherwachen und Lebensüberdruss kommt, was alles für das Vorliegen einer Depression spricht, dann lohnt sich der Gang zum Fachmann und die Verschreibung eines SSRI[27], das bringt den Serotonin-Spiegel auch wieder in Ordnung. Sie brauchen damit zwar etwas länger zum Orgasmus, aber wenn Sie depressiv sind, ist dieser Teil des Lebens sowieso eher ein langer ruhiger Fluss.

Mit diesem Instrumentarium können Sie sich nun ins Chaos der Beziehungsbildung stürzen.

Paartherapie – die erste Sitzung

Personen: Sie, Er, Therapeut
Sie und Er haben sich vor 14 Tagen auf einer Party kennengelernt, gestern haben sie zum ersten Mal miteinander geschlafen.

Th: Guten Tag, ich bin Ihr Paartherapeut.
Sie: Und was wollen Sie?
Th: Ich will ihnen helfen, Ihre Partnerschaft besser hinzukriegen.
Er: Hat Sie jemand gerufen?
(Er schaut seine Partnerin etwas misstrauisch an.)
Th: Nein.
Sie: Ich habe mich doch gerade erst in ihn verliebt!
Er: Und von Partnerschaft kann doch, bitte, noch gar keine Rede sein.
Sie: Wie, du willst nicht, dass aus dieser wunderbaren Liebesbeziehung eine Partnerschaft wird?
Er: Doch, schon, natürlich, klar.
(Jetzt schaut sie ihn misstrauisch an.)
Er: Aber deswegen brauchen wir doch nicht gleich über Therapie reden. Vielleicht geht es ja auch so gut. Ich finde das mit dir so toll, so heiß. Machen, nicht zerreden!
Sie: Finde ich ja auch … (Nur zu sich: Aber mehr reden wäre auch nicht so schlecht. Immer nur machen, er ist ja unermüdlich!)
Er: Und wenn es nicht klappt – ich weiß ehrlich gesagt nicht, ob ich dann zu so einem Seelenklempner gehen will.
Th: Ich bin ja auch nur virtuell.
Sie/Er: ???
Th: Na, Sie werden doch virtuelle Realitäten kennen!?

Ich bin eine Vorstellung des Autors, der sich irgendwann die Frage gestellt hat, zu welchem Zeitpunkt eine Paartherapie ideal wäre.

Er: Aha. Na, dann sagen Sie Ihrem Autor mal, dass Therapie doch wohl erst Sinn macht, wenn es Schwierigkeiten in der Beziehung gibt.

Th: Ich werd's bestellen. Übrigens: Was meinen Sie mit Schwierigkeiten?

Er: Wenn es keinen Spaß mehr im Bett macht...

Sie: Hallo! Wenn wir uns nicht mehr verstehen!

Er: Wenn sie mir auf die Nerven geht!

Sie: Ich? Dir?

Er: Nicht jetzt, Schatz! Aber geben soll's das ja.

Sie: Wenn er anfinge, sich für andere Frauen zu interessieren?

Er: Wieso wäre das schlimm?

Sie: Für mich ist es wichtig, dass ich der Mittelpunkt deiner Welt bin!

Er: Okay, finde ich ja auch gut. Aber Interesse ist doch prinzipiell nichts Schlechtes, oder? Und wenn ich mich nicht für die neue Mitarbeiterin interessiere, kann ich ja nicht herausfinden, ob sie überhaupt für den Job geeignet ist!

Sie: Du weißt schon, was ich meine!

Th: (zu sich) Das wird er an dieser Stelle des Dialogs wahrscheinlich bejahen. Aber so einfach ist das nicht. Interesse, Neugier sind die Wurzeln von tiefgehenden Beziehungen, und zu definieren, wo die Grenzen sind, kann schwierig sein.

(zu den beiden) Würden Sie sich denn zu diesem Zeitpunkt Ihrer Beziehung auf eine präventive Paartherapie einlassen? Ich mache Ihnen ein einmaliges Angebot: Wenn Sie diesen Vertrag für zwölf Paarsitzungen unterschreiben, garantiere ich Ihnen den heutigen Preis/Sitzung und eine Wartezeit nach Anmeldung von nicht länger als zwei Wochen. (Das gibt es im realen Leben natürlich nicht, gar nicht!)

Er: Und was sollen wir davon haben?

Th: Wartezeiten auf Therapieplätze dauern heute weitaus mehr als drei Monate. Im Fall einer akuten Krise ist das ziemlich lang.

Sie: Also, ich finde, wir sollten uns unsere wunderbare erste Verliebtheit nicht durch Gedanken über das Scheitern dieser Beziehung und die Notwendigkeit einer Paartherapie kaputt machen!

Er: (erleichtert) Das finde ich auch! Vielen Dank für Ihr Angebot, aber im Moment wollen wir nicht darauf zurückkommen.

Th: Möchten Sie meine Karte mitnehmen?

Sie: O ja gerne, das können wir machen.

Alle drei: Auf Wiedersehen! (Beim Verlassen der Szene wirft Er die Visitenkarte des Therapeuten in den Schirmständer.)

Er: (für sich) Unnötiger Ballast!

Th: Niemand, der bei Sinnen ist, wird wahrscheinlich zum Zeitpunkt der ersten Verliebtheit einen Paartherapeuten aufsuchen. Allerdings lehrt die Erfahrung, dass das Gelingen oder Scheitern einer Beziehung oft schon in diesem Stadium entschieden wird.

Leidenschaft contra Ewigkeitsanspruch

Machen Sie sich nichts vor! Was macht Beziehung attraktiv? Die Lust und die Liebe. Zumindest für die Männer. Nur für die Männer? Wenn man David Bergner glaubt, durchaus auch für die Frauen, vielleicht mit gewissen Unterschieden.

Die Kombinationsmöglichkeiten sind vielfältig: Lust und Liebe, Liebe und Lust, Lust ohne Liebe, Liebe ohne Lust, zuerst die Liebe und dann die Lust, oder auch umgekehrt. Oft kommt der Appetit auch beim Essen; die Zuneigung entsteht, weil's mit der Lust so schön ist, oder die Lust, weil Sie plötzlich verborgene, aufregende Qualitäten der Zweisamkeit mit diesem ganz besonderen Menschen entdecken, die Sie zuerst gar nicht gesehen haben. Sie Mensch sind einzigartig darin, in Ihrem erotischen Begehren die Vielfalt aller Möglichkeiten zu kombinieren.

Eines allerdings haben Lust wie Liebe gemeinsam: Sie funktionieren nicht auf Befehl. Wollen können Sie viel, aber wenn Sie sich nicht auf das Wagnis einlassen, Ihre spontanen Wünsche und Sehnsüchte zu äußern, und wenn Ihr Gegenüber nicht darauf eingeht, läuft gar nichts. Lust wie Liebe kommen spontan und gehen spontan. Bei Ihnen und bei Ihrem heiß begehrten *significant other.*

Das ist der kostbare Kern, und das ist das Ärgernis: Lust wie Liebe sind richtig toll nur dann, wenn sie als Überraschung kommen, unerwartet, als »Blitz aus dem tiefblauen Himmel«.

Ärgernis, wieso? Na ja. Wir Menschen des 21. Jahrhunderts haben uns so sehr der Effizienz und der Sicherheit verschrieben, dass wir dem ungeplanten, überraschenden Leben keinen Raum zubilligen wollen. Und Lust und Liebe sind nun mal das Ungeplanteste, was es gibt. Das nervt Sie? So ist das Leben. Es mag noch angehen, wenn Lust und Liebe unerwartet kommen, aber wenn sie unerwartet gehen, wird gleich eine Ungeheuerlichkeit daraus.

Aber, da gibt es doch ein Problem, das nicht Sie allein geschaffen haben. Wenn Sie nach rechts und nach links schauen, machen es alle so: Um die tollen Gefühle herum gruppieren Sie Kinder, Familie, Haus und Geldanlage, gemeinsames Leben und gemeinsamen Urlaub, kurz, den gemeinsamen Anspruch auf Wachstum und Glück.

Wenn Sie nachdenken würden, wüssten Sie, dass der Faktor Sicherheit im Leben nicht gerade das dominierende Erfolgsprinzip ist, nicht beim Gedeihen der Kinder, nicht beim Zuwachs der Geldanlage – das alles ist durchaus mit Vorsicht zu genießen. Aber wenn sich die Liebe einmischt, soll sie plötzlich Ewigkeitsansprüche befriedigen?

Warum versuchen Sie das immer wieder? Eigentlich ja wider besseres Wissen, wider die eigene und miterlebte Erfahrung, oder? Offensichtlich liegen verschiedene Entwicklungen miteinander im Widerstreit: In Ihrem Buch *Warum Liebe wehtut*[28] vergleicht Eva Illouz Beziehungen zu Jane Austens Zeiten und heute. Sie argumentiert, dass die Auswahl eines Partners damals vorwiegend den eigenen sozioökonomischen Status verbessern sollte, während heute Liebe und sexuelle Attraktion mehr in den Vordergrund gerückt werden. Damals wurde es ganz offen als Herausforderung verstanden, eine solche Beziehung zu leben. Heute ist ein emotionaler Dissens schon ein halber Scheidungsgrund. Tatsächlich hätten Sie wohl beides gerne – wirtschaftliche Sicherheit und wahre Liebe. Dabei übersehen Sie, dass beide Strategien sich schlecht miteinander vertragen. Denn wie intensiv Ihre Liebe auch immer sein mag, ein Anspruch auf Dauer wird nicht mitgeliefert! Überhaupt: Ansprüche! Die haben ja noch nicht einmal eine große Zukunft, wenn Sie in verbrieftem Zustand daherkommen. Sind Sie vielleicht Aktionär der Deutschen Bank? Oder haben Sie eine dieser immer wackeligeren Lebensversicherungen? Der Anspruch auf Sicherheit passt schlecht zum Leben. Warum soll das ausgerechnet bei der Liebe anders sein? Weil sie Ihnen für Ihr sozioökonomisches Familienmodell so wichtig ist? Natürlich wollen Sie Ihr Herz schützen vor dem schrecklichen Verlust, nachdem es gerade erst unter der Sonne dieser Liebe aufgeblüht war, unerwartet, spät, früh – auf jeden Fall wunderbar. Diesem Herzen wünschen Sie etwas Anderes, und weil Sie es beim Wünschen nicht bewenden lassen wollen, schaffen Sie Tatsachen. Tatsachen in Holz, Stein und Beton, Tatsachen auf Ihrem Bankkonto. Verständlich ist das schon, es passt auch gut zum historischen Szenario – aber funktionieren tut es nicht. Stattdessen sollten Sie vielleicht achtsam mit Ihrem Herzen und seinen Bedürfnissen umgehen.

Beziehung ohne Verliebtheit?

Sind Respekt, Verlässlichkeit, Freundschaft nicht viel bessere Grundlagen für lange Beziehungen? Da mag einiges dran sein. Gewiss, ideal wäre, wenn Vertrauen und Verlässlichkeit die Verliebtheit hervorbrächten und wenn daraus wiederum Respekt und Freundschaft entstünden. Und ein solches Gesamtkunstwerk könnten Sie durchaus Liebe nennen. Wenn Ihnen nicht irgendwann doch die Lust in die Quere käme! Es gibt diese frühen, langen und stabilen Beziehungen, wenn einer seine Jugendliebe heiratet und mit ihr über viele Jahre glücklich ist, und sie hoffentlich auch mit ihm.

Schön, wenn die Symbiose hält, und furchtbar, wenn sie zerbricht.

Als das einer 21 Jahre währenden Jugendliebe geschah und sie erfuhr, dass ihr Mann sie betrog, attackierte die Frau nach dem Zerbrechen ihrer Liebe die wunderbaren italienischen Anzüge ihres Mannes, die sie seit vielen Jahren für ihn ausgesucht hatte, mit dem langen und scharfen Küchenmesser, schlitzte sie alle von oben nach unten auf, bis nur noch Lappen von den Bügeln hingen. Als sie das erzählte, wurde mir ganz anders, und ich fragte mich, was wohl geschehen wäre, wenn in diesem Moment der Mann dazugekommen wäre.

Sexualität: beunruhigend, beglückend und vor allem höchst individuell!

Dass Ihnen Ihre Sexualität wichtig ist, haben Sie wohl schon gemerkt, dass sie eine starke Triebkraft Ihrer Motivation ist, wohl auch. Mit etwas Selbstreflexion sind Sie wahrscheinlich darauf gekommen, dass es zwischen schwer bis unmöglich ist, sie zu kontrollieren. Der vernunftgemäße Anteil Ihrer Persönlichkeit kommt dagegen nur mit Mühe und oft nur vorübergehend an. Sexualität gehört zu den starken, unzähmbaren Erscheinungen unseres Lebens, und Akzeptanz wäre ihr gegenüber noch die angebrachteste Haltung.

Auch der Versuch, Ihre Sexualität besser in den Griff zu bekommen, indem Sie mehr objektive Information sammeln, mehr über die wissenschaftlichen Grundlagen zu erfahren versuchen, hilft Ihnen kaum weiter, denn obwohl Sexualität insbesondere in der Laienpresse ein Dauerthema ist, gibt es darüber nicht viel gesichertes Wissen. »Das Sexuelle gehört zu dem, was Wissenschaften nicht erkennen können«, schreibt Volkmar Sigusch[29], der zwischen 1973 und 2006 Direktor des Instituts für Sexualwissenschaft im Universitätsklinikum Frankfurt war.

Wissenschaftliche Veröffentlichungen von prominenten Sexualwissenschaftlern – von Kinsey bis Sigusch – beschreiben zum Beispiel die Häufigkeit sexuellen Verhaltens in bestimmten Gesellschaftsgruppen oder auch ihre Veränderung über die Zeit. Etwa, dass Sexualität heute anders gelebt wird als nach Kriegsende oder wiederum nach 1968. Aber die Gründe für das weite Spektrum menschlicher Sexualität, warum manche sexuellen Neigungen und Praktiken häufig, andere selten sind – was eben nicht mit »natürlich« oder »widernatürlich« gleichzusetzen ist –, welche Ausprägungen sexuellen Verhalten psychologische Ursachen haben und welche nicht, all das erschließt sich dem wissenschaftlichen Zugang offenbar nicht. Diese Erkenntnis verunsichert einerseits und beruhigt andererseits, denn sie begründet eine wesentliche Aussage: Ihre Sexualität geht nur Sie an! Sie müssen oder dürfen schon selbst herausfinden, was Sie wie sexuell erregt, wie Sie Ihre Sexualität leben wollen, was zu Ihrer individuellen Persönlichkeit passt. Sexualität ist, wie Sigusch immer wieder betont, eine hochgradig individuelle Angelegenheit. Die Kehrseite ist, dass es nichts zum anlehnen gibt. »So macht man das« ist nicht. Sie sind ganz auf sich gestellt.

Was nicht heißt, dass es keine gesellschaftlichen oder moralischen Normen gäbe oder gab. Im Gegenteil! Die Unmöglichkeit, Sexualität in den gesellschaftlichen oder religiösen Griff zu bekommen, scheint immer wieder und bis heute zu vehementen und oft menschenverachtenden Reglementierungen zu führen. Sie brauchen an diesem Punkt gar nicht andere Religionen und Kulturen zu bemühen: Auch wenn der Christopherstreet Day heute in bundesdeutschen Großstädten zum kulturell-kommerziellen Event geworden ist, war Homosexualität hierzulande bis 1984 strafbar. Dieses Diktat der sogenannten Normalen hat einer Vielfalt von Lesben und Schwulen die Integration in die Gesellschaft enorm erschwert und ihnen Verunglimpfung und alltägliches Leid gebracht – von der Monstrosität der Verschleppung in die Konzentrationslager der Nazis ganz zu schweigen! Der Umgang mit Transsexuellen oder Objektophilen ist und war kaum liberaler. Oder denken Sie daran, wie Selbstbefriedigung noch vor wenigen Jahrzehnten verteufelt wurde, oder an die heutige Prüderie in der US-amerikanischen Öffentlichkeit, die der Grund ist, warum ach so moderne Medien wie Facebook entblößte weibliche Brüste zensieren!

Anscheinend ist es für unser normatives Bewusstsein enorm schwer zu akzeptieren, dass die Grundlage solcher Normen immer nur gesellschaftlich ist, sich also nie aus der Natur der Sexualität oder aus soliden wissenschaftlichen Befunden begründen lässt! An der alltäglichen Sexualität arbeitet sich die jeweilige Gesellschaft ab, indem sie duldet, fördert oder verfolgt – ohne sie in den Griff zu bekommen.

Zum Glück!

Denn wenn Sie einmal in sich hineinhören: Ist es nicht gerade das Normen- und Grenzüberschreitende, das Überraschende und Überwältigende, das Sexualität so aufregend und beglückend macht? Und selbst die Irritationen, das Beunruhigende an dieser Ihrer individuellen Sexualität, dass sie im Gegensatz zur Liebe eben nicht an eine Person gebunden ist, sondern unerwartet auf andere, neue Objekte springen kann, oder wenn Sie in einer neuen Beziehung plötzlich merken, dass es mit der anscheinend so klaren Zweiteilung in weiblich und männlich und mit Ihrem vorgegeben geglaubten Rollenverhalten nicht so weit her ist – erweitert das nicht letztlich Ihre Persönlichkeit?

Eine nüchterne und an der Beweisbarkeit von Fakten – seien sie vorhanden oder eben nicht! – orientierte Sexualwissenschaft übt eine aufklärende und erhellende Funktion aus: Dass Masturbation niemandem schadet, dass Transsexualität befriedigend gelebt werden kann, dass weibliche und männliche Sexualität unterschiedlich, aber gleichberechtigt ist, dass Sexualität beim Menschen eben nicht nur durch Fortpflanzung ihre Berechtigung erfährt, dass sexuelle Handlungen an Kindern und Jugendlichen durch Ältere und Mächtigere zu schwersten Störungen der Persönlichkeitsentwicklung führen und – komplementär dazu – dass Pädophilie nicht Ausdruck eines schlechten Charakters, sondern zu dauerhafter Entsagung verpflichtete schicksalhafte Neigung ist, und so weiter und so fort. Information ist also durchaus hilfreich, und sexuelle Aufklärung ist ein Weg zu individuellem Wohlbefinden. Auch Ihrem.

Was also glauben wir heute über Sexualität zu wissen?

Wir werden mit einem Geschlecht geboren, das weiblich oder männlich, ganz selten beides, ist, das unsere sexuelle Präferenz, also unser Erleben als Männer oder Frauen, aber nicht bei jedem/er sicher vorgibt.

Wie positiv und selbstverständlich wir die Sexualität unseres eigenen Körpers erleben, das entsteht, weil – wie Sigusch es sehr elementar ausdrückt – »ein Mensch berührt, gepflegt und umsorgt worden ist«[30]. Vor allem der neugeborene Mensch, denn in dieser Phase unseres Lebens spielen das Berühren, Pflegen und Umsorgen neben dem Ernähren die wichtigste Rolle. Der Kontakt zwischen Mutter und Kind ist also nicht nur für die Entstehung unserer Beziehungsfähigkeit, sondern auch unserer Sexualität entscheidend, damit für die wesentlichen Aspekte unserer Persönlichkeit. Durch die Berührung der Mutter entdeckt das Kind seinen Körper, findet heraus, dass es schön und befriedigend ist, berührt zu werden, so schön, dass sie oder er das am besten gleich mit den eigenen Händen fortsetzt, was auch die Entwicklung der Feinmotorik fördert.

Weil aber Babys ihrer Mutter ganz und gar ausgeliefert sind, sich in einem Zustand größter Abhängigkeit befinden, kann aus dem Gelingen oder Misslingen dieser Beziehung alles entstehen: Glück und Erfüllung, doch auch Entbehrung, Hass und Verlorenheit.

Obwohl die Bedeutung der frühen Kindheit für die ersten Entwicklungsschritte der Sexualität außer Zweifel steht, kennen wir keine »Mechanismen«. Wir sind keine Maschinen – auch wenn Objektophile sich in die Motoren oder die Türen ihrer Sportwagen verlieben können –, und die Bedeutung der Mutter anzuerkennen, heißt nicht, ihr irgendeine Verantwortung in die Schuhe schieben zu können für Heterosexualität, Homosexualität, Transsexualität, Objektophilie oder Pädophilie. Auch wenn Sexualität enorm wichtig für uns ist, sind wir weit davon entfernt, über sie Bescheid zu wissen.

Sexualität begleitet unser Leben, von der Kindheit bis zum Tod. Es gibt kein »sexfreies« Alter, wenngleich die Bedeutung von Sexualität in den verschiedenen Altersstufen – und bei jedem Individuum – unterschiedlich ist.

Kinder beschäftigen sich in den jeweiligen Entwicklungsphasen selbstverständlich lustvoll mit ihrer Sexualität – wenn wir sie lassen!

In der Pubertät erfährt Sexualität eine deutliche Veränderung, vor allem weil sie jetzt mit der Möglichkeit zur Fortpflanzung verknüpft wird. Dadurch entsteht die Chance oder die Gefahr, schwanger zu werden, ein Thema, das Heranwachsende und Erwachsene viele Jahre beschäftigen wird. Die Entstehung eines Kindes aus einer Liebesbeziehung kann eine wunderbare Erfahrung für die Liebenden selbst sein. Aber selbst in unserer, auf den ersten Blick ziemlich liberalen Gesellschaft kann das plötzliche Erscheinen eines Neugeborenen bei der Mutter solche Verzweiflung auslösen, dass sie ihr Baby am liebsten töten würde. Babyklappen mögen ein effektives Mittel zur Rettung des Kindes sein, sind aber ungenügend zur Linderung der mütterlichen Not.

Auch in sogenannten intakten Beziehungen brauchen Sie schon eine Menge an großzügiger Gelassenheit, um die Kinder der Liebe zum Erwachsenwerden zu führen, ohne dass die ursprüngliche Liebesbeziehung dabei abhanden kommt. Und natürlich können Kinder nicht nur aus Liebe, sondern auch aus Hass und Gewalt entstehen; sie kämpfen dann oft ein Leben lang verzweifelt um ihr Recht auf Zuwendung und Liebe.

Mit Einsetzen der Menopause bei der Frau löst sich die Verknüpfung mit der Fortpflanzung wieder; Sexualität wird gleichsam wieder frei, um das Leben als attraktive Beziehungsmöglichkeit zu bereichern.

Manche Männer kultivieren die Möglichkeit, sich in reiferem Alter fortzupflanzen. Dadurch entstehen ungewöhnliche Beziehungsstrukturen, deren Nachkommen manchmal mehrere Generationen überspannen, mit den entsprechenden mentalen und körperlichen Herausforderungen: Mit 25 fällt es beispielsweise nicht so schwer, wieder einzuschlafen, nachdem man als Vater in der heute erfreulich üblichen Arbeitsteilung den nachtaktiven Nachwuchs gesäubert und mit Nahrung versorgt hat; das ist mit 55 oder gar 65 schon deutlich anders.

Auch im Alter kann Sexualität eine wundervoll befriedigende Angelegenheit sein, sofern man sich den altersgemäßen Veränderungen überlässt, die Veränderungen in Intensität und Dynamik berücksichtigt und nicht den oft phantasierten Normen der Jugend nachjagt. Entgegen den Versprechungen der Pharmaindustrie ist das individuelle Aufeinandertreffen, die Erregung, die aus der Wahrnehmung entsteht, dass da eine andere Person ist, die mich will – oder auch nicht! –, viel stärker und bringt die altgediente Physiologie mächtiger auf Touren als Viagra & Co. Die Pille kann ein Hilfsmittel sein, wenn sich nichts mehr rührt, aber sie beantwortet nicht die Frage, warum das bei einem Paar so und bei einem anderen anders ist. Wenn das Leben mit dem Ehegatten dem langen ruhigen Fluss gleicht, der sich durch die Komfortzone mit vielen etablierten Gewohnheiten schlängelt, wird eben auch die Sexualität weniger aufregend. Und ein wenig Aufregung braucht sie wohl schon.

Eine mächtige Unruhequelle kann Sexualität nichtsdestotrotz auch im Alter sein: Der 82-Jährige konnte bewegend über seine Verstörung berichten, als er meine psychotherapeutische Hilfe aufsuchte, weil seine jahrzehntelange Lebensgefährtin ihre lesbische Neigung entdeckt hat und fortan mit einer Frau zusammenleben will.

Sexualität begleitet uns das ganze Leben als ein enormer Verstärker zwischenmenschlicher Beziehungen, die dadurch zu wunderbaren Höhepunkten gelangen können, aber auch zur größten vorstellbaren Verunsicherung.

Trotz dieser großen Bedeutung von Sexualität gibt es Menschen, die ohne Sexualität leben, dies nicht als Mangel empfinden und daran auch nichts ändern wollen. Asexualität ist eine mögliche Ausprägungsform im Spektrum menschlicher Sexualität, die von den Betroffenen in der Regel nicht als Leiden empfunden wird. Diese Personen sind ernst zu nehmen und haben nicht verdient, durch Medizin oder Pharmakonzerne pathologisiert zu werden.

Ganz konkret – Sex!

Man braucht Fantasie beim Sex, egal wo er stattfindet.

Monica Bellucci[31]

Sie finden, ich rede um den heißen Brei herum?
Nicht Lust und Liebe, sondern Sex?
O ja, Sex!
Wo beginnen?
Fangen wir doch mal mit dem Glaubenssatz der Werber an:
»Sex sells!« Alles wird durch Sex attraktiv, Sex ist die Attraktion schlechthin, Sex zieht an oder, besser, aus – und deswegen verwechseln Sie ihn heute mit »sexy«, weil Sie ihn nur noch als Werbung wahrnehmen.
Öde? Vielleicht, aber auch Sie können sich nicht dagegen wehren.
Selbst wenn Sie noch so intellektuell, differenziert und sensibel sind, eine – auch sexuell – erfüllende Beziehung mit einer schlanken Schönheit leben, können Sie das Abdriften Ihrer Aufmerksamkeit nicht kontrollieren, wenn Sie plötzlich unerwartet mit dem BILD einer breithüftigen Schönheit mit schmaler Taille und vollem Busen konfrontiert werden – wie sie zur Aufhellung des öden Alltagslebens gerne von Deutschlands größter Tageszeitung auf der letzten Seite präsentiert wird. Oder als Frau, wenn die neue Bademode von so athletischen Typen präsentiert wird, deren knappe Shorts doch sehr phantasieanregend sind. Durch diese alles dominierende Rolle von Sex und Erotik

in der Werbung kommt Ihnen der Bezug zu Ihrer höchst persönlichen Erotik, zu Ihren sehr individuellen erotischen Phantasien und Ihrer erotischen Ausstrahlung – ja, Ihrer! – völlig abhanden, sie wurde, wie der Sexualforscher Volkmar Sigusch sagt, der Werbung geopfert.

Also Sex konkret: Wenn meine ansonsten pomadige und bequeme Labradorhündin läufig wird, verändert sich ihr Verhalten dramatisch: Während sie sonst ausschließlich an Futter im weiteren oder engeren Sinn interessiert ist, fokussiert sie jetzt vehement auf andere Hunde, insbesondere solche, die sie als Rüden identifizieren könnte.

Trifft sie einen, so windet sich ihr Schwanz schlangengleich zur Seite. Das signalisiert ihre Empfängnisbereitschaft. Ich bin peinlich berührt, aber die Rüden verstehen das sofort. Obwohl meine Hündin sonst ausgesprochen leicht zu händeln ist, bedarf es in dieser Situation erheblichen körperlichen Durchsetzungsvermögens, um eine erfolgreiche Begattung zu verhindern.

Hier geht es um Sex, eindeutig und unmissverständlich, nicht um Liebe, nicht um Eros.

Möglicherweise finden Sie diesen Vergleich peinlich und unpassend, aber es hat schon seinen Grund, warum ich auf den Hund gekommen bin: Bei uns Menschen sind selbst so elementare Gefühlsäußerungen wie das ungeschminkte Verlangen nach Sex selten so klar zu sehen; nicht nur weil sich entsprechendes Verhalten statt auf der Straße eher im nicht so stillen Kämmerlein abspielt, sondern weil auch elementare Bedürfnisse immer durch irgendwelche kontrollierenden Denkvorgänge überlagert werden. Soziales Erwünschtsein maskiert die primäre Lust. Was auch Sinn macht. Weil sich alles menschliche Verhalten im sozialen Kontext abspielt und dort akzeptiert werden muss.

Dass die Dringlichkeit der Bedürfnisse des Menschen nicht so verschieden von der des Labradors ist, zeigt mein Freund, der BWLler, der sich vor der Tagung in München, bei der er seine heiß begehrte Neuerwerbung treffen wird, noch schnell ein Rezept für Viagra & Co. abholt und dabei völlig ignoriert, dass seine Ehefrau das mitbekommen könnte. Würde ich ihn fragen, ob er seine Ehe beenden wolle, so würde er das im Brustton der Überzeugung verneinen; er liebe seine Frau, aber hier ginge es um richtigen Sex, den er in dieser Form lange genug entbehrt habe. Dass er seine Ehe sehr wohl gefährdet und dass die heißen Münchner Nächte ihm eine teure Scheidung mit hartem Kampf ums Geld und um die Umgangsrechte mit den Kindern bescheren könnten, daran mag er nicht denken. Er verhält sich wie der Chefarzt, der den emotionalen Überschwang nach geglücktem Risiko-Eingriff mit der attraktiven Krankenschwester abklingen lässt, wie der Chefredakteur und die Reporterin, der Staatsanwalt und die Frau Anwältin – und was derlei Klischees mehr sind. Klischee heißt, dass es oft passiert.

Sex ist die stärkste Belohnung, die wir kennen; und die wollen Sie sich vor allem dann oft gönnen, wenn es sonst nicht so viel zu gönnen gibt. Was Sie übersehen: Nur weil Sex enorm wohltuend sein kann, lässt er sich nicht auf seine belohnenden Eigenschaften reduzieren. Gut wäre, zur Kenntnis zu nehmen, dass Sie einen Tiger am Schwanz halten, wenn Sie es mit Sex zu tun bekommen. Vielleicht entspricht der Ihrem Selbstbild ja eher als mein Labrador! Und dass dieses Biest Ihr Leben ganz schön durcheinander bringen kann. Bei jedem ist das anders, gewiss, das Liebesleben ist eine sehr individuelle Angelegenheit, und dass Sie selbst so etwas noch nicht durchlebt haben, bedeutet nicht zwingend Charakterstärke. Und ein Grund zum Steinewerfen ist es allemal nicht.[32]

Sex ist sehr archaisch und wirkt auch so auf Sie, treibt alle Ihre Kontrollbedürfnisse in die Defensive. Fälschlicherweise wird behauptet, er spreche die »niederen« Instinkte an. Besser wäre zu sagen, die »starken«. Sex wird immer wieder irrtümlich für körperlich gehalten, doch Verlangen und Lust bringen Körper und

Seele zusammen und entlarven unsere intellektuellen Versuche, beides zu trennen, als Nonsens. Die Hormone modulieren, gewiss, sie sind eine Voraussetzung, aber das Sagen hat auch beim Sex allemal die Seele. Weswegen eine neue Liebesbeziehung die Lust im Bett ungleich stärker antört, als irgendwelche dubiosen Hormon-cock-tails.

Frauen haben anderen Sex als Männer. Einerseits Gott sei Dank, andererseits scheint dieses Anderssein die Menschheit enorm umzutreiben, wenigstens den männlichen Teil. Wobei sich manche Aspekte dieses Rätsels sehr einfach, vielleicht zu einfach für die schlichten Männer, erklärt: Das sexuelle Verlangen der Frauen kann sich in Abhängigkeit vom Zyklus ändern, und es ist an den Tagen um den Eisprung häufig größer als zum Zeitpunkt der Regelblutung. Es wechselt also. Eigentlich klar, aber kränkend für viele Männer, die das sexuelle Begehren ihrer Partnerinnen gerne dauernd in gleicher Quantität und Qualität hätten. Kränkend auch für Frauen? Sie, Frau, möchten sich dagegen verwahren, eine hormonabhängige Maschine zu sein? Nein, das sind Sie natürlich nicht, die Hormonschwankungen beeinflussen eben nur Ihre Wahrnehmung! Einen Teilaspekt Ihrer erotischen Kompetenz! Auch wenn Sie den Traummann zur Zeit Ihrer Regel kennenlernen, also die Hormonkonstellation eigentlich nicht passt, kann die Anziehung enorm sein, denn, wie gesagt, es ist die Seele! Kann, ja. Es gibt aber auch eine Empfehlung für Männer, die besagt: Lerne nie deine Traumfrau am falschen Tag ihrer Periode kennen!

Ach ja, falls Sie, Frau, sich wundern, dass Ihr sexuelles Interesse abgenommen hat, seit Sie die ja so praktische Pille nehmen: Je nach Zusammensetzung signalisiert die Ihrem weiblichen Organismus, dass Sie quasi schwanger sind und sexuelles Interesse deswegen eh für die Katz ist. Überflüssig zu sagen, dass auch dies stark individuell moduliert ist.

Um wieder zu den Männern zu kommen: Verlangen ist das eine, die Erektion das ganz andere. Auch Männer sind offenbar komplexer, als sie es gerne wahrhaben würden, und Erwartungen haben mit dem Ergebnis manchmal nicht so richtig viel zu tun – vor allem, wenn es schnell gehen soll. Die Pharmaindustrie hat mit Viagra & Co eine Abhilfe geschaffen, die nicht das Verlangen steigert, aber die Erektion meistens markant und nachhaltig verbessert, um den Preis von Kopfschmerzen, verstopfter Nase und Gesichtsrötung. Und mit Mitteln zur Koronarerweiterung darf man die Wunderpillen auch nicht kombinieren. Wie alles hat auch dies eine Kehrseite, zum Beispiel die, dass sich neuerdings 75-jährige Grandseigneurs mit 50 Jahre jüngeren Gespielinnen, gerne auch mal aus osteuropäischen Ländern, einlassen können. Deren Aufopferungstendenz bei den nicht selten auftretenden gesundheitlichen Komplikationen ist allerdings meist begrenzt.

Noch ein anderes (das Thema ist fast unerschöpflich!): Männer sind in ihrem sexuellen Verlangen weniger durch Beziehungsstress beeinträchtigt, aber auch bei Frauen kann das so sein. Und Paartherapeuten wissen, dass sich schwere Meinungsverschiedenheiten, besser gesagt heftiger Streit, bei entsprechend begabten Paaren durch heftigen Sex auflösen kann. Wohlgemerkt: bei manchen Paaren. In keiner Weise lässt sich aus solch einer Aussage ableiten, dass das bei Ihnen auch so sein muss und dass Sie doch jetzt bitte die Klappe halten und ins Bett kommen sollten.

Sex tut Körper und Seele gut. Er hilft gegen Schmerzen und Depressionen, wobei es auch hier Geschlechtsunterschiede gibt. Wirken tut wohl der Hormoncocktail, den Sie auch durch phantasievolle Selbstbefriedigung aktivieren können, manchmal stärker als mit einem phantasielosen Partner. Das Gutfühlen ist ein starkes Argument für Sex, und dann ist er unter Umständen auch beziehungserhaltend. Bei manchen Menschen. Bei anderen nicht. Sex ist wahrscheinlich das Individuellste unserer ohnehin schon individuellen Persönlichkeiten. Die Klischees täuschen darüber hinweg. Finden Sie doch bitte heraus, wie das bei Ihnen ist.

Sex ist nicht gleich Sex

Was Sie heiß finden, ödet den Anderen an. Und die Neigungen des Anderen befremden Sie möglicherweise zutiefst. Weswegen der Andere sich auch nicht so ohne Weiteres outet. Und Sie sich ebenfalls nicht.

Es ist nicht einfach herauszufinden, was Sie anmacht. Die meisten versuchen im Verlauf Ihrer Persönlichkeitsreifung erst einmal, sich an der um sie herum mehr oder weniger deutlich wahrgenommenen Normalität zu orientieren, mit den Wölfen nicht nur zu heulen, weil Ihnen das Sicherheit bringt. Falls Sie spüren, dass Ihre Neigungen von der Öffentlichkeitsdarstellung des sexuellen Mainstreams abweichen, wird Sie das vielleicht erst mal erschrecken. Da Sie aber gegen Ihre Sexualität nicht, auf die Dauer schon gar nicht ankommen, werden Sie sehr vorsichtig herauszufinden versuchen, was Ihnen guttut. Offenbaren geht nur im sicheren Rahmen. So berechtigt Ihre Zurückhaltung im mehr oder weniger öffentlichen Leben sein mag, Sie realisieren jetzt, dass Ihre sexuellen Bedürfnisse höchst individuell sind. Und dass das gut so ist.

Eigenartigerweise wissen wir, weiß auch die sonst so kluge Wissenschaft nicht, wie es kommt, dass die eine Frau Männer liebt, der andere Mann ebenfalls, wieso der eine nur dann richtig in Fahrt kommt, wenn seine Gespielin tiefrote, hochhackige Schuhe trägt, die oder der andere aus Unterwerfung die tiefste Lust zieht, warum manche Menschen nur durch Kinder sexuell erregt werden und wieder andere nur durch

Details ihres Motorrads. Und wir wissen auch überhaupt nicht, warum manche Frauen durch und durch wie Männer empfinden und manche Männer wie Frauen. Unglaublich? Das hängt von der Weite Ihres persönlichen Horizonts ab, aber es spricht nichts dagegen, über diese Vielfalt zu staunen und ein wenig Demut zu zeigen. Wie schon bemerkt, kennen wir die Ursachen nicht. Aber ganz sicher ist nicht die Mutter daran schuld!

Ein sehr kluger Mann hat gesagt, dass man über das, was man nicht weiß, schweigen muss. Im Bereich der Sexualität hat man sich daran nie gehalten, sondern mit großer Begeisterung als pathologisch, unnormal, widernatürlich verurteilt, was man nicht verstand. Auch wenn man natürlich überhaupt nicht sicher sein kann, dass sich solches nicht wiederholt, ist die ganz überwiegende Beurteilungslage der Vielfalt sexueller Lebensformen heute sehr klar:

Niemand ist »schuld«, keine Neigung ist per se zu verbieten, die Entscheidung, wie und welche Sexualität Sie leben wollen, ist ganz und gar die Ihre. Alles kann mit Lust und besseren Aussichten auf ein langes Leben gelebt werden.

Denen, die nicht der Mehrheitsnormalität entsprechen, sollte man helfen, anstatt sie zu diskriminieren. Allerdings gibt es eine absolute Grenze für die freie Entfaltung individueller sexueller Neigungen: der Schaden und das Leid, die anderen möglicherweise zugefügt werden. Dies betrifft in erster Linie die Pädophilen (siehe unten).

Sexuelle Variationen zu akzeptieren ist eine Grundforderung an humanes Verhalten. Dass Sie von allem Unvertrauten befremdet und oft beunruhigt sind, von fremden Menschen – Flüchtlingen! –, fremden Lebensgewohnheiten, fremden Vorlieben, ist ja nichts Neues. Wir sind eben beschränkt. Aber es wäre ein Anspruch an moderne Zivilisationsformen, an dieser Beschränktheit zu arbeiten und unseren Horizont zu erweitern. Ob wir dazu bereit sind, gerade und auch im Bereich sexuellen Andersseins, wird über die Zukunft unserer Gesellschaft entscheiden.

Sex-Variationen[33]

Ich will im Folgenden einige Variationen menschlicher Sexualität kurz skizzieren. Vielleicht bedenken Sie, dass diese immer Menschen wie Sie und mich betreffen, dass diese Menschen nur durch die Ausübung ihrer individuellen Neigung sexuelle Erfüllung erreichen können und dass viele unter ihnen nur schwer mit ihrer Abweichung von der großen Mehrheit zurechtkommen. Natürlich gibt es noch weit mehr Varianten, als die hier skizzierten.

Homosexualität betrifft etwa fünf Prozent der Menschen, also eine ganze Menge! In den verschiedensten Gesellschaften werden Menschen, die gleichgeschlechtliche Liebe leben, verfolgt, diskriminiert, eingesperrt. Weil das bei uns gerade mal anders ist, haben wir keinen Grund, auf dem hohen Ross zu sitzen. Wie bemerkt, wissen wir nicht, warum Männer für Männer, Frauen für Frauen attraktiv sind und durch sie sexuell erregt werden. Ehrlich gesagt, finde ich das aber auch völlig egal. Die Warum-Frage ist wohl eher ein Weg, das eigene Erstaunen oder Befremden zu bemänteln. Wichtig ist, dass Schwule Männer toll finden, inklusive ihrer eigenen Männlichkeit, und Lesben Frauen. Dieser Punkt ist bei der unten folgenden Diskussion zum Thema »Transgender« wichtig, denn diese Personen empfinden anders.

Etwas verwirrend ist das sogenannte Cross-dressing, bei

dem sich vor allem Männer wie Frauen anziehen, und das meistens sexuell ziemlich aufreizend. Es gibt zwei Formen: Manche Schwule verkleiden sich als Frauen, »Drag Queen«, wahrscheinlich um Frauen zu karikieren und sich entsprechend darzustellen; sie empfinden aber weiter wie Männer und sind auch entsprechend stolz auf ihren männlichen Körper.

Die andere Form des Cross-dressings ist der Transvestismus. Transvestiten sind heterosexuelle Männer, die durch weibliche Kleidung und Formen erregt werden und sich deswegen zeitweise so kleiden[34].

Am Beispiel von Sado-Maso lässt sich gut sehen, was sich aus dem Spannungsverhältnis zwischen bürgerlichen Moralvorstellungen und Sexualität entwickeln kann. Oberflächlich betrachtet finden sich zwei, die Schmerz lustvoll erleben, und zwar im Zufügen (Sado) wie im Erleiden (Maso). Das ist nicht selten, zwischen fünf und zehn Prozent werten durch solche Praktiken ihre alltägliche Sexualität auf. Doch der enorme Erfolg des Bestsellers *Shades of Grey* zwang die breite Öffentlichkeit, mit sehr gemischten Gefühlen zur Kenntnis zu nehmen, dass ein Buch, in dem solche Praktiken im Vordergrund stehen, auf ein ungeheures Interesse besonders bei Frauen stieß. Männer maskierten ihre Ratlosigkeit ob dieses Phänomens mit der zutreffenden, aber nichts erklärenden Bemerkung, dass das Buch schlecht geschrieben sei.

Eine intelligentere Interpretation gibt die Soziologin Eva Illouz[35]: Sie weist darauf hin, dass »Anas Bedürfnisse, ihre Willenskraft und ihre Subjektivität in dieser Form der Sexualität nicht geleugnet, sondern in Form der Selbstentdeckung und romantischen Intimität ausgelebt werden«. Das entspräche den soziologischen Befunden, dass »Hand in Hand mit der zunehmenden Normalisierung und Verbreitung von SM-Praktiken die Stärkung der Normen von Autonomie, Gleichheit und Freiheit ging, parallel zur Entfaltung des Feminismus und einer wachsenden Gleichheit der Geschlechter«. Die sadomasochistischen Praktiken böten »mithin eine Reihe von symbolischen Strategien, um die Dilemmata des heterosexuellen Kampfes zu überwinden«. Illouz fasst zusammen: »Die enorme Wirkung von *Shades of Grey* verdankt sich nicht nur dem Umstand, dass das Buch die strukturellen Probleme heterosexueller Beziehungen in die Geschichte einbaut, sondern auch der Tatsache, dass es Mittel bereitstellt, um diese Beziehungen zu verbessern … So gesehen ist der Roman eher ein Ratgeber als ein Porno … dass das Buch Sexualität in einer Art und Weise beschreibt, die ich als Erotik zum Selbermachen charakterisieren möchte.«

Transsexualität ist vielfältig und schwer zu verstehen: Bei jeder oder jedem Tausendsten stimmt das Selbstgefühl nicht mit dem chromosomal oder hormonal definierten Geschlecht überein, wodurch das entsteht, was heute als »Transgender« bezeichnet wird. So ist es möglich, dass sich eine Person, die vom äußeren Erscheinungsbild männlich ist und Kinder zeugen kann, wie eine Frau fühlt, sich also im falschen Körper erlebt. Auch das Umgekehrte ist möglich, dass also eine Frau sich als Mann erlebt. Wenn Sie versuchen, sich in eine solche Situation zu versetzen, wird Ihnen schnell klar, dass sich solche Personen in ihrem Körper sehr unglücklich fühlen müssen, und Sie werden verstehen, dass für solche Menschen eine Geschlechtsumwandlung eine angemessene und richtige Maßnahme sein kann.

Noch komplizierter ist die Situation, wenn ein Baby mit nicht eindeutigen äußeren Geschlechtsmerkmalen zur Welt kommt.

Man kann es ja nicht fragen, ob es sich eher als Junge oder Mädchen fühlt, und bis es diese Frage zuverlässig beantworten kann, werden Jahre vergehen. Und da die Medizin häufig eher handelt als versteht, hat man gerade bei dieser Gruppe mit großer Begeisterung operierend verstümmelt, wie man heute eingestehen sollte. Verstümmelt, weil man Kindern ein vom nicht so gesunden Menschenverstand oder von der Machbarkeit vorgegebenes Geschlecht anoperiert hat, ohne sie selbst zu ihrer Neigung zu hören.

Heute sollte man Menschen mit entsprechenden Problemen grundsätzlich nur in entsprechenden Kompetenzzentren behandeln, in denen spezialisiertes Wissen vorhanden ist und ein schützender Umgangsstil gewährleistet sein sollte.

Auch wenn es schwerfällt, kann man sich also der Einsicht nicht verschließen, dass weder Geschlechtsmerkmale noch der Hormonstatus und noch nicht einmal die genetische Struktur über die Geschlechtszugehörigkeit entscheiden, die eine Person erlebt.

Über Fetischismus lassen sich gut Witze machen, was aber meist zu kurz greift, da alle in irgendeiner Form betroffen sind: Den einen törnen hochhackige Schuhe an, die andere bestimmte Formen von Unterwäsche; wie auch immer, erreichen Sie doch nur in diesem speziellen Setting Ihre besondere Befriedigung. Das ist normal. Bei genauer Betrachtung finden sich Hinweise für die Attraktion von individuellen Fetischen in den meisten Beziehungen, ja sie scheinen oft die entscheidende Voraussetzung für deren Zusammenhalt zu sein. Wie oft in der Sexualität gilt auch hier: Sich über die eigenen Neigungen und Bedürfnisse zu verständigen, ist nötig, zerreden aber tötet die Befriedigung.

Der Objektfetischismus wirkt auf anders Empfindende leicht monströs. Ausgehend von der eigenen, sehr anderen Ausrichtung können und mögen Sie sich »so etwas« nicht vorstellen. »So etwas« heißt, dass die sexuelle Erregung nicht mehr durch eine menschliche Person, sondern durch ein Objekt hervorgerufen wird: »eine Vorliebe von Menschen, die überzeugend ihre sexuelle Erregung durch und ihre Liebe zu Gegenständen beschwören, von denen in unserer Kultur die sogenannten Normalen sagen, sie hätten keine Seele, sie seien tot: eine Geige, eine Dampflokomotive, ein Hochhaus, ein Computer, eine Maschine, ein Auto, eine Hammond-Orgel, eine Fähre. Die Bezeichnung Objektsexuelle oder Objektophile, unter der sie heute firmieren, geht auf die Schwedin Eila-Riita Eklöf zurück, die vom ›objectum sexuality‹ gesprochen und 1979 die Berliner Mauer mithilfe eines Alchimisten geheiratet hat und sich seither Eklöf-Berlinmuren nannte.«[36]

Ungeachtet des bizarren Erscheinungsbildes solcher Beziehungen werden sie von den betroffenen Personen durchaus erfüllend erlebt, nicht anders als eine konventionelle Liebesbeziehung.

Obwohl sie im Vergleich dazu relativ normal wirken – sie lieben ja Menschen, nicht Sachen –, haben die Pädophilen eine schlechte Presse. Was die Problematik nur unzureichend abbildet, denn niemand sonst ist durch die eigene sexuelle Neigung dazu gezwungen, das gesamte Leben nicht zur sexuellen Erfüllung mit einem realen Partner zu kommen. Nie!

Denn die sogenannten Kern-Pädophilen werden nur durch vorpubertäre Kinder sexuell erregt; sexueller Kontakt zu Erwachsenen wäre für sie so, als würde man einem Heterosexuellen empfehlen, sich homosexuell auszuleben. Da Kinder durch die Ausübung erwachsener Sexualität in ihrer Entwicklung und

Persönlichkeitswerdung katastrophal geschädigt werden – übrigens alle Kinder, auch Kinder in Thailand oder sonst wo auf der Welt –, bedeutet das für einen Pädophilen, dass er bei verantwortungsvollem Verhalten die für ihn normale sexuelle Neigung niemals ausüben können wird, ohne straffällig zu werden. Wie würden Sie sich verhalten?

Wir sind ja hier unter uns. Keiner erfährt, was Sie denken.

Sie würden verzichten? Um den Preis, dass Sie beim Anblick eines kleinen Kindes jedes Mal mit einer fast unerträglichen Mischung aus Schuldgefühlen und Erregung konfrontiert werden, dass jeder Kinderspielplatz, an den Sie sich unauffällig mit einem guten Buch setzen und über dessen Rand Sie gelegentlich wie zufällig auf den Vierjährigen in den kurzen Hosen schauen könnten, zur fast unerträglichen Versuchung würde?

Was könnten Sie tun?

Verzichten wäre das einzig Richtige, aber eine fast übermenschliche Leistung! Da das allein kaum zu schaffen ist, hat der Berliner Sexualmediziner Klaus Michael Beier 2005 das Programm »Kein Täter werden« ins Leben gerufen, das inzwischen auch andernorts verfügbar ist: Pädophilen, die bisher nicht straffällig geworden sind und sich im therapeutischen Setting outen, wird effektive Unterstützung angeboten, um gegenüber ihrer sexuellen Neigung abstinent bleiben zu können. Das Angebot ist ausschließlich prophylaktisch, soll also verhüten, dass ein Pädophiler seine Neigung an Kindern und Jugendlichen auslebt und sie so ruiniert.

Pädophilie ist übrigens nicht auf Männer beschränkt!

Natürlich gibt es viele Pädophile, die eine solche Charakterstärke nicht aufbringen, die ihre Neigung hier oder in Ländern ausleben, in der Kinder leichter käuflich sind als bei uns. Diese Menschen wählen ein Leben in Kriminalität und werden mit Recht verfolgt.

Eine ganz andere Sache ist es, wenn Männer, die eigentlich auf erwachsene Frauen stehen, sich an Minderjährigen sexuell vergreifen, vom Baby bis zum pubertierenden Mädchen. Auch wenn Sie es lieber nicht glauben würden: Da gibt es nichts, was es nicht gibt. Im Unterschied zur relativ seltenen Pädophilie passiert diese Form verbrecherischer Sexualausübung[37] ständig. In dieser unserer Gesellschaft werden Mädchen und Jungen durch unter anderem nach außen hin ehrbar erscheinende Männer – und Frauen – (Ärzte, Juristen, Polizisten, Beamte, Handwerker, Angestellte usw. usf.) in einer Häufigkeit von cirka einem Prozent sexuell misshandelt. Woher wir das wissen? Die Folgen dieser häufigen sexuellen Handlungen führen zu schwer auffälligem Verhalten, spätestens wenn die Opfer in die Pubertät kommen. Die Opfer leiden unter den Folgen, sind meist schwer traumatisiert. Die häufigste Diagnose ist die sogenannte Borderline-Störung, aber auch andere psychische Störungen können auf diesem Nährboden entstehen, etwa Depressionen oder posttraumatische Störungen. Ein Prozent kommt schon hin, ist eher zu niedrig gegriffen. Auch Sie kennen solche Kinder! Mit hoher Wahrscheinlichkeit sind die auch in der Schulklasse Ihrer Kinder vertreten.

Warum machen Männer und Frauen so etwas, obwohl sie im erlaubten sexuellen Kontakt mit Erwachsenen Befriedigung finden könnten? Trotz der großen Häufigkeit gibt es so gut wie keine Untersuchungen darüber, denn wer würde sich schon für so eine Befragung zur Verfügung stellen? Oft ist es wohl der Rückzug der normalen Sexualpartnerin aus den unterschiedlichsten Gründen, die leichte Verfügbarkeit der eigenen oder angeheirateten Töchter, die Chance, aus harmlosem Kuscheln zur nicht mehr harmlosen Sache zu kommen. Es ist wie ein Fluch, der das Leben der Betroffenen, aber auch

Unbeteiligter vergiftet; denn ohne dieses sexuelle Fehlverhalten verhindern zu können, ist die öffentliche Sensibilität dafür manchmal bis zur Hysterie gesteigert. Weswegen ganz normale Zärtlichkeit zwischen Eltern und Kindern zumindest in der Öffentlichkeit oft kaum mehr möglich erscheint.

Her oder: Warum lieben Sie nicht Ihr Betriebssystem?

Sie sind fit, was moderne Kommunikation angeht, nutzen Ihr iPhone in allen denkbaren Funktionen, schweben in der Cloud, tippen tun Sie nur, wenn es nicht anders geht, sonst läuft alles über das Spracherkennungssystem und eines Tages bekommen Sie das Angebot, ein neues hochintelligentes Betriebssystem zu installieren.

Warum nicht? Das sagt sich auch Theodore Twombly, gespielt von Joaquin Phoenix, und dann verliebt er sich in sein Betriebssystem. Mit Namen Samantha!

Verrückt?

Nur auf den ersten Blick. Wenn Sie sich den Film *Her* anschauen, werden Sie feststellen, dass dieser Beziehungsaufbau unmerklich passiert und sich zunächst überhaupt nicht von Verliebtheit im richtigen Leben unterscheidet.

Richtiges Leben? Realität?

Hallo, das ist ein Film! Über virtuelle Realität.

Falls Sie sich auf diesen Film einlassen können, werden Sie vielleicht feststellen, dass auch in Ihrer Welt die Grenzen zwischen echter und virtueller Realität langsam verschwimmen.

Theodore, ein sensibler, sympathisch schwieriger Mann, der seine Empathie beruflich nützt, indem er emotionale Briefe für andere ghostwritet, die das nicht so gut können, lebt in einer virtuell dominierten Welt, kommuniziert via Sprachsteuerung mit seinem Computer. Wenn er nachts nicht schlafen kann, besucht er Chatrooms zum Austausch sexueller Phantasien.

Phantasien, die er in sich real werden lässt. Mit den realen Partnerinnen läuft es, wie oft im richtigen Leben, nicht so gut. Er ist gerade dabei, sich von seiner Frau scheiden zu lassen, ein offensichtlich schmerzhafter Prozess. Auf Anregung einer Freundin trifft er sich mit einer hübschen, interessanten Frau, ruiniert die aufkeimende Sympathie aber durch seine Rückzugstendenzen im Nu.

Doch auf Samantha fährt er voll ab. Er ist entzückt von ihr, verliebt sich rasend schnell in sie – weil sie nicht real ist? –, und sehr bald haben sie Sex.

Wie bitte?

Haben Sie noch nie Telefonsex mit Ihrer Liebsten gehabt, als sie für ein paar Wochen beruflich in den USA war? Genauso machen es Samantha und Theodore, sie machen sich Komplimente, sprechen über ihre Sehnsucht, werden schnell eindeutiger und turnen sich so an, dass das Ganze in einem begeisterten gemeinsamen Gestöhne endet. Am nächsten Morgen die Schüchternheit, das Staunen, dass das Leben so anders ist – wie nach Ihrem ersten Mal.

Aber Samantha gibt es doch gar nicht?

O doch! Sie ist sensibel, witzig, kann über das Mini-iPad, das Theodore, wie fast alle seine Mitmenschen, ständig mit sich herumträgt, die jeweilige Umgebung wahrnehmen und kommentiert sie wie eine kreative, empfindsame junge Frau. Nur: Eine körperliche Existenz gibt es nicht.

Ist die so wichtig?

Für Theodore offensichtlich nicht.

Und für Sie?

Na ja, auch Ihr normales Leben strotzt nicht gerade vor Realität. Wenn Sie berufstätig sind, spielt sich der größte Teil Ihres Tages über Telefon und E-Mail ab. Im Home Office begegnen Sie niemandem außer sich selbst gelegentlich im Spiegel und vielleicht Ihrem Labrador. Wenn Sie in einem »richtigen« Büro arbeiten, ist da noch die Sekretärin, sind es andere KollegInnen, die Sie vor allem in der Kantine treffen.

Und privat? Wenn Sie Single sind, unterscheidet sich Ihr Leben wahrscheinlich nicht so sehr von dem, das Theodore führt; vielleicht ist Ihres nicht so hightech, aber das Wichtigste läuft über Telefon, SMS, Mail, WhatsApp. Sie könnten in Windeseile mit Ihrem Liebsten am anderen Ende der Welt kommunizieren und sich dann so fühlen, als ob Sie ihn gerade im Arm gehalten hätten.

Ja?

Was passiert da?

Diese Kommunikationsinstrumente funktionieren letztlich nur aufgrund Ihrer Entscheidung, den ankommenden Informationen zu glauben, zu vertrauen. Das beginnt schon bei der Grundannahme, dass der Absender tatsächlich der ist, den Sie zu kennen glauben. Die zweite Annahme ist, dass er es ehrlich meint. Ohne dieses »Urvertrauen« würde das Ganze nicht funktionieren. Sie wollen aber, dass es funktioniert, weil Sie dadurch Ihre Kommunikationsrealität unglaublich erweitern. Vor gerade mal zwanzig Jahren bestand Kommunikation in erster Linie aus miteinander reden, telefonieren und vielleicht noch Briefe schreiben. Heute sind Sie viel viel schneller, effektiver, zu jeder Tages- und Nachtzeit.

Aber Sie können nicht mehr überprüfen, wie ernst es Ihr Gegenüber meint. Denn dazu müssten Sie den anderen sehen.

»Sieh mir in die Augen, Kleines!« – das ist in erster Linie nicht romantisches Gesülze, sondern der Versuch, durch den direkten Augenkontakt die Wahrheit dieser Beziehung zu etablieren und zu ergründen, beides. (Sie erinnern sich? Das ist dieser Mechanismus, der unsere Überlegenheit in der Evolution gesichert hat.)

Wollen Sie es wirklich so genau wissen? Bei Theodore hatte ich immer wieder den Eindruck, dass ihn seine virtuelle Welt perfekt glücklich macht, zumal sein Kontakt mit den real existierenden Frauen nicht so richtig der Bringer ist.

Das scheint ein Nebeneffekt dieser wunderbaren *gadgets* zu sein: Dass Sie sie irgendwann der rauen Realität vorziehen, weil es einfacher ist, weil sie keine Widerworte geben, weil sie ästhetischer sind (manchmal sind die Pixel etwas grob, aber sie haben keine Haare an der falschen Stelle), weil Sie in all Ihrem Stress über diese Kommunikationsinstrumente besser mit Ihrer Umwelt zurechtzukommen glauben als im direkten Kontakt. Der kann Ihnen auf diese Weise ziemlich nachhaltig abhanden kommen.

Das zeigen viele Japaner: Ihre Liebe zum Handy als der einzigen praktikablen Kommunikationsoberfläche ist so umfassend, dass es jetzt schon Trainer/innen gibt, die vermitteln sollen, wie reale Menschen aussehen, sprechen, riechen und so weiter und so fort.

Es gibt mehrere Krisen in diesem Film. Die eine zieht herauf, als Samatha ihrer virtuellen Existenz nicht traut und auch noch körperlich werden will: Sie heuert eine reale Frau an, die, mit Kamera auf der Oberlippe und Mikro ausgestattet, quasi »im Auftrag« von Samantha mit Theodore schlafen soll. Der kann nicht verdrängen, dass sie in der Realität eben doch eine fremde Frau ist, und versagt so vor den Anforderungen der virtuellen Geliebten. Samantha ist ernsthaft verschnupft.

Die große finale Krise aber hängt mit Samanthas überragenden kognitiven Fähigkeiten zusammen: Theodore hat irgendwann den Eindruck, dass sie nicht ganz bei der Sache ist, und fragt, ob sie gleichzeitig noch mit anderen kommuniziere. Sie antwortet prompt: »Ja, mit mehr als 8000 anderen Kontakten« – Parallelkommunikationen sind für einen Hochleistungsrechner ja selbstverständlich. Nicht für Theodore. Er fragt weiter, ob sie auch noch andere virtuelle Liebesbeziehungen unterhalte.

Bei der Antwort merkt man Samantha an, dass sie offenbar schon erahnt, dass es jetzt schwierig werden wird, als sie »ja, mehr als 600« sagt! Wie würden Sie reagieren? Theodore kommt damit nicht klar, auch wenn sie ihn zu beruhigen versucht mit dem Spruch, der von realen, bei der Untreue ertappten Liebespartnern sicher schon oft gebraucht wurde:»Schatz, man kann mehrere Personen gleichzeitig lieben!«Unzweifelhaft wahr, aber wer kann das akzeptieren?

Keine Frage, dass die Kommunikationsinstrumente des letzten Jahrzehnts, SMS, WhatsApp etc., die kommunikative Vielfalt wesentlich steigern und das Leben erleichtern. Als meine Tochter für ein Jahr in Argentinien war, fand ich die Möglichkeit, einfach mal so auf die Schnelle über WhatsApp zu schreiben oder ihre Stimme zu hören, schon ziemlich toll. Schneller kommunizieren, große Entfernungen überbrücken, mit mehr Menschen als früher in Kontakt treten, das hat viel für sich. Aber Sie müssen entscheiden, wie viel von dieser Vielfalt und diesem Tempo Sie in Ihrem privaten Leben, in Ihren Liebesbeziehungen haben wollen. Es gibt nicht gut oder schlecht, es gibt nur Ihre Entscheidung. Sind Sie den Anforderungen der virtuellen Welt wirklich gewachsen oder hätten Sie es gerne etwas schlichter, etwas langsamer, etwas realer.

Was heißt eigentlich real?

Menschen haben in ihrer langen Vorgeschichte gelernt, über Blickkontakt, über Sprechen und Hören und, wenn man sich besser kannte, auch über Berührung miteinander in Beziehung zu treten. Die *skills* für diese Art der Beziehungsaufnahme bringen Sie mit, vermutlich sind Ihnen viele davon angeboren. Diese über sehr lange Zeiträume erlernten Fähigkeiten werden von den modernen Kontaktformen ignoriert; diese sind weitaus mittelbarer und lassen in vielen Fällen im Dunkeln, wo und vor allem in welchem emotionalen Zustand sich der immer virtuellere Gesprächspartner befindet. Wenn Sie eine Person aus dem realen Leben sehr gut kennen, können Sie SMS etc. wahrscheinlich ohne wesentliche Einschränkungen der Kommunikationsqualität nutzen. Wenn Sie aber zum Beispiel über Facebook sehr einfach ganze Netzwerke neu kennenlernen, ist das schon anders.

Verschieben Sie miteinander verbrachte Zeit aus dem real wahrnehmbaren in den virtuellen, also letztlich nur vorgestellten Bereich, dominiert statt realer Kontaktaufnahme die vorgestellte. Viele Qualitäten, die uns helfen, über die Güte und die Intensität des Kontaktes zu entscheiden, nämlich Klang und Modulation der Stimme, die Komplexität des Blicks, des Geruchs oder der Berührung, gehen beim virtuellen Kontakt verloren, alles spielt sich nur noch in unserer Vorstellung ab.

Oh, Sie sind Emoticon-Fan? Sie nützen die Chance, Ihre Gefühle durch ein weites Angebot an Smileys, pulsierenden Herzen, einen Kussmund auf den Punkt zu bringen? Klar, Sie sind schneller, brauchen Ihren Daumen nicht überzustrapazieren, nicht alles ausformulieren, das Emoticon fasst alles zusammen.

Ich will kein Spielverderber sein: Was fasst es zusammen? Kriegt das Herz nur Ihre Liebste geschickt? Verkürzung, Verdichtung bedeuten ohne Zweifel Erleichterung in dieser Zeit des Zeitmangels. Verloren gehen die Nuancen, die Details der Botschaft. Und damit wächst die Möglichkeit von Mißverständnissen: So wollten Sie das gar nicht ausgedrückt haben? Sie lieben Ihren Vorgesetzten bei aller Coolness gar nicht, der Smiley mit den zwei Herzen statt Augen sollte nur Zustimmung signalisieren?

Sie leben mit der Oberfläche Ihres Handys, Ihres Rechners. Dort schauen Sie sich auch alte Fotos an. Lassen den letzten Urlaub, die letzten Urlaube Revue passieren. Und, viel besser: Fast jederzeit und überall können Sie Ihre/n Liebste/n, das Objekt Ihrer Begierde kontaktieren.

Aber Sie haben keine Ahnung, was sie oder er gerade wirklich macht, wissen nicht, ob sie/er Sie tatsächlich noch liebt oder gerade mit einem anderen Begierde-Objekt zu Gange ist. Sie wissen aber auch nicht mehr genau, wie er riecht, schmeckt, wie er sich anfühlt, weil sich der Erinnerungswert abnützt, der durch das Aufscheinen seines/ihres Bildes auf der glatten, kühlen Handy-Oberfläche in Ihnen hervorgerufen wird. Damit Ihre Erinnerungen wieder lebendig werden, brauchen sie »frisches Blut«, fühlbaren Kontakt mit der wirklichen Person, im Hier und Jetzt. Sie müssen sich also treffen und sich überraschen lassen, wie diese Erfahrung ist.

Überraschen lassen? Sie wollen keine Überraschungen? Alles soll bitte, bitte so bleiben, wie es ist? Dann ist es vielleicht besser, Sie treiben's tatsächlich mit Ihrem Smartphone.

Die Neurophilosophen meinen ja, dass auch das, was wir als Realität erleben, nur ein durch unsere Sinne herausgefiltertes Stückchen einer viel größeren, unfassbaren Realität der Welt ist. Was wir sehen, beruht auf unserer sehr eingeschränkten Fähigkeit zur Wahrnehmung bestimmter elektromagnetischer Wellenfrequenzen, die wir als Licht empfinden. Jede Biene sieht mehr Farben.

Das mag schon so sein. Wir können nur in den Wahrnehmungsgrenzen unserer menschlichen Sinnesorgane sehen, hören, riechen, fühlen. Aber wäre es nicht sinnvoll, wenigstens diese, aus Sicht der Biene zugegeben bescheidenen, Wahrnehmungsmöglichkeiten auszuschöpfen?

Nur indem Sie sich erlauben, immer wieder reale, hier und jetzt existierende Erfahrungen zu erleben, und nicht nur in Erinnerungen schwelgen, kommen Sie an die Möglichkeiten Ihres Lebens, Ihres Beziehungslebens richtig heran und schöpfen diese Möglichkeiten tatsächlich aus.

Erinnerungen beziehen sich auf irgendwann in der Vergangenheit reale Ereignisse, die Sie wegen ihrer besonderen Attraktivität in Ihrem Geist festhalten und häufig so umformen, wie es Ihnen gerade passt. Mit Erwartungen ist es ähnlich. Oft ziehen Sie es vor, mit den Spiegelungen der Realität in Ihrem Geist umzugehen, nicht zuletzt weil die Vielfältigkeit der Realität schwer zu erfassen und kaum zu kontrollieren ist.

Der entscheidende Vorteil der virtuellen Medien ist, dass sie die Komplexität der Realität reduzieren, dass sie ihre Version der Realität handhabbarer machen.

Das Telefon: Ich muss den anderen nicht in Person aufsuchen, muss ihm nicht in die Augen sehen, reduziere die Gefühle, die er bei mir auslösen könnte.

E-Mail: Idem; hier wird auch noch der Ton weggelassen, es erfolgt eine Reduktion auf den schriftlich formulierbaren Inhalt.

SMS: Da sie meist im Zwei-Finger-Modus erfolgt, war eine Verdichtung nützlich – die Icons! Sie bringen komplexe Inhalte, je nach dem Verständnis der Teilnehmer, zum anderen. Natürlich stellen sie eine Vergröberung der Kommunikation dar und sind deswegen auch anfällig für Irrtümer. Aber das nehmen Sie in Kauf, wenn Sie so etwas benutzen.

Im Dialog mit seinem OS, Samantha, verzichtet Theodore mehr oder weniger bewusst auf das Ausschöpfen seiner Realität. Er lässt sich mit Samantha ein, wohl wissend, dass sie ein Rechner ist, dessen intime Qualitäten durch seine eigenen Phantasien entstehen. Gelegentlich, wenn ihm ihre Äußerungen nicht passen, verweist er sie auch massiv auf ihre Grenzen, worauf sie mit Zeichen der Kränkung reagiert. Aber über weite Strecken ist er mit diesem geistigen Austausch mit einer nicht existierenden, also komplett virtuellen Person sehr glücklich, er verliebt sich in sie, hat intensiven verbalen Sex mit ihr, wird eifersüchtig, als er realisiert, dass sie mit anderen Systemen kommuniziert, und als sie ihm sagt, dass sie auch andere Gesprächspartner liebe. Die Trennung belastet ihn emotional.

Die Kommunikation gestaltet er wie mit einer realen Partnerin, am Modell seiner gescheiterten Ehe. Es mag sein, dass er sich auf sein OS eingelassen hat, weil er sich davon eine Beziehung ohne die emotionalen Probleme realer Frauen versprach.

Können Sie's besser?

Himmelsmacht 2

Und dann ist es passiert.

Sie wissen selbst nicht, wie Ihnen geschah.

Plötzlich ist diese Person weg, die das Wichtigste in Ihrem Leben war, das einzig Wichtige. Sie ist weg! Sie bekommen kaum noch Schlaf, Ihre Karriere, Ihre guten Vorsätze, alles ist uninteressant, so was von sekundär, nur noch der Verlust!

Was ist das?

Na ja, Sie haben Liebeskummer.

Dieser Zustand ähnelt dem Verliebtsein fast aufs Haar, nur das Rosa ist jetzt gräulich, negativ statt leuchtend.

Sie fühlen sich ganz, ganz schrecklich, unvollständig, halb, trauen sich nicht mehr unter die Leute, wollen Ihren FreundInnen nicht mehr unter die Augen treten, ein Albtraum.

Was tun?

Sie müssen da durch. Und wie geht das? Trauern, trauern, trauern, so lange, bis es vorbei ist.

Wie? Vorbei?

Ja, auch das geht vorbei, wenn Sie sich erlauben, dass es vorbeigehen darf, wenn Sie sich auf das Trauern einlassen.

Aber Ihnen fällt doch auf Schritt und Tritt, bei den Bildern in Ihrem Schlafzimmern, bei den Erinnerungsstücken, bei der gemeinsamen Musik, bei den vielen Jubiläumstagen, bei der Fahrt durch die Stadt und an den Gedenkpunkten – ständig die/der verlorene Liebste ein, immerfort müssen Sie an sie/ihn denken.

Na, Gott sei Dank, denn dann wissen Sie, wie Sie wieder von ihm loskommen.

Jede einzelne Erinnerung an ihn will betrauert werden, ausführlich, tief, sparen Sie nicht an den Tränen!

Aber dann ist es ja unwiderruflich zu Ende?

Ja ist es. Machen Sie sich nichts vor. Es wird nicht besser mit dem Trauern, wenn Sie sich vorstellen, es gäbe noch eine Chance.

Schluss.

Nur wenn Sie sich das klarmachen, können Sie sich lösen. Das ist hart, aber wahr.

Sie wollen Freunde bleiben?

Vergessen Sie's. Das ist ein völlig schwachsinniges Modell! Freundschaft ist ein Gegenmodell zur Liebe mit vielen Überlappungen, aber sie ist kein Übergangszustand.

Von mir aus hassen Sie ihn, das ist zwar etwas überzogen, aber es hilft beim Abschied.

Gehen Sie die Glücksmomente, deren Erinnerung jetzt nur wehtut, so lange durch, bis es gut ist. Immer wieder.

Gut? Es wird nie mehr gut?

Doch. Irgendwann stellen Sie fest, dass die Erinnerungen nicht mehr schwarz eingefärbt sind, dass Sie – entgegen Ihrer verzweifelten Beteuerungen, dass das nie passieren werde – einen Ihrer »Gedenktage« vergessen haben.

Dann haben Sie's geschafft, Sie haben die Beziehung hinter sich, und mit ihr die Schmerzen und die Verzweiflung. Jetzt sind Sie frei.

Frei?

Ja frei, für die nächste Beziehung.

Alternative: Sie sind mitten im Trauern, Ihnen geht es lausig, seit Tagen konnten Sie nichts essen, nicht einmal Ihre Lieblingsserie können Sie anschauen – da steht er plötzlich mit einem Strauß dunkelroter Rosen vor der Tür, stammelt, er habe sich getäuscht, ihm sei plötzlich klar geworden, dass er das Glück seines Lebens verspielt habe. Und er bittet um Verzeihung.

Was tun?

Sie könnten ihm verzeihen. Überlegen Sie es sich.

Einfach so? Nicht einfach! Machen Sie es sich und ihm nicht einfach. Reden Sie miteinander, versuchen Sie herauszubekommen, wieso er sie verlassen hat, was los war. Ertränken Sie nicht Ihre gesamte Vernunft in den Glückstränen über seine Rückkehr, sondern betreiben Sie Wahrheitsfindung. Und wenn Sie feststellen, dass Sie ihn verstehen, dass auch Sie eigentlich fanden, dass einiges knirschte, aber es nicht aussprechen wollten, weil Sie ein bisschen feige waren – menschlich! –, dann schauen Sie genau hin, ob es eine zweite Chance gibt. Jeder kann einen Fehler machen und hat das Recht auf eine zweite Chance. Fehler und unser Lernen daraus machen Beziehungen widerstandsfähiger. Natürlich sollte es was zu lernen geben. Sich wortlos in die Arme zu fallen, ist sicher toll und sehr verlockend. Aber für die Dauerhaftigkeit Ihrer Beziehung ist es besser, wenn Sie lernen können. Und verzeihen. Belügen Sie sich nicht. Wenn Sie nur sagen, Sie würden verzeihen, aber in Wirklichkeit nagt der Wurm der Eifersucht und des Misstrauens an Ihrem Herzen, dann lassen Sie's. Sie würden sonst teuer dafür bezahlen.

Selbst wenn ich es für Frauen formuliert habe, gilt das Kapitel für Männer gleichermaßen. Natürlich gilt es auch für alle Altersstufen.

Konventionen 1: Monogamie

Sie halten nicht viel von Konventionen? Die sind out? Gesellschaftliche Übereinkünfte, über die man sich heute doch hinwegsetzt? Dunkle Dreiteiler sind was für Banker; Sie gehen in Jeans in die Oper, ohne Krawatte sowieso?

Wollen Sie gerade heiraten? Oder sind Sie schon verheiratet? Oder waren Sie es? Einmal, mehrmals?

Die ja hierzulande meistens monogam verstandene Ehe ist im Bereich der Beziehungen die Konvention schlechthin, obwohl ihr Erfolg ja nicht immer berauschend ist. Heiraten ist seltener geworden, aber nach wie vor »in«. Weltlich und durchaus auch kirchlich.

Und das, obwohl Sie in der heutigen Gesellschaft nicht mehr heiraten müssten, wenn Sie als Paar zusammenleben wollen. Auch Kinder können Sie unverheiratet haben, ohne viele Nachteile. Die rechtliche Situation könnte komfortabler sein, aber sie lässt sich klären.

Die meisten heiraten schließlich doch. Und lassen sich fast in der Hälfte der Fälle wieder scheiden. Seltsam, oder? Selbst Schwule und Lesben kämpfen für das Recht, eine Ehe schließen zu dürfen. Die Sicherheit, im Schwarm zu schwimmen, hat was, vor allem wenn sie mit der Option verbunden ist, das ganze Paket bei Nichtgefallen zurückgeben zu können. Praktisch ist das schon, Zalando oder Amazon leben unter anderem davon. Sie wollen diese Ehe, wollen konventionell sein, um dann damit umzugehen, als wäre es eine Laune. Würfeln, was Sie tun sollen?

Sollen? Ist das nicht das falsche Wort?

Was wollen Sie denn?

Ihr Leben so gestalten, dass es Ihnen guttut, ohne konventionelle Vorschriften!

Was ist gut? Für Sie gut? Und für wen noch?

Für Ihre/n Partner/in, für Ihre Kinder?

Vielleicht auch für Ihre Eltern, die Großeltern Ihrer Kinder?

Hallo! Was sollen Oma und Opa in dieser Diskussion?

Hüten die nicht Ihre Kinder, unterstützen Sie immer noch finanziell? Und ergäbe sich daraus nicht Verantwortung, wenn sie – Schock! – alt und gebrechlich werden? Die Betreuung pflegebedürftiger Großeltern – das gar nicht mehr neue, aber sich nur sehr mühsam aus der kollektiven Verdrängung hocharbeitende Thema dieser alternden Gesellschaft! Um wie viele Großelternpaare kann sich ein monogames Ehepaar im besten Fall kümmern? Bei der üblichen Scheidungsrate wird es immer unübersichtlicher, weil mit jedem neuen Ehepartner neue Großelternpaare akquiriert werden.

Die Konventionen Ihres Zusammenlebens haben tatsächlich Konsequenzen für alle diese Personen und wahrscheinlich noch für viele mehr. Wenn Sie also die Konventionen verändern, müssten Sie eigentlich alle fragen, die von solchen Veränderungen betroffen sind.

Tja.

Dieses Thema stößt offensichtlich an Grenzen, die etwas mit Grenzenlosigkeit zu tun haben: Unsere Gesellschaft kennt offenbar kaum mehr allgemein akzeptierte Regeln, für Lebensführung, für Verhalten. Natürlich gibt es Regeln, jede Menge, aber bei genauem Hinschauen zerbröseln die, lösen sich auf, erscheinen uns nicht verbindlich. Unter bestimmten Bedingungen ist nahezu alles möglich, auch Vieles, was besser nicht möglich wäre.

Zum Beispiel bröselt die Monogamie.

Wörtlich übersetzt heißt das »Einehe«; frau/mann ist mit einer Person verheiratet[38], teilt das Leben mit ihr, sorgt für sie und hat nur mit dieser Person sexuellen Kontakt, will im besten Fall auch mit niemandem anderen sexuellen Kontakt haben. Die Monogamie gilt als guter Rahmen für das Aufwachsen von Kindern, die eine stabile und verlässliche Umgebung brauchen, und als sicherer Hafen für Vieles, was ungeschützt ziemlich heftige Angst auslösen würde – bei Frauen und Männern.

Als Garanten der Monogamie gelten im Allgemeinen die Frauen. Ihnen wird unterstellt, dass ihr Wohlergehen stärker von emotionaler und existenzieller Sicherheit abhängt als von aufregendem Sex.

Die Jagd nach ihm, dem Bösen, lässt angeblich vor allem die Männer immer wieder aus der Ehe ausbrechen. Von wegen! Die Märchen der Gebrüder Grimm haben weit mehr Realitätsgehalt als diese Ansicht! Denn wir müssen aus guten Untersuchungen[39] lernen, dass auch Frauen nach zwei bis sechs Jahren sehr häufig die Lust an dem ach so geliebten Partner verlieren, mit dem sie nicht nur Tisch und Bett teilen. Diese Befunde sprengen selbst die Restkonventionen, mit denen wir noch zu leben versuchen. Je mehr wir uns wahrzunehmen trauen, wie wir tatsächlich sind, desto weniger scheint uns die Monogamie als Lebensform sicher und geeignet.

Das Thema hat es immerhin schon bis in die Diagnostik der amerikanischen Psychiatriegesellschaft geschafft: Die lustlosen Frauen bekommen mit der »hypoactive sexual desire disorder« eine Diagnose angehängt, die es wiederum der Pharmaindustrie erlaubt, das »Viagra für Frauen« zu entwickeln, dessen gewinnträchtige Zulassung als ein Schritt zu Befreiung der weiblichen Sexualität zelebriert wird.

Alternativ könnte man auf die Idee kommen, das sei ein schönes Beispiel, wie Psychiatrie auch heute noch zur Teufelsaustreibung missbraucht werden kann: Die Auflösung monogamer Strukturen infolge weiblichen Desinteresses bedroht unsere Vorstellungen, wie die Welt beschaffen sein soll, ganz gewaltig. Anstatt uns den Gründen dieser Bedrohung zu stellen, psychiatrisieren wir das Verhalten und bedrohen ehemüde Frauen mit Stigmatisierung und Marginalisierung im Ghetto der Verrückten. Alternativen zur Monogamie?

Zweckgemeinschaft? Offene Beziehung? Was bedeutet das für den gemeinsamen Hausbau, für die Kindererziehung, für die Betreuung der Alten? Klingt alles sehr mühsam.

Offensichtlich hat die grenzenlose Freiheit eine Kehrseite: Egal, was Sie tun, Sie »zahlen« dafür. Sie tragen die Konsequenzen. Übrigens: Konsequenzen für Sie und für Ihre Partner sind nicht deckungsgleich, woraus sich theoretisch so etwas wie Verantwortung für den Anderen ableiten könnte. Konkret: Ihr Partner ist selbstverständlich für sich verantwortlich, und es nervt, wenn er Verantwortung für sich auf Sie abwälzt. Aber wenn Sie etwas tun, was in Ihrer beider Beziehungskontext nicht geklärt war, zum Beispiel fremdgehen, dann sind Sie für die Konsequenzen, die das für Ihren Partner hat, verantwortlich.

Sie können sich die Verantwortung natürlich abschminken – wobei es schon tief blicken lässt, wenn Ihre Verantwortung abschminkbar ist –; aber damit nähert sich Ihre Beziehung Verhältnissen, wie sie im Dschungel nicht denkbar wären.

Und wenn Sie jetzt nicht nur den einen, sondern auch alle anderen »Partner« bedenken – Kinder, Eltern, Großeltern –, die zu Ihrem Netzwerk gehören, dann wird das mit der Verantwortung schnell ziemlich unübersichtlich, dann sind Sie doch wieder im Dschungel.

Was tun? Empfehlungen?

Wenn Sie die Regeln von Christentum, Islam, Judentum etc. für sich akzeptierten, wäre es wahrscheinlich einfacher. Aber Religiosität ist in unserer säkularen Gesellschaft nicht so gefragt. Nehmen wir an: Sie lassen sich kirchlich trauen, beispielsweise katholisch. Was bedeutet das nun für Sie? Akzeptieren Sie, dass Sie keinen Sex vor der Ehe haben sollten – zu diesem Zeitpunkt schon vorbei, das hätten Sie also schon akzeptiert haben müssen! –, anerkennen Sie, dass Empfängnisverhütung eigentlich nicht sein soll –

wie ist das nun, Heiliger Vater Franziskus? – und zumindest Abtreibung gar nicht geht? Auch wenn Ihre 16-Jährige Ihnen gerade mitgeteilt hat, dass sie nach dieser coolen Schulparty anscheinend nicht aufgepasst hat und jetzt schwanger ist? Obwohl Kirchgängerin, meinen Sie, dass man es ja mit der Religiosität nicht übertreiben müsse? Kann ich nachvollziehen, aber trotzdem finde ich Religion light ein etwas eigenartiges Konzept.

Solche Regeln sind antiquiert? Sie sind aufgeklärt! Schön.

Was Sie dabei übersehen: Wenn es keine Regeln gibt, an denen Sie sich abarbeiten, mit denen Sie ringen können, wenn Sie alle Vorgaben für null und nichtig erklären, dann können Sie auch nicht davon zehren, sollte es mal eng werden. Ihr Leben verliert die innere Spannung, wird lasch, wie Gemüse, das drei Tage in der Sonne lag. Nicht so schmackhaft. Ich rede nicht vom persönlichkeitsverkrüppelnden Zwang mancher kirchlicher und nichtkirchlicher Disziplinierungsheime, ich rede von Regeln, mit denen Sie sich auseinandersetzen und die Ihnen helfen könnten.

Zurück zu den »guten alten« Konventionen? Oder neue selber schnitzen?

Oder doch wieder kirchlich heiraten? Oder Burka tragen?

Sie fühlen sich im Regen stehen gelassen?

Das muss sich gar nicht so schlecht anfühlen.

Vor allem ist es Ihre Chance, selber herauszufinden, was für Sie und diese/n konkrete/n Partner/in passt. Ohne konventionelle Sicherheit, ohne den Segen irgendwelcher Institutionen.

Wenn Sie diesen Weg gehen, brauchen Sie eines. Nein, nicht in erster Linie Ihre Vernunft, die ist für die Details. Fürs große Ganze brauchen Sie unbedingt den wachen Zugang zu Ihren Gefühlen, den ehrlichen Austausch mit Ihrem Partner und eine gute Portion Mut. Was könnten Sie beide probieren, was können Sie nicht?

Und Sie brauchen die Fähigkeit, daraus zu lernen, wenn Sie auf die Schnauze fallen. Nur dann wachsen Sie in Ihrer Persönlichkeit.

Einfach ist es nicht, denn Sie werden mit allen kollidieren, die ihre interessengeleiteten oder meistens geldgeleiteten Lösungsvorschläge präsentieren: Sexverzicht – oder nicht?

Zusammenziehen – oder nicht? Heiraten – oder nicht?

Kinder jetzt gleich, wenn das Making of noch so heiß ist – oder in zwanzig Jahren, oder gar nicht? Sado-Maso – oder nicht?

Paare – im Guten wie im Schrecklichen

Irgendwann, wenn Sie das Kennenlernen, die heiße Phase der Verliebtheit und die Beruhigung danach hinter sich haben, sind Sie ein Paar. Sie treten gemeinsam auf, werden zusammen eingeladen, gehen zusammen in Konzerte und ins Kino, fahren miteinander in Urlaub.

Warum tun Sie das?

Vermutlich, weil Sie sich freuen, mit Ihrer anderen Paarhälfte zusammen zu sein, weil Ihr Herz aufgeht, sie zu sehen, ihre schöne Gestalt, ihre Stimme, die Ihren Puls beschleunigt, weil es sich gut, sehr gut anfühlt, neben ihr zu sitzen, Oberschenkel an Oberschenkel, und sich dabei mit anderen Partygästen auszutauschen. Auch wenn Ihre Aufmerksamkeit zu anderen Personen oder Themen wandert, bleibt immer ein Rest bei der neben Ihnen sitzenden Herzallerliebsten, und dieser Rest gibt Ihnen Wohlgefühl und Sicherheit. Selbst wenn eine Tischordnung nach englischer Art Ihrer beider Zusammensitzen verhindert, bleibt es Ihr gemeinsames Essen, Sie können sich anschauen, zublinzeln, was manchmal noch lustvoller ist als das Nebeneinandersitzen.

Danach, zu Hause, tauschen Sie sich aus, machen Ihre Partnerin auf das eine oder andere aufmerksam, was Sie belustigt hat, ihr vielleicht entgangen sein mag. Sie ziehen sich aus, sehen viel Unabsichtliches von ihr, was Ihnen gefällt, und dann schlafen Sie noch miteinander oder auch Arm in Arm ein.

Das Glück des Paarseins nährt sich aus den guten Erfahrungen, die Sie miteinander gemacht haben, durchaus Erfahrungen von heftiger Sinnlichkeit und grenzüberschreitender Lust. Die prägen sich Ihnen im Moment ihres Geschehens tief ein und werden zum Erinnerungsschatz der Gemeinsamkeit. Die Neurophysiologie der Gedächtnisbildung verläuft bei solchen Erinnerungen mit Sicherheit besonders effektiv, Erinnerungen des Liebesspiels und Liebesaktes sind so, dass Sie manchmal Jahrzehnte davon zehren können oder müssen, wenn Ihnen Ihre Partnerin, warum auch immer, abhanden kommt.

Aber Erfahrungen sind so eine Sache. Sie füllen Ihre Erinnerungen, und Sie lassen Ihr Denken und Handeln davon beeinflussen. Doch die Ereignisse und Umstände, bei denen Sie Ihre Erfahrungen gemacht haben, sind vergangen. Sie können nicht wissen, ob diese Erfahrungen noch etwas wert sind, ob Ihre persönliche Welt, und natürlich auch die draußen, sich nicht so verändert hat, dass Sie sie nicht wiedererkennen, beziehungsweise, dass Ihre Erfahrungen Ihnen nichts mehr nützen. Im Fall von Paarbeziehungen sind Erfahrungen kein einfaches Glück. So schön eine gemeinsame, wunderbare Vergangenheit sein mag, so wenig kann die Erinnerung daran die alltägliche Achtsamkeit im Umgang miteinander ersetzen. Denn der Zusammenhalt von Paaren ist ein dynamischer Vorgang; er wird beeinflusst von dem, wie sie miteinander umgehen, im Guten wie im Bösen. Unachtsamkeit ist allemal ein Fehler.

Unachtsame Handlungen, die den anderen verletzen, auch wenn sie gar nicht so gemeint waren, haben ein großes Potenzial, Beziehungen zu ruinieren. Es sei denn, sie werden thematisiert und die/der verletzte Andere kann verzeihen.

Das sei doch etwas hoch gegriffen? Sie haben das doch nicht mit Absicht gemacht? Es tut mir leid, aber das ist völlig egal. Sie sind doch kein Kind mehr, und wenn Sie Ihrer Beziehung unbewusst schaden, so bleibt der Schaden trotzdem.

Zärtlichkeit, auch das noch?

Die Juristin kam in meine Sprechstunde, weil sie nicht aufhören konnte zu weinen, ohne offensichtlichen Grund. Da sie auch sonst noch eine Reihe depressiver Symptome hatte, vor allem nicht schlafen konnte, führten wir Gespräche, und ich verschrieb ihr ein beruhigendes Antidepressivum zur Nacht. Ihr Zustand besserte sich sehr schnell, nach einer Woche ging es ihr ziemlich gut.

Auf der Suche nach Gründen kamen wir nicht weit: Vier Kinder, beim vierten hatte sie ihre Anwaltstätigkeit erst mal an den Nagel gehängt, sie managte die Familie. Die Beziehung sei gut, natürlich arbeite ihr Mann sehr viel, aber er versuchte sich wenigstens am Wochenende um die Kinder zu kümmern. Anders als viele befreundete Ehepaare hätten sie noch guten Sex, spontan, von beiden Seiten ausgehend.

Nicht ganz verstand ich einen Kontakt zu einem 15 Jahre älteren, verheirateten Mann, den sie über die Kinder kannte. Man traf sich öfters beim Abholen im Kindergarten; er hatte wohl mitbekommen, dass es ihr nicht gut ging, und versuchte, sie verbal zu unterstützen, aber sie hatte den noch etwas vagen Eindruck, dass er auch sonst an ihr interessiert war. Was sie damit anfangen sollte, wusste sie nicht recht.

Eines Tages, als es ihr schon ziemlich gut ging, bekam sie eine Angstattacke, heftig und ziemlich lang, anscheinend ohne Grund. Wir verstanden das erst beide nicht; ich fragte mich, ob der Spiegel von dem Antidepressivum wohl zu niedrig sei. Eine Woche später rief sie mich an; ihr war etwas klar geworden, was sie mir unbedingt mitteilen wollte:

Die erste Panikattacke sei an dem Tag aufgetreten, als sie gehört hatte, dass der andere Mann wieder aus dem Urlaub zurückgekommen sei. Der Zusammenhang sei ihr aber erst bewusst geworden, als sie gestern die zweite Angstattacke bekam: Sie hatten sich zufällig am Kindergarten getroffen, und zum Abschied habe er sie »freundschaftlich« umarmt und sie auf die Stirn geküsst.

Sie wolle von ihm nichts, aber die Zärtlichkeit dieser Geste habe sie doch sehr berührt. Zärtlich, fürsorglich und ganz viel Akzeptanz für ihre Persönlichkeit sei da drin gewesen. Sie erzählte jetzt, dass ihr Leben vor der Ehe so viel glamouröser gewesen sei, mit Trips nach New York und Paris und Besuchen von Nachtclubs. Sie habe gar nicht gewusst, dass sie das alles vermisse; aber plötzlich war es glasklar.

Ihrem Mann habe sie sofort gesagt:»Ich vermisse, dass du zärtlich zu mir bist, und ich vermisse auch Anerkennung!« Seine Entgegnung:»Aber wir schlafen doch so oft zusammen, und das ist auch toll, nach so vielen Jahren!« Ansonsten sei er wohl etwas verstört gewesen, habe sie wohl nicht verstanden.

Da machen Sie alles richtig, geben sich Mühe, es scheint auch gut zu laufen in der Beziehung, viel besser als in vielen anderen, und dann so etwas! Panikattacken sind ein Signal, dass »irgendetwas« nicht stimmt; bei 60 Prozent ist dieses »irgendetwas« in der Beziehung zu finden – nicht Fremdgehen, Trennung, sondern ein oft undefinierbares Gefühl, irgendetwas…

Wenn Sie sich in die Rolle des Mannes versetzen, würden Sie wohl die Welt nicht verstehen. Sie geben sich Mühe, ohne Zweifel! Das ist schon mal viel besser als die Männer, denen die Bedürfnisse ihrer Frauen nach einigen Jahren Ehe wurscht sind.

Meine Patientin hatte einer Freundin von ihrem »Verehrer« erzählt, weil sie sich keinen Vers darauf machen konnte. Die sagte spontan:»Mein Gott, dass du in deinem Alter noch einen Verehrer hast, das ist ja toll! Mein Mann nimmt mich nach 17 Jahren Ehe einfach überhaupt nicht mehr wahr, ein Verehrer wäre wie ein warmer Sommerregen!«

Zweifellos ist die fehlende Wahrnehmung die traurige Realität vieler oft gar nicht so langjähriger Beziehungen. Wichtiger ist, dass Sie auch eine Beziehung mit regelmäßigem und für beide befriedigendem Sex nicht davor bewahrt, Schwierigkeiten zu bekommen.

Sie geben sich doch Mühe? Okay, aber das erinnert ein bisschen an die Schulzeit, wenn Sie sich in Mathe Mühe gegeben und trotzdem eine Fünf nach Hause gebracht haben.

Sie finden, ich ätze jetzt rum? Ehrlich, sich Mühe geben, ist wirklich nicht gefragt, Mühe ist, wie der Begriff sagt, mühsam. Mühsame Verrichtungen über die langen Jahre Ihrer Beziehung zu bringen, ist ein schweißtreibendes, aber nicht sehr wirkungsvolles Konzept.

Interesse vielleicht? Aufmerksamkeit für die/den Andere/n? Vor allem eine konsequente Absage an die einlullende Alltäglichkeit, mit der trügerischen Sicherheit, dass das zuverlässige Erledigen Ihrer Hausaufgaben Sie vor Überraschungen bewahren wird. Wollen Sie denn nicht überrascht werden? Wollen Sie denn nicht neugierig sein?

Möglicherweise werden Sie jetzt sagen, dass Sie doch sonst so viel an den Hacken haben, dass Ihr Job Ihre ganze Aufmerksamkeit fordere, dass Sie jetzt, wo die Kinder aus dem Gröbsten raus sind, mal andere Prioritäten setzen müssen.

Da ist sicher eine ganze Menge dran. Nur werden Sie nicht davon ausgehen können, dass Ihre Beziehung gut laufen wird, wenn deren Qualität erst die zweite oder dritte Priorität ist.

Sie könnten noch nicht einmal davon ausgehen, wenn sie die erste Priorität wäre. So sind Beziehungen.

Außer durch Unachtsamkeit werden Beziehungen vor allem durch Ansprüche ruiniert. Vor allem durch den Anspruch, dass der Partner das eigene Lebensglück zu garantieren habe.

Aber hat er Sie nicht damals glücklich gemacht, in dieser wunderbaren Anfangszeit, als Sie sich nach jeder geistigen und vor allem nach den körperlichen Gemeinsamkeiten so toll, so satt, so glücklich gefühlt haben, dass Ihnen der Rest der Welt und seine Ansprüche gestohlen bleiben konnten? Ganz so war es nicht. Sie waren mit ihm glücklich, aber das war Ihr Gefühl. Er hat sich so verhalten, dass Sie sich mit ihm glücklich fühlen konnten, weil auch noch jede Menge Rahmenbedingungen stimmten,»gemacht« hat er Ihr Glück nicht. Glück ist sehr komplex; es kommt unerwartet und lässt sich nicht wie eine Pizza bestellen. Es kommt und, ja, es geht.

Was glauben Sie, können Sie für das Glück in Ihrer Beziehung tun?

Wann wenden sich Menschen ganz einander zu, wann geben sie sich ganz hin?

Wir machen jetzt hier nicht das kleine Beziehungsquiz, aber etwas nachdenken kann nichts schaden.

Menschen gehen immer dann besonders in ihren Beziehungen auf, geben sich hinein und hin, wenn es ihnen gut geht, wenn sie in ihrer Substanz nicht von chronischem Leid und Sorgen zerstreut werden. Leid und Sorgen können Sie schwerlich von sich und Ihrem Partner fernhalten, aber Sie können ihn gut behandeln, versuchen, ihm das Leben schön zu machen. Nicht weil er oder sie den Anspruch hat, sondern weil Sie selbst genießen, das zu tun. Das wird Früchte tragen.

Die schrecklichen Paare

Ich war eine ganze Weile solo.

Was bedeutete, dass ich in vielen Situationen, in denen meine Aufmerksamkeit sonst von einer Partnerin in Anspruch genommen wurde, sozusagen freie Valenzen hatte, mich umzuschauen, Paare zu beobachten.

In Gegenwart einer Partnerin wäre das ein »no go« gewesen, weil sie wahrscheinlich davon ausgegangen wäre, dass ich meine Aufmerksamkeit auf sie fokussiere. Zu Recht! Sie können ja mal testen, wie es Ihnen geht, wenn ein Gesprächspartner in der Öffentlichkeit ständig seine Blicke abschweifen lässt.

Damit sind wir schon mitten im Thema. Immer wieder begegnen mir Paare, von denen der eine offenkundig an allem anderen interessiert ist nur nicht an seiner Partnerin.

Im Speisesaal des Hotels, beim Frühstück; die Zeitungslektüre scheint wichtiger zu sein als das Gespräch, weil Sie ja Börsenmakler, Industriemagnat, Generalsekretär einer politischen Partei etc. sind und sich einfach informieren müssen, weil es immer um alles geht. Um alles, nur nicht um Ihre Beziehung. Verstehen Sie mich nicht falsch: Ich lese gerne *Süddeutsche* oder *ZEIT* zum Frühstück, und das ist sicher einer der Gründe, warum ich dem Alleinsein durchaus etwas abgewinnen kann. Sonst wäre mir ein interessantes Gegenüber wahrscheinlich wichtiger als der Kommentar von Heribert Prantl oder das Interview mit Liam Neeson. Als Paar können Sie sich absprechen, ob die Zeitung okay ist, vielleicht gibt es ja zwei Zeitungen, oder – Vorsicht! – einen anderen Teil.

Beim Abendessen im Restaurant ist das anders …

Und auch dort: Ein Paar, bei dem sie etwas in sich gekehrt und reduziert wirkte, während er sich ungeniert umschaute, Blicke an sich zog, flirtete. Ich fragte mich die ganze Zeit, wie sie das aushält. Beim Herausgehen sah ich den Stock – sie war blind.

Ein Nobelladen im Hamburger Stilwerk. Auftritt: ein Paar, er ostentativ gelangweilt, sie offensichtlich geladen … Zum Schluss kamen der netten Verkäuferin die Tränen.

Neulich war ich im Semesterabschlusskonzert, allein. Um mich herum lauter Paare. Ich bin immer fasziniert, wenn ich so viele Paare gleichzeitig sehe.

Was mich fasziniert? Diese Vielfalt der gemeinsamen Schicksale. Oder vielleicht besser: die vielen Menschen, die ihre Schicksale aneinander gebunden haben.

Die Gesprächsausschnitte deuten nur selten darauf hin, dass die Partner sehr glücklich miteinander sind. Häufig wird aneinander rumgenörgelt, das Nichtwissen des anderen getadelt, und die entsprechenden Belehrungen werden gleich mitgeliefert. Meinungsverschiedenheiten sind die Regel, und die werden in einer

Tonlage geäußert, die kaum zum musikalischen Genuss passt. Ich frage mich dann oft, wie es wohl zu dieser Transformation gekommen ist? Wurde von Anfang an in dieser Beziehung genörgelt? Hat er sich in eine Ungebildete, hat sie sich in einen Nörgler verliebt? Und wenn es erst später herausgekommen ist? Wie lange hat es gedauert? Gab es einen Anlass? Warum der andere das aushält, oder warum man zusammen ein kulturelles Ereignis besucht, wenn es dabei zu solchen »Gesprächen« kommt? Wie lange sind solche Paare schon zusammen, gibt es einen Zusammenhang zwischen Harmonie und Beziehungsdauer,?

Was hält solche Paare, Paare generell, zusammen?

Gerade in Konzerte gehen Menschen offenbar nur dann alleine, wenn sie wirklich alleine sind. Was ungewöhnlich ist, denn so selbstverständlich sind ja gemeinsame musikalische Neigungen nicht. Sie finden Bruckner öde, Ihre Partnerin Rachmaninoff. Trotzdem gehen Sie gemeinsam ins Konzert. Ich finde das nicht selbstverständlich, denn wenn ich mit einer Partnerin zusammen wäre, die mich ständig tadelt, Anstoß an meiner Kleiderwahl nimmt etc., dann würde ich wahrscheinlich lieber alleine ins Konzert gehen. Diese Entscheidung steht aber anscheinend nicht zur Wahl.

Ich frage mich auch, wie viele Partner sich die Frage stellen, ob sie sich in ihrer Partnerschaft wohlfühlen. Ob sie überhaupt noch wahrnehmen, dass sie sich wohl oder unwohl fühlen, oder ob sie lieber vermeiden, sich ihre Befindlichkeit in der Beziehung genauer anzuschauen.

Manche Paare scheint anderes zusammenhalten, als die Erkenntnis, dass sie sich nirgendwo besser als eben in dieser Beziehung fühlen. Manchmal scheinen gerade die alltägliche Auseinandersetzung, die Konflikte der Kleber zu sein, der die Ehe, die Partnerschaft zusammenhält.

Paartherapie – Heiraten oder nicht heiraten

Sie: Guten Tag, jetzt sind wir doch wieder da.

Th: Schön! Was bringt Sie her?

Er: (etwas zögernd) Wir haben ein Problem.

Sie: Nein, haben wir nicht!

Th: ?

Er: Doch, schon: Wir sind uns uneins, ob wir heiraten sollen oder nicht.

Sie: Das ist kein Problem, denn wenn wir uns in so einem basalen Punkt schon uneins sind, können wir das mit der Beziehung auch ganz lassen.

Th: Gibt es nicht viele Paare, die zusammen leben, ohne zu heiraten?

Sie: Gibt es schon, aber für mich kommt das nicht infrage! Ich will keinen lauen Kompromiss! Ich will zwei richtig schöne Hochzeiten, standesamtlich, dann eine geile Hochzeitsreise und danach die kirchliche Hochzeit mit allen Schikanen, in einer netten Barockkirche, meine Schwester soll singen, und danach will ich eine rauschende Party. Das soll auch ein Zeichen nach außen sein, und er…

Th: Könnten Sie Ihren Partner bitte direkt ansprechen?

Sie: …und du weißt das auch! Ich würde einfach so gerne sagen: »Mein Mann sieht das genauso!«

Er: Ja, ich weiß das, du hast das ja deutlich genug gemacht, aber ich sehe das nun mal anders.

Sie: (wendet den Kopf weg, und schaut zum Fenster raus.)

Th: Wie?

Er: Ich finde es nicht trivial, zu heiraten, nachdem wir uns schon so lange in unserer Beziehung wohlfühlen. Das ändert die ganze Konstellation, und wer weiß, ob wir uns dann noch so gut verstehen!

Th: (zu ihr) Wie geht es Ihnen damit?

Sie: Ich glaube einfach, dass das wieder seine Ambivalenz ist; er steht eben nicht richtig zur Beziehung und will deswegen auch nicht heiraten.

Th: Ihr Mann hat aber ein anderes Argument gebracht.

Sie: Ja! Dass wir uns schon so aneinander gewöhnt hätten, dass Heiraten sich nicht lohnt!

Th: Nicht ganz.

(zu ihm) Können Sie Ihr Argument noch einmal wiederholen?

Er: Ich habe das schon so oft gesagt, sie will mich einfach nicht verstehen.

Th: Versuchen Sie es noch mal – und Sie (zu ihr) versuchen, ihn zu verstehen.

Er: Okay. Ich finde, dass wir uns schon jetzt so gut in unserer Beziehung verstehen, und ich befürchte, dass sich das durch eine Eheschließung ändert.

Sie: Das gut verstehen beziehst du bestimmt auf's Bett!

Er: Ja und?

Sie: Ja, das stimmt ja auch, das ist schön zwischen uns; aber ich habe eben auch andere Bedürfnisse – und überhaupt, das ist wieder typisch Mann, dass dir das Bett als einziges Argument einfällt. Wenn du in dem Punkt stur bleibst, kannst du dir das mit dem Bett für die nächsten Wochen abschminken!

Er: Erpressen lasse ich mich nicht!

Sie: (dreht sich weg)

Beide schweigen.

Th: (nach einer Weile) Was könnten Sie denn tun, um hier weiterzukommen?

Nach einiger Zeit.

Er: Es ist ja gar nicht nur das Bett. Ich finde, dass in unserer Beziehung momentan ganz viel Spontaneität ist, von beiden Seiten, und nicht nur bei der Sexualität. Und das genieße ich. Ich habe bei meinen Eltern erlebt, wie Zusammenleben in ihrer Ehe nur noch Routine war, null spontan. Davor habe ich Angst.

Th: (an sie) Können Sie ihn verstehen?

Sie: Ja klar, ich bin ja nicht doof. Er hat recht, dass es zwischen uns sehr spontan läuft. Das ist schon reizvoll. Aber mir ist das zu wenig.

Th: Was fehlt Ihnen?

Sie: Ich habe Angst, dass unsere Beziehung vor lauter Spontaneität irgendwann beliebig wird: Jetzt sind wir spontan zusammen; irgendwann ist einem von uns nicht mehr danach, und dann sind wir spontan getrennt. Mir ist das zu unsicher.

Th: Wie stellen Sie sich Beziehung vor?

Sie: Ich wünsche mir, dass unsere Beziehung dauerhaft ist. Sicher. Gerade weil ich sie so schön erlebe, möchte ich, dass sie immer dauert. Du nicht?

Er: Doch, schon. Ich habe dieses Gefühl noch bei keiner anderen Beziehung gehabt. Und gerade deswegen habe ich Angst, dass wir in diese unerbittliche Alltagsroutine geraten, wenn wir heiraten.

Th: Haben Sie gemerkt, dass Sie beide von Angst gesprochen haben? Sie (sie) haben Angst vor Beliebigkeit, Sie wollen Sicherheit, und Sie (er) haben Angst vor der Alltagsroutine. Sie beide beharren aus Angst auf Ihren Standpunkten.

Er: Aber ist das nicht völlig legitim?

Th: Ja, natürlich. Angst ist einer unserer stärksten Motivationsfaktoren.

Sie: Und jetzt? Es ist ja schön, wenn wir wissen, warum wir uns so verhalten, aber deswegen können wir ja noch nichts ändern.

Th: Wollen Sie denn was ändern?

Sie: Ich schon; auch wenn ich Angst habe, merke ich doch, dass das eine ganz besondere Beziehung ist, und will sie nicht wegen meinen Befürchtungen kaputtgehen lassen, wie stark die auch immer sind.

Er: Mir geht es genauso.

Th: Versuchen Sie mal, ob sich Ihr Standpunkt ändert, wenn Sie sich anschauen, vor was Sie Angst haben. (Zu ihm): Vor was haben Sie Angst?

Er: Vor der Routine, dem ewig gleichen Alltagstrott, den die Ehe mit sich bringt.

Th: Und den haben Sie in der Ehe Ihrer Eltern kennengelernt?

Er: Ja. Ich habe mich immer gewundert, wie ein Paar, das sich nach eigenen Erzählungen auch mal geliebt haben muss, völlig in der Routine versinkt.

Th: Und jetzt und hier, in der Beziehung zu Ihrer Partnerin, ist da auch so viel Routine?

Sie: (lacht) Routine? Niemals! Ein unübersehbarer Hauch von Chaos würde ich eher sagen!

Th: (zu ihm) Würden Sie das auch so ausdrücken?

Er: Allenfalls gesundes Chaos.

Th: Also, in der jetzigen Beziehung erleben Sie nicht zu viel nervtötende Routine?

Er: Nein, überhaupt nicht.

Th: Ihre Angst bezieht sich also auf etwas, das Sie mit Ihrer jetzigen Partnerin überhaupt noch nicht erlebt haben?

Er: Ja, klingt behämmert, oder?

Th: (zu ihr) Und wie ist es bei Ihnen? Fühlen Sie sich bei Ihrem Freund beliebig und unsicher?

Sie: (grinst etwas verlegen) Nein, ich fühl mich gut.

Th: Interessant ist, dass Sie beide aus einer Position argumentieren, die gar nicht Ihrem aktuellen Erleben mit Ihrem Partner entspricht.

Sie: Ja, wir haben nachgedacht, uns Sorgen gemacht.

Th: Das ist ziemlich menschlich. Nur sollten Sie die Ergebnisse Ihrer Denkprozesse immer mal wieder vor dem Hintergrund Ihres aktuellen Erlebens überprüfen, um zu sehen, wie nah Sie eigentlich an der Realität sind.

Abgesehen davon sind Ihre Befürchtungen ja nicht völlig absurd. In Ihrem Fall (zu ihm) haben Ihre Eltern es Ihnen vorgelebt. Haben Sie eine Idee, was Sie tun könnten, um zu verhindern, dass dieses negative Szenario tatsächlich eintritt?

Er: Na ja, möglicherweise ist das gar nicht eine Frage von Ehe oder Nicht-Ehe, wir sollten, egal, in welcher Lebensform, genau hinschauen, ob da noch Spontaneität ist oder ob die allmählich der Bequemlichkeit weicht.

Th: Und dann?

Sie: Sprechen. Miteinander reden, über unsere Sorgen und Beobachtungen. Und aufpassen.

Th: Was machen Sie jetzt mit der Hochzeit?

Sie: ?

Er: ?

Th: Ich habe einen Vorschlag, zum Ausprobieren:
Ihnen (sie) geht es doch um das Commitment, und Ihnen (er) um die Spontaneität. Setzen Sie sich doch einmal mit genügend Zeit hin und versuchen Sie, gemeinsam ein Modell zu finden, in dem beides vorkommt.

Konventionen 2: Zusammenziehen

Noch heiraten Sie nicht.

Sie überlegen sich gerade, wann es Zeit ist, zusammenzuziehen. In der Regel in die Altbauwohnung, in die Sie Ihrer beider Möbel mit einbringen können, was ästhetisch fragwürdig, aber gemütlich ist.

Oder gleich für die Zukunft planen und das eigene Heim kaufen?

Die Einrichtung bei kleinem Budget von IKEA oder von luxuriöseren Ausstattern, wenn Sie geerbt haben?

Der Garten, ein unerschöpfliches Entfaltungsfeld.

Können Sie mal bitte einen Moment die Luft anhalten?

Wieso? Das machen doch alle so!

Ja, ziemlich viele. Aber möglicherweise ist dieser Drang zum Zusammenwohnen auch die Keimzelle der künftigen Scheidung.

Um das zu erklären, muss ich etwas weiter ausholen.

Während meines Medizinstudiums, das damals noch völlig unverschult war, besuchte ich mit einigen Auserwählten ein kleines, feines Seminar über »Internistische Pathophysiologie«. Der Titel besagte eigentlich, dass über die Fehlfunktionen gesprochen würde, die schließlich zu manifesten Krankheiten führen. Tatsächlich sprach unser Dozent, ein gut aussehender Junggeselle, über grundsätzliche Probleme der menschlichen Lebensführung, besonders was Frauen und Männer anbelangte, über das Kochen und eben auch über die Frage, wie die ideale Wohnung für ein Paar aussehen sollte.

Seinen Vorschlag finden Sie hier:

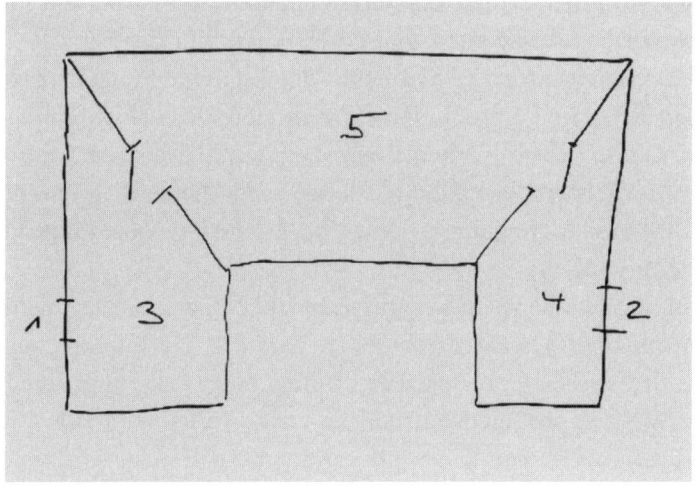

1 = Eingang »er«
2 = Eingang »sie«
3 = Wohnbereich »er«
4 = Wohnbereich »sie«
5 = gemeinsamer Bereich

Die wichtigsten Punkte sind die getrennten Wohnbereiche (3, 4) mit ebenfalls getrennten, vom anderen nicht einsehbaren Eingangsbereichen (1, 2) und dem Gemeinschaftszentrum (5), das von beiden aufgesucht werden kann, wenn es einen nach dem anderen verlangt. Überhaupt, es ist ein Modell für zwei, die zusammenbleiben wollen! Es verhindert die Kontrolle über Kommen und Gehen, über mit wem Kommen, und es garantiert Privatheit, wenn Sie sie anstreben.

Es war das erste Mal, dass ich mit der Meinung konfrontiert wurde, Zusammenwohnen sei nicht per se eine Quelle der Glückseligkeit und könnte von bestimmten äußeren Regeln profitieren.

Wie viele andere Studieninhalte ignorierte ich auch dieses

Thema bei meiner weiteren Lebensplanung. Ich zog in Wohnungen zusammen, wurde einmal geschieden, ich kaufte ein Haus und wurde zum zweiten Mal geschieden. War die Bank letzten Endes der eigentliche Nutznießer der Eheschließungen? Inzwischen vermute auch ich, dass Zusammenziehen kein einfaches Thema und schon gar keine Selbstverständlichkeit ist, egal, wie groß der Überschwang der aktuellen Liebesbeziehung sein mag.

Eine Bestätigung dieses Verdachts fand ich in einem Interview mit Daniel Bergner:

In seinem hier mehrfach zitierten Buch[40] setzt er sich ausführlich mit dem Thema auseinander, dass das Zusammenleben in einer häuslichen Gemeinschaft, es muss nicht unbedingt eine Ehe sein, die gegenseitige Sehnsucht in vielen Fällen bald zum Erliegen bringt. Oft zur Verzweiflung der Betroffenen, weil sie den Wert der anderen Person durchaus sehen, aber eben keine Lust mehr aneinander empfinden. Befragt von der Interviewerin, wie es denn bei ihm selber so aussähe, erwähnt er, dass er seit fünf Jahren mit seiner jetzigen Partnerin zusammen sei. Die Interviewerin:»Fünf Jahre, und Sie haben noch Sex?« Er bejahte mit der Einschränkung:»Wir zwei wohnen in getrennten Apartments in Brooklyn, sechs Blocks auseinander.«[41]

Verstehen Sie jetzt, warum ich zum Innehalten rate, wenn Sie gerade intensiv dabei sind, Ihr Zusammenleben zu planen?

Nicht klar ist, was das Zusammenwohnen so schwierig macht. Ist es das Erleben der persönlich-intimen Unordnung bis hin zur dreckigen Unterwäsche des anderen? Ist es das Fehlen von Rückzugsräumen, der Verlust der Privatheit?

Möglicherweise von allem etwas.

Vielleicht atmen Sie erst einmal tief durch, sprechen mit Ihrer – zu diesem Zeitpunkt noch heiß geliebten – Freundin und überlegen, ob Sie das unverzichtbare Maß an Innigkeit vielleicht auch mit zwei getrennten Wohnungen gewährleisten können.

Und sollten Sie schließlich zusammenziehen, vielleicht wenn

das erste Kind unterwegs ist, dann achten Sie auf eine partnerschaftsfreundliche Wohnung. Der Begriff findet sich in den Anzeigen nicht? Dann müssen Sie ihn eben prägen, das wäre doch auch mal was.

Wie sollte die denn aussehen, die partnerschaftsfreundliche Wohnung? Um wenigstens mit ein paar Standards anzufangen: ein gemeinsames Wohnzimmer, zwei Schlafzimmer, Bad und Toilette getrennt; und wenn Sie Kinder planen, sollten Sie die mit jeweils einem eigenen Zimmer einplanen.

Getrennte Schlafzimmer? Das ist doch nur was für ältere Paare, wenn der Alte so schnarcht, dass sie das nicht aushalten kann – aber doch nicht für jung Verliebte! Doch, schon. Sie sollten in jedes dieser Schlafzimmer ein so großes Bett stellen, dass Sie zu zweit darin schlafen können. Wenn es besonders innig ist, brauchen Sie ja gar nicht so viel Platz. Dann können Sie mal dort, mal hier schlafen und auf diese Weise für viel Abwechslung sorgen. Dein Reich, mein Reich. War Abwechslung nicht das, was die Leidenschaft am Brennen hält? Sie hätten die Möglichkeit, sich zurückzuziehen, wenn Ihnen danach ist, aus welchen Gründen auch immer. Für eine Nacht oder vielleicht für eine Woche. Ohne große Deklarationen. Wenn Sie in solchen Fällen aus dem bequemen Ehebett auf dieses schrecklich unbequeme Sofa mit dem coolen Design ziehen müssen, reduziert sich Ihr Distanzbedürfnis aus den falschen Gründen: Nicht weil Sie nach drei oder vier Tagen Karenz Ihre/n Geliebte/n wieder unwiderstehlich finden, sondern weil Ihnen der Rücken wehtut, was zumindest beziehungstechnisch keine zielführende Motivation ist.

Das Grundprinzip sollte sein: möglichst viel Privatheit, möglichst viel Nähe.

Ein Ihnen vielleicht wieder peinliches Beispiel ist die Trennung zwischen Bad und Toilette: Es mag Menschen geben, die Nähe erst richtig genießen können, wenn sie immer und jederzeit alle Ausdünstungen Ihres Herzenspartners mitbekommen. Aber das ist nicht für jeden das Höchste. Gerade in der Nacht sammelt sich so einiges an Gerüchen im menschlichen Körper an, und der morgendliche Gang ins eigene Bad und auf die Toilette kann dies wieder auf ein für die meisten akzeptables – und erträgliches – Maß reduzieren.

Die Rolle des Gemeinschaftsraums kann das Wohn-/Ess-Zimmer oder auch eine große Essküche übernehmen.

Tja, Alter, schöne Vorschläge! Aber ein Berufsanfänger kann das nun mal nicht zahlen.

Ich weiß. In den großen und besonders attraktiven Städten kann das noch nicht mal ein überdurchschnittlicher Verdiener bezahlen. Zwei Bemerkungen dazu:

- Gerade unter diesem Aspekt sollten Sie sich sehr gut überlegen, ob Sie wirklich zusammenziehen wollen – in eine kleine Wohnung, ohne genügend Privatheit, auf Wohl und Wehe an dieses eine Ehebett gekettet. Finanziell sind die zwei Einzimmerwohnungen wahrscheinlich nicht lukrativer, aber Sie behalten Ihre Privatheit und strangulieren Ihre schöne junge Beziehung nicht durch die räumliche Enge.
- Vielleicht hinterfragen Sie die Wohnungspreise mal. Die sind nämlich nicht, wie in kapitalistischen Bilderbüchern dargestellt, Folge eines mysteriösen Mangels, sondern logische Konsequenz der Grundsatzentscheidung unserer Politiker, dass Wohnraum zur Finanzspekulation missbraucht werden kann. Das sehen Sie nicht so? Dann wohnen Sie eben eng! Das tun Millionen Menschen doch auch, ohne ständig zu jammern. Ja, in Asien, von Afrika reden wir lieber nicht. Trotzdem mag die Frage erlaubt sein, warum die Mitteleuropäer, die aus vielen Gründen nicht von der Überbevölkerung geplagt sind und komfortabel, mit einer hohen Chance auf individuelles Glück leben könnten, dieses Glück auf dem Altar der Finanzspekulation opfern.

Wenn ich das schreibe, war die letzte Finanzkrise 2008 gewesen. Hat die nächste inzwischen schon zur weiteren allgemeinen Verwüstung beigetragen?

Ich will Ihnen keine Vorschriften machen. Aber Lebensqualität in Zweierbeziehungen hängt auch damit zusammen, wie Sie wohnen. Und – Sie sollten Prioritäten setzen.

Optimierung: toll, toller – Angst?

Sie wollen die/der Beste sein, gut reicht Ihnen nicht?
Damit sind Sie nicht allein. Optimierung ist eine Essenz unserer Gesellschaft, aus ihr
nicht mehr wegzudenken. Und natürlich wollen Sie auch Ihre
Beziehungen optimieren. Alles muss außergewöhnlich gut werden, die Liebe, der Sex, die Work-life-balance, die Schulleistungen der Kinder, sogar das Yoga- und Entspannungsprogramm,
die Meditation.

Warum betreiben Sie solch einen Aufwand?

Ist der Optimierungsdrang nur verdrängte Angst, dass vielleicht doch nicht alles so super sein könnte? Natürlich ist Ihre
Beziehung nicht durchweg toll! Sie sind Menschen! Menschen
haben Höhen und Tiefen, und so hat auch Ihre Beziehung Höhen
und Tiefen. Das ertragen Sie nicht? Und wenn das die Anderen, die Freunde und Bekannten, mitbekommen, die nur auf ein
kleines Zeichen der Schwäche, auf einen winzigen Kratzer in
der Hochglanzpräsentation Ihrer Beziehung lauern? Machen Sie
sich nichts draus: Denen geht es nicht anders, denn auch sie sind
Menschen.

Optimierung in Beziehungen ist also letztlich Ausdruck von Unsicherheit.

Lassen Sie uns irgendwann mal über Sicherheit reden. Jetzt
reden wir erst mal über das, was gerade ansteht, über die optimale Hochzeit: Ihre Hochzeit soll ein Traum werden, in der
Barockkirche, die extra an diesem Vormittag für die Touristen

gesperrt wird, im Traumdirndl, mit dem Supermenü, das einem Sternekoch alle Ehre gemacht hätte, wenn er nicht zu teuer gewesen wäre, dem Hochzeitstanz mit der Kultband und so weiter und so fort.

Trotz allem kriegen Sie den Gedanken nicht aus dem Kopf, dass ein Drittel aller Ehen geschieden wird. Und natürlich sind Sie unsicher, haben Angst, das könnte Ihnen auch passieren. Kann, ja.

Alles optimal, oder?

Da Sie die Beziehung nicht optimieren können, wird auf Teufel komm raus alles optimiert, was sich nicht vehement dagegen wehrt. Hat schon was Magisches.

Eigentlich kommt diese Superhochzeit zu spät. Vor fünf Jahren hätte sie gepasst, aber da hatten Sie gerade Wichtigeres vor: Sie mussten Ihr Auslandsstudium beenden, und optimalerweise bot sich dieses tolle Praktikum bei diesem tollen Anwalt für ausländisches Recht an. Dass Sie sich damals überhaupt verliebt hatten, war eigentlich ein Betriebsunfall, passte irgendwie gar nicht, obwohl der Typ so süß war. Aber dieses anstrengende Studium, die Investitionen in die aufwendige Zukunftsplanung mussten erst mal was abwerfen. Was hätten Ihre Eltern gesagt? So wurde es eine Fernbeziehung. Wenn Sie sich in jeder freien Minute sahen, war es gigantisch. Nur, freie Minuten gab es alle zwei bis drei Wochen, sie waren mit viel Fahrerei verbunden. Er hat schon mal verhalten gemault, aber eigentlich war die Lebensqualität, die Sie aus diesen Minuten zogen, optimal!

Fernbeziehungen in Nahbeziehungen zu verwandeln, hat so seine Tücken, aber das haben Sie toll – optimal? – hingekriegt. Sie bekamen den Job in Berlin angeboten, er wollte immer schon dorthin, die Wohnung war ein Glücksfall, wow! Das Zusammenleben war nicht ganz so wow; Sie hatten sich wohl beide etwas viel vorgenommen. Sie brauchten eher Unterstützung, er suchte eher Nähe – mal ein Wochenende lang zusammen das Bett zerwühlen; aber so viel Priorität wollten Sie diesem Thema nun doch nicht einräumen.

In dieser Zeit drängte das Thema Hochzeit schon mal auf Ihre Agenda; aber Ihre Eltern waren gerade im Scheidungskrieg, und es passte einfach nicht. Nach zwei Jahren vertrugen die Eltern sich wieder, sein Zwillingsbruder war aus Neuseeland zurück, und jetzt konnte endlich geheiratet werden. Die Beziehung war inzwischen etwas abgekühlt, die große Lust – noch nie Ihr Thema – war der Routine gewichen, und Ihre Streitthemen – Ordnung wie, Kinder wann, sein Cabrio überhaupt? – waren ziemlich in den Vordergrund gerückt. Ab und zu drängte sich die Frage auf, ob er tatsächlich der Richtige für Sie sei. Diese Zweifel konnten Sie nicht mal mit Ihrer besten Freundin teilen – mit der schon gar nicht! –, und Sie schämten sich dafür.

Da kam als rettende Idee das schon etwas angegraute Thema Hochzeit wieder hoch!

In ein paar Wochen sind Sie verheiratet, haben beide einen ziemlich sicheren Job, und eigentlich wäre jetzt das Thema Kinder angesagt. Eigentlich?

Hallo, Sie sind 32; die berühmte biologische Uhr tickt, und was dergleichen Allgemeinplätze mehr sind. Aber haben Sie den ganzen Aufwand mit Ihrem Beruf wirklich betrieben, um jetzt schon wieder auszusteigen? Es gibt doch *social freezing* – und der Doktor, der das anbietet, soll ja so kompetent sein! Das ist das nächste Optimierungsthema. Und das übernächste?

Das große Kinderprogramm!

Da gibt's nun aber wirklich nichts dran rumzumaulen! Jeder weiß, dass es für die Kinder härter werden wird. Da es in Ihrer beider Herkunftsfamilien leider nichts im großen Stil zu erben gibt, müssen sich die lieben Kleinen anstrengen, wenn sie Ihren Lebensstandard halten wollen. Wachstum ist am Ende, egal, ob es nun jeder Politiker wie ein Mantra beschwört, die Konkurrenz wird zunehmen, attraktiver Wohnraum ist schon heute kaum noch bezahlbar, die Zukunft unserer Kinder wird anstrengend. Die klare Konsequenz: Die Kleinen müssen optimal gefördert werden.

Und so weiter und so fort.

Wenn Sie mit Begeisterung auf dem Optimierungstrip sind, werde ich Sie nicht davon abbringen können. Aber die letzten beiden Beispiele zeigen gut, wo das Problem liegt: Die total rationale Überlegung, erst mal die Karriere auf den Punkt zu bringen, bevor Sie mit dem Kinderkriegen anfangen, lässt Ihr eigenes Befinden außer Acht. Kinder sollten Sie, wenn überhaupt, dann bekommen, wenn Sie sich so fühlen. So? Sicher, geborgen in der Beziehung, wenn Sie Lust haben, mit Ihrem Mann Kinder zu machen, wenn Sie Sehnsucht nach einem kleinen Wurm auf dem Arm haben. Derartige Gefühle werden Ihnen helfen, die Klippen und Untiefen der ersten Jahre Ihres Nachwuchses erfolgreich zu umschiffen. Rationale Überlegungen können diese Funktion nicht übernehmen. Und es ist völlig okay, wenn Sie zu einem anderen Ergebnis kommen als Ihre beste Freundin, denn es ist Ihr Leben.

Überlegungen zur unsicheren Zukunft unseres Nachwuchses sind berechtigt. Aber die passende Antwort ist weniger die optimale Förderung Ihrer Kinder; besser wäre, dass die Einsicht wachsender Unwirtlichkeit bei denen ankommt. Verbunden mit dem Gefühl, dass sie es schaffen können, wenn sie sich richtig reinhängen. Das allerdings können Sie ihnen vermitteln.

Machen Sie sich nicht runter, wenn Sie auf dem Optimierungspfad sind, sondern versuchen Sie, mehr zu spüren, wonach Ihnen ist, als zu denken, was das Beste wäre.

Die Störung der Selbstoptimierer ist die Depression, in ihrer vornehmen, den Freunden und Kollegen gut vermittelbaren Form – das Burnout. Beide entstehen, wenn Sie sich mit Ihrem Druck zur Selbstoptimierung überfordern. Wenn Sie sich zu viel Optimierung zugemutet haben, werden Sie depressiv, Körper und Seele schalten zurück, wollen sich nicht mehr Ihrem Diktat unterwerfen; sie zwingen Sie zur Ruhe, unerbittlich. Denn das Verrückte ist: Irgendwo weiß Ihr psychosomatisches Selbst, wann es genug ist, wann Sie sich selbst beschädigen würden, wenn Sie so weitermachen. Sie merken es daran, dass Antrieb, Interesse, Stimmung, Leistungsfähigkeit, Schlaf Ihrer Ansage nicht mehr folgen. Ständig kommen Ihnen irgendwelche Gedanken in den Sinn, die Sie überhaupt nicht brauchen können. Sie grübeln, vor allem nachts, wenn Sie um drei Uhr viel zu früh wach geworden sind. Für Ihr Ego ist das die Hölle. Das Ego, das Sie doch in die Selbstoptimierung getrieben hat.

Lassen Sie uns irgendwann auch mal über das Ego reden.

Jetzt müssen wir erst mal darüber reden, wie Sie Ihre Depression loswerden. Aussteigen aus diesem viel zu schnell gewordenen Zug! Krankschreiben lassen, wieder mit dem Sport anfangen, den Sie zugunsten Ihrer Optimierungsprogramme haben sausen lassen. Aber nein! Nicht Marathon! Wenn Sie im November nach New York fahren, dann bummeln Sie durch die Stadt! Joggen sollen Sie so, dass Sie ins Schwitzen kommen, dass Sie Ihre Muskeln wieder mal spüren, aber ohne Pulsuhr, einem weiteren Optimierungsgadget. Einfach durch die Gegend rennen, wie früher. Manchmal geht das nicht gleich, wenn Sie in der Depression stecken. Dann müssen Sie sich vielleicht vom Psychiater helfen lassen, ein Antidepressivum zum Schlafen, eines für den Antrieb; nach ein paar Wochen sind Sie wieder so weit auf den Beinen, dass Sie nun auch laufen können. Und dann können Sie sich psychotherapeutisch in ein paar Gesprächen – nein, Sie brauchen nicht auf die Couch – mit Ihrer weiteren Lebensplanung auseinandersetzen, in der Optimierung nur noch eine kleine Rolle spielt. Wenn überhaupt.

Übrigens: In einer guten Beziehung mit viel gegenseitiger Empathie und Akzeptanz müssen Sie nicht der Beste sein. Dort können Sie sich entspannen, können den Anderen auch mal Ihre Schwächen sehen lassen und dürfen sogar als Mann mal heulen. Das tut Ihnen gut und stärkt Ihr Selbstgefühl. Menschen mit hohem Selbstwertgefühl haben mit ihren Schwächen keine Schwierigkeiten, weil sie sich ihrer Stärken bewusst sind. Solche Menschen wirken souverän.

Selbstverantwortung bis zur Erschöpfung

»Die Aufgabe, mit der man uns von klein auf betraut und die wir längst als unsere Lebensaufgabe ansehen, ist die Selbstverantwortung. Wir wissen: Als freien, selbstbestimmten und selbstbewussten Wesen steht uns die Welt offen. Ein toller Luxus, von dem wir allerdings nur dann profitieren können, wenn wir die zahlreichen Potenziale, die in uns schlummern, und die vielen Möglichkeiten, die da draußen auf uns warten, auch wirklich angemessen verwirklichen. Initiativ und selbstdiszipliniert. Durch Fortbildungen, vitaminreiche Ernährung, Sport, Elterntraining und stete Arbeit an unserer Beziehung. Die Frage ist heute nicht mehr, was wir dürfen (alles!), sondern was wir können (alles!). Wir können nicht nur selbst die Verantwortung für unsere Karriere, unsere Kinder und den Zustand unseres Knochengerüsts übernehmen – wir müssen es auch, wenn wir unserer Autonomie gerecht werden wollen. ...

Was, wenn wir in puncto Selbstverantwortung versagen? Da wir – auf- und abgeklärt, wie wir nun einmal sind – für die Folgen unserer eigenen nicht erbrachten Leistungen und unzureichend entfalteten Potenziale schlecht das Schicksal oder Gottes Strafe verantwortlich machen können, müssen wir die Schuld wohl oder übel uns selbst in die Schuhe schieben. Uns anklagen: ›Du allein bist schuld, dass du gefeuert wurdest/deine Kinder faul sind/deine Beziehung eine einzige Katastrophe ist. Hättest du rechtzeitig dein Business-Englisch aufgefrischt/(noch) mehr für den familiären Zusammenhalt getan/eine Paartherapie gemacht, wäre das alles nie passiert!‹

Selbstanklagen dieser Art münden leicht in eine handfeste Depression, die ›Krankheit der Verantwortlichen‹ (Alain Ehrenberg) schlechthin. Der ärztlich beglaubigte Erschöpfungszustand macht sich zwar schlecht im Lebenslauf, hat aber – paradoxerweise – auch seine Vorteile. Man muss nicht mehr müssen, weil man eh nicht mehr kann. Und man braucht sich qua Kranker auch nicht für sich zu schämen. Plötzlich ist man nicht mehr Täter, sondern Opfer seiner Umstände. Und hat es also verdient, von aller Verantwortung entbunden, für untadelig und unzurechenbar erklärt zu werden und endlich loszulassen.«

Rebekka Reinhard[42]

Kinder kommen einfach so –
und verändern Ihr Leben komplett!

Menschen, die selber keine Kinder haben, begreifen nur
selten, was dies bedeutet, ganz gleich, wie reif und intelligent sie ansonsten sein mögen, zumindest traf das auf
mich zu, bevor ich selber Vater wurde.

Karl Ove Knausgard[43]

Kinder kommen einfach so. Aber einfach ist das nicht.
Denn Kinder bringen alles durcheinander. Nicht nur direkt
nach der Geburt, sondern solange sie eben Kinder sind. Manchmal auch noch, wenn sie erwachsen sind und sich ihr Kindsein
bewahrt haben; aber dann fällt es nicht mehr so auf.

Sogar Wunschkinder tragen lauter Ereignisse in Ihre wunderbare Zweierbeziehung, auf die Sie nicht gewartet haben:
Schlafstörungen, Kinderkrankheiten, Keime, die sie aus Schule
und Kindergarten mitbringen und mit denen Sie sich anstecken,
Elternabende, Übertrittsprobleme ins Gymnasium, Drogen,
Komasaufen, heimlichen Sex. Vor allem stören sie Ihren sorgsam
gehätschelten Zeitplan. Nicht zuletzt geben sie Widerworte und
haben eigene Meinungen.

Kinder machen sich bemerkbar, um es einmal schlicht auszudrücken. Und gerade deswegen können sie Ihr Glück und Ihre
Wonne sein!

Denn nicht nur Sie als Eltern geben Kindern viel, Sie bekommen im Austausch mit ihnen auch jede Menge zurück. Im idea-
len Fall beeinflussen sich Eltern und Kinder gegenseitig.

Wenn, ja, wenn –

Sie sich auf sie einstellen und sie wichtiger nehmen als den

Rest der Wichtigkeiten, die sonst Ihr Leben bevölkern: Chefs, Geld, Hobbys, teure Autos, Optimierungspläne usw usf.

Wer Kinder hat, weiß, dass die sehr unterschiedlich auf die Welt kommen können. Meine älteste Tochter schlief ab der 14. Woche durch. Ohne es an die große Glocke zu hängen, vermuteten wir selbstbewusst, dass Eltern mit schlafgestörten Kindern wohl etwas falsch machen müssten. Fünf Jahre später kam der Sohn. Der schlief nun überhaupt nicht von selber ein, musste rumgefahren, rumgetragen, geschuckelt werden, bis einem der Arm abfiel. Ich wollte damals in den USA wissenschaftlich arbeiten und sehe mich heute noch, wie ich hinten in dem Jumbo-Jet stand und versuchte, mein Baby in den Schlaf zu schuckeln. Vorne lief irgendein Bond-Film mit Roger Moore, in dem Flugzeuge abstürzten; die meisten anderen Fluggäste schliefen. Uns war nicht bewusst, dass wir irgendetwas anders gemacht hätten. Nach einem Jahr war der Spuk vorbei, und er schlief problemlos durch.

Kinder können uns Demut lehren. Wesentlich ist, Kinder so zu nehmen, wie sie kommen, und ihnen die Zuwendung zu geben, die sie brauchen. Das kann das geplante Leben ganz schön durcheinanderbringen. Aber es lohnt sich.

Auf Kinder müssen Sie eingehen; das ist der einzige Weg, halbwegs die Kontrolle zu behalten. Kinder wollen Ihre Zeit, wenn sie Ihre Aufmerksamkeit und Zuwendung brauchen, mal mehr, mal weniger, der aktuelle Bedarf lässt sich schwer voraussagen. Kinder wollen, dass Sie sich so mit ihnen auseinandersetzen, wie es für sie angemessen ist, damit sie etwas aus den Auseinandersetzungen mit Ihnen lernen und nicht daran zerbrechen.

Kinder sind eigenständige Menschen, vom ersten Moment an. Weil sie das in ihren ersten Lebensjahren noch nicht leben können, brauchen sie Ihre bedingungslose Akzeptanz.

Kindern ist angeboren, Beziehungen zu leben; sie bringen die gesamte Grundausstattung mit. Um sich normal zu entwickeln, brauchen sie gute und an ihnen interessierte Eltern. Je nachdem, was ihnen in den ersten Lebensjahren widerfährt, werden auch ihnen Beziehungen gut gelingen – oder ganz fürchterlich misslingen. In dieser Zeit wird die Basis für die Entfaltung ihrer Persönlichkeit gelegt. Wenn Sie Vater oder Mutter geworden sind, sollten Sie all Ihre Kraft in die Beziehung zu Ihren Kindern einbringen. Denn Ihre Kinder lernen von Ihnen, ihren Eltern, was Sie ihnen vorleben und beibringen. Das heißt: Sie geben weiter, was Sie sind, und weniger, wovon Sie denken, dass Sie es weitergeben würden.

Respekt und Akzeptanz sind Prinzipien von Beziehungsgestaltung, Vernachlässigung oder Missachtung andere. Alles ist möglich in der Entwicklung von Kindern, nichts ist selbstverständlich. Als Psychiater und Therapeut denke ich manchmal, Missachtung und Vernachlässigung kämen häufiger vor als guter Umgang mit Kindern. Das mag eine verzerrte Wahrnehmung sein, weil zu unsereinem die Menschen kommen, denen es als Kind nicht gut ergangen ist. Jedenfalls werden misshandelte Kinder ihr gesamtes Leben die Narben der Misshandlung mit sich herumtragen und sie in ihren Beziehungen ausleben. Die sind dann danach.

Verunglückte Beziehungsmodelle aus der Kindheit werden zum zentralen Lebensthema der Erwachsenen; irgendwie soll das, was in der Kindheit schlecht gelaufen ist, besser werden. Fast um jeden Preis müssen Defizite ausgeglichen werden. Wenn Ihr Defizit die als mangelhaft empfundene Zuwendung der Mutter war, dann werden Sie sich wahrscheinlich eine/n Partner/in suchen, die/der Ihnen Fürsorglichkeit signalisiert. Sie wollen endlich bekommen, was Sie vermissen.

Allerdings scheint das Drama längst vergessen, wenn es wieder inszeniert wird, so wie das Kind von damals, wenn wir uns erwachsen vorkommen. Die *hidden agenda* nimmt Besitz von uns, ohne dass uns dies bewusst wird. Die Tragik, und dieser etwas hoch gegriffene Ausdruck trifft in diesem Fall leider ziemlich oft zu, liegt darin, dass der nach dem idealisierten Vorbild der guten Mutter oder des guten Vaters gesuchte Partner von seinem zweifelhaften Glück nichts weiß. Es geht gar nicht um ihn! Eine Chance, das zu realisieren, hat er vor allem nicht am Anfang der Beziehung, in der Phase der heißen Verliebtheit, des Aufeinanderzugehens.

Später werden die Diskrepanzen zum Wunschbild offensichtlich, zum Beispiel, weil es dem auserwählten Partner irgendwann doch auffällt, dass gar nicht er gemeint gewesen sein kann. Er mit seinen Ecken und Kanten, mit seinem krumpeligen und durch das bisherige Leben leicht angebrauchten Image taugt nicht zum weißen Ritter in makelloser Rüstung, der die Rolle des in der Kindheit so gar nicht schützenden oder verständigen Vaters übernehmen und retten sollte. Ein solches Arrangement ist von Anfang an unglücklich; wenn es den Beteiligten bewusst wird, hat die Beziehung oft keine Chance mehr.

Aus diesem Mechanismus entsteht viel von jenem Leid, das nur Beziehungen schaffen können, auch das Leid in der Trennung. Die berüchtigten Rosenkriege werden von den Juristen nur instrumentiert. Regie führen die verletzten Kinder, die jetzt die einmalige Chance wittern, ihre Rechte nicht im Sandkasten, sondern auf großer Bühne durchzufechten. Wie tragikomisch!

Falls Ihnen das alles zu kompliziert erscheint – Sie müssen wirklich keine Kinder bekommen. Es gibt genügend Wege, das zu verhindern. Angesichts der Probleme, die Kinder durch das unentschiedene und halbgare Verhalten, durch das fehlende Commitment ihrer Eltern bekommen, lohnt es sich, sich aktiv für oder gegen das Kinderkriegen zu entscheiden. Denn sonst kommen sie einfach so.

Paartherapie – Kinder ja oder nein?
Und wenn ja, wann?

Th: Guten Tag! Was kann ich für Sie tun?

Sie: Können Sie uns bitte helfen?!

Th: Worum geht es denn?

Sie: Ich will ein Kind, und er will kein Kind!

Er: So stimmt das ja überhaupt nicht!

Th: Wie stimmt es denn?

Er: Ich weiß auch nicht, woran es liegt. Ob es das Beispiel ihrer Freundinnen ist, die jetzt alle gleichzeitig schwanger geworden sind, oder ob es daran liegt, dass sie mit ihrem Job unzufrieden ist …

Sie: … also wirklich! Wieso traust du mir nicht zu, dass ich den Wunsch nach einem Baby völlig eigenständig haben kann? Ich brauch meine Freundinnen nicht dafür, und der Job ist zwar im Moment doof, aber deswegen will ich mir doch kein Kind anschaffen!

Th: Warum denn?

Sie: Also grundsätzlich: Ich kann mir ein Leben ohne Kinder nicht vorstellen.

Er: Reiche ich dir nicht?

Sie: Nein!

Th: Er ??

Sie: Doch schon. Aber das ist etwas anderes. Wir sind ein Liebespaar, und zu zweit ist es wunderbar.

Aber dann gibt es so etwas wie eine Lebensplanung. Ich denke darüber nach, wie unser Leben weitergehen kann, und dabei spielen Kinder eine große Rolle! Zumal ich jetzt 28 bin und nicht mehr lange warten kann.

Er: Aber noch nicht jetzt! Ich bin gerade dabei, meine Unikarriere in

Gang zu bringen, werde gefördert, das heißt doch auch, dass ich jetzt Leistung bringen muss. Alles läuft nur noch über Drittmittelprojekte, Geld für Leistung.

Sie: Ja und? Was hat das mit mir zu tun? Ich habe meinen drögen Klinikjob satt, in dem Laden geht es nur noch ums Geld, lernen kann ich da nichts mehr, und das kann doch nicht ewig so weitergehen! Ich brauche frische Luft – ein Baby!

Er: Das kann ich ja verstehen, aber so, wie es im Moment läuft, werde ich dann nicht viel Zeit haben, mich um das Kind zu kümmern.

Th: Wann glauben Sie denn, werden sich aus Ihrer Sicht die Bedingungen für ein Kind bessern?

Er: (schweigt)

Th: Was heißt das?

Er: Wenn ich ehrlich bin, weiß ich es nicht. Die Finanzierungssituation über Drittmittel wird sich nicht ändern, der Staat hat schon lange kein Geld mehr; die guten Positionen sind in festen Händen von Kollegen, die zwischen 40 und 50 Jahre alt sind und kaum Chancen haben, sich weg zu bewerben.

Sie: Hallo, ich will ein Kind, und hier reden wir über die Mangelfinanzierung dieser Scheiss-Uni! Wie schräg ist das denn? Merkst du denn nicht, dass es um unser persönliches Glück, um die Zukunft unserer Beziehung geht?

Th: Ich kann schon verstehen, dass Sie sauer sind, aber vielleicht finden wir ja einen Weg. Lassen Sie uns mal überlegen.
(zu ihm) Was für eine Stelle haben Sie jetzt?

Er: Eine Halbtagsstelle, mehr gibt es nicht.

Th: Also hätten Sie doch durchaus die Möglichkeit, sich halbtags um das Baby zu kümmern! Das ist viel mehr, als die meisten Väter haben, die ganztags arbeiten!

Sie: Das sehen Sie falsch. Er hat eine Halbtagsstelle, arbeitet aber de facto ganztags.

Th: ??

Er: (zu ihr) Du brauchst gar nicht so ein Gesicht zu machen!

Th: ??

Er: Es ist so: Wir haben das Projekt mit einer ganzen Stelle beantragt. Genehmigt wurde aber, was nicht unüblich ist, nur eine halbe Stelle. Da es ein zeitlich befristetes Projekt ist, heißt das aber nicht, dass wir einfach doppelt so lange brauchen können. Die erwarten, dass die andere halbe Stelle aus Hausmitteln finanziert wird. Diese Hausmittel gibt es aber nicht, also erwartet mein Chef von mir, dass ganztags ich das volle Projekt bearbeite.

Sie: … und manchmal noch mehr!

Th: Jetzt verstehe ich allmählich, woher bei Uni-Bediensteten der Burnout kommt!

(zu ihm) Hätten Sie auch die Möglichkeit, anderswo zu arbeiten mit vernünftigeren Bezahlungsmodalitäten?

Er: Schon. Ich könnte aus der Wissenschaft rausgehen und wieder Klinik machen.

Th: Und?

Er: Mein Traum war nun mal die Wissenschaft…

Sie: Und meiner ist ein Kind!

Th: So sieht's aus: Baby gegen Karriere.

(zum Leser) Das ist natürlich nicht bei allen Uni-Jobs so, zumindest sprechen die offiziellen Verlautbarungen dagegen; aber es ist sicher auch kein Einzelfall. Welche Chancen hat unser Paar, aus dieser Sackgasse rauszukommen?

Th, Sie, Er: (Schweigen)

Er: Könnten wir nicht einfach noch zwei Jahre warten?

Sie: Und was soll das bringen?

Er: Ich könnte mir überlegen, ob ich das Projekt beende und danach erst mal aus der Wissenschaft aussteige.

Sie: Aber das ist dein wichtigster Lebensinhalt, dafür lebst und stirbst du doch! Wie willst du das denn aufgeben?

Er: Ganz so ist es ja auch nicht.

Th: Können Sie ein bisschen klarer machen, was Sie jetzt bewegt? Es scheint mir nicht förderlich, wenn Sie jetzt heroische Opfer bringen, die Sie sehr schnell bereuen.

Er: Das würde ich nicht tun, aber ich grüble schon eine Weile, ob eine wissenschaftliche Karriere wirklich das Gelbe vom Ei ist. Mich hat die Haltung meines Chefs enttäuscht. Wie selbstverständlich er davon ausging, dass ich mit der halben Stelle genau so viel arbeiten würde wie mit der ganzen. Und dass er keine Institutsmittel für mich mobilisiert hat.

Sie: Aber du hast doch eben noch gesagt, dass es solche Mittel nicht gibt!

Er: Stimmt ja auch, im Prinzip, aber wenn er wollte, könnte er schon zaubern. Das heißt, ich bin nicht sein Lieblingswissenschaftler, und meine Chancen auf eine Habilitation sind nicht so dolle.

Sie: Das tut mir leid!

Er: Das ist nett, aber es sind ja meine Illusionen über meine Karriere. Ich glaube, ich muss aufwachen.

Ich mache das jetzige Projekt fertig, und dann suche ich mir eben auch eine Stelle in der Klinik, wie du. So wie die Marktlage ist, bekomme ich die schnell, auch eine feste Stelle, kann auf Teilzeit gehen und so das von Ihnen vorgeschlagene Modell realisieren.

Sie: Kannst du denn damit wirklich leben?

Er: Ich glaube schon. Ich brauche noch ein bisschen Zeit, um das alles genau zu durchdenken und natürlich mein Projekt fertig zu machen. Einfach abhauen möchte ich nicht. Der Vorteil dieser Perspektive wäre, dass das Baby dann eben auch ein bisschen mehr meines wäre.

Th: (zu ihr) Und wie wäre das für Sie?

Sie: Noch zwei Jahre zu warten, wäre schon hart.

Andererseits, vielleicht kommen wir ja zu einem Kompromiss: Wir warten ein Jahr, und dann fangen wir mit dem Baby-Machen an, es muss ja nicht sofort klappen; und bis es geboren wird, dauert es ohnehin zehn Monate. Könntest du dir sowas vorstellen?

Er: Ja, ich glaube schon; wenn ich die Situation für mich geklärt habe, könnte das gehen.

Kinder haben Rechte

Kinder sind bei uns weitgehend schutz- und rechtlos.

Alles spricht dafür, dass Hunde und Katzen, Hamster und Wellensittiche generell liebevoller behandelt werden als zerbrechliche Kinder und gebrechliche Alte.

Grundsätzlich können sogenannte Erziehungsberechtigte mit Kindern machen, was sie wollen. Sie können sie ungestraft seelisch und sozial vernachlässigen und isolieren, quälen und demütigen. Selbst sexuelle Übergriffe und Misshandlungen bleiben in der Regel unentdeckt...

Volkmar Sigusch[44]

Wenn Sie überhaupt darüber nachdenken, wie Sie die Beziehung zu Ihren Kindern gestalten könnten, ist das bereits ein Gewinn. Viele Eltern tun das nicht. Weiter kommen Sie, wenn Sie sich klarmachen: Kinder haben Rechte.

Die sind zum Beispiel in der UN-Kinderrechtsdeklaration[45] niedergelegt.

Das heißt: Ein internationaler rechtlicher Rahmen bietet Ihnen Orientierung, wie Sie mit Ihren Kindern umgehen sollten. Wieso? Sie vertreten doch sowieso die Interessen Ihrer Kinder!

Tja. Hier liegt ein großes Problem: Sie sollten in der Tat diese Rechte wahren, Sie! Aber in der Realität sind gerade Sie oft die- oder derjenige, die/der auf diesen Rechten herumtrampelt. Bis Ihr Kind volljährig ist, haben Sie das Sorgerecht für Ihr Kind. Das können Sie nur verantwortungsvoll ausüben, wenn Sie diese Aufgabe ernst nehmen.

Einige von Ihnen machen das sicher ziemlich gut. Aber es gibt zu viele, die es nicht gut machen. Mit ziemlich katastrophalen Konsequenzen, die spätestens dann zum Tragen kommen, wenn diese Kinder erwachsen sind, manchmal auch schon früher. Das ist oft wahrscheinlich gar nicht mal böser Wille, obwohl es den wohl auch gibt, sondern Sie wissen nicht, wie Sie sich verhalten sollen, sind gestresst, überfordert, und dann trifft es die Schwächsten: Ihre Kinder.

Hier zeigt sich ein Dilemma, mit dessen Folgen ich in meiner Arbeit allzu oft konfrontiert werde. In unserer Gesellschaft werden die Elternrechte enorm hochgehalten. Ob Menschen überhaupt in der Lage sind, Kinder zu erziehen, wird gar nicht überprüft. Tatsächlich werden Kinder wie Eigentum behandelt – »mein« Kind – und Ihre Eigentumsverhältnisse gehen bis auf das Finanzamt niemanden etwas an. Unsere Gesellschaft folgt einer Familienideologie, nach der Eltern ihre Kinder grundsätzlich richtig behandeln und gut und liebevoll mit ihnen umgehen. Aber wenn sie das nicht tun, warum auch immer, werden sie in der Regel nicht daran gehindert, diese Falschbehandlung ihrer Kinder fortzusetzen, bis diese erwachsen sind, – und oft schwer geschädigt.[46] Aber auch wenn es nicht im Sinn des Wortes »knüppeldick« kommt – die Beschäftigung mit einem Grundmerkmal des Kindseins kann niemandem schaden: dass Kinder eigenständige Persönlichkeiten, mit eigenen Bedürfnissen und eigenem Willen sind und auch so behandelt werden müssen.

Die Kinderrechte sind so abgefasst, dass Ihr Kind direkt angesprochen wird:

Art. 3: *Wenn Erwachsene Entscheidungen über Dich treffen, sollen sie zuerst daran denken, was das Beste für Dich ist.*

Interessante Überlegung! Die meisten Entscheidungen, die in einer Familie getroffen werden, haben Auswirkungen auf die Kinder: berufliche Entscheidungen, ob beide Eltern arbeiten, den Wohnort betreffende, wie man sich ernährt usw. usf. Und bei diesen Entscheidungen soll **zuerst** das Beste für die Kinder bedacht werden? Ihre Karrierepläne sollen sich nach dem Besten Ihrer Kinder richten? Wann kommen Sie überhaupt von der Arbeit nach Hause?

Wie oft sehen Sie Ihre Kinder in der Woche? In der Woche, nicht am Wochenende! Haben Sie sich bei der Auswahl der Kindertagesstätte nicht nur nach den für Sie günstigsten Öffnungszeiten, sondern auch nach der Qualifikation der dort angestellten Mitarbeiter erkundigt? Wahrscheinlich wäre es für viele Kinder schon toll, wenn überhaupt an ihre Interessenlage gedacht würde.

Art. 6: *Du hast das Recht zu leben und Dich bestmöglich zu entwickeln.*

Schon wieder! »best«-möglich. Wann können Sie sich denn heute noch erlauben, das Beste zu fordern? Aber für Ihre Kinder sollen Sie? Ja, sollen Sie. Ist eigentlich selbstverständlich, oder? Aber wie oft beschäftigen Sie sich wirklich mit dieser Frage: Was ist das Beste für meine Kinder? Und wie wird das realisiert? Sie sollten wohl viel öfter daran denken. Zum Beispiel, wenn Ihre Stadt Ihren gesetzlichen Anspruch auf einen Platz für Ihr Kind in einer Kindertagesstätte so löst, dass die Verwaltung alle Kindertagesstätten an ein Unternehmen vergibt, das in allererster Linie seine finanziellen Interessen im Blick hat – und damit natürlich auch die Ihrer Stadt! Was es so natürlich nicht sagt, denn wer wäre schon so blöd, das zuzugeben? Sie erkennen das daran, ob vor allem ausgebildete Erzieher beschäftigt werden oder ob Kindererziehung zum Zweitberuf für sonst nicht unterzubringende Arbeitslose wird. Sie müssten sich also erkundigen, informieren und gegebenenfalls das Gespräch mit den Verantwortlichen suchen. Die Kinder sollen sich ja bestmöglich entwickeln.

Art. 12: *Du hast das Recht, Deine eigene Meinung mitzuteilen. Und Erwachsene müssen das, was Du sagst, ernst nehmen. Auch Richter müssen Dich anhören, wenn Du betroffen bist.*

Okay, wir sind ja hier unter uns. Niemand erfährt, wie ernst Sie die Meinung Ihrer Kinder nehmen. Nur, es hat ja Konsequenzen. Kinder werden das immer merken, ob sie ernst genommen werden, ob sie gehört werden, ob Sie ihnen zuhören. Und ob sie überhaupt eine eigene Meinung äußern dürfen oder ob diese Meinung von den Erwachsenen witzig, zynisch, intellektuell überlegen – und manchmal auch ganz brutal niedergemacht wird.

Seit wann hat Ihr Eigentum eine eigene Meinung? Wenn es denn tatsächlich zur Anhörung durch einen Richter kommt, kriegen die Kinder ja meist vorher unmissverständlich mitgeteilt, was sie zu sagen haben. Und wehe…

Art. 14: *Du hast das Recht, Deine eigene Meinung zu bilden und zu entscheiden, ob Du an einen Gott glaubst oder nicht. Deine Eltern sollen Dir dabei helfen, aber auch Deine eigenen Überlegungen berücksichtigen.*

Hallo, was ist das – Gott? In Ihrer Familie? Mit dem hatten Sie doch eigentlich längst abgeschlossen! In manchen Familien erscheint er noch zu bestimmten ritualisierten Anlässen wie Weihnachten, Hochzeiten, Beerdigungen. Aber Bestandteil des Lebens ist er nicht mehr. Das wollen Sie auch gar nicht. Als Eltern. Sie meinen, das sei auch gut so, wir leben schließlich in einer säkularisierten Welt. Diese Ansicht kann ich nachvollziehen. Aber in Art. 14 steht, *einen Gott*, nicht den christlichen, jüdischen oder mohammedanischen Gott. Der Buddhismus käme wohl auch infrage. Sie sollten Ihren Kindern also die Meinungsbildung ermöglichen, ob sie besser mit einer materialistisch-ökonomischen Sichtweise durch die Welt gehen wollen oder ob es andere, vielleicht spirituelle Betrachtungsweisen gibt, die ihnen praktikabler, sinnvoller, vielleicht auch nur schöner erscheinen. Und ja, Religionsfreiheit auch für Kinder wäre wohl angesagt. Das kann eine Herausforderung sein. Ich erinnere mich noch gut an den innerfamiliären Aufstand, als eine meiner Töchter direkt nach der Konfirmation erklärte, sie wolle zum katholischen Glauben konvertieren. Nicht so einfach, auch nicht für eine sich sehr liberal verstehende Familie. Einfacher wäre wohl gewesen, wenn sie aus der Kirche hätte austreten wollen.

Art. 16: *Du hast das Recht auf eine Privatsphäre. Niemand darf ungefragt Deine Briefe lesen, Dein Zimmer durchsuchen oder Ähnliches tun. Niemand darf Dich beschämen oder beleidigen.*

O ja, ich kenne aus eigener Erfahrung, wie sehr es Sie juckt, alles zu erfahren, wenn das Fräulein Tochter den ersten »richtigen« Freund hat. Aber die sagt ja nix. Hat sie Sex? Verhütet sie? Hat sie völlig den Verstand verloren? Ist sie diesem Typen willenlos ausgeliefert? Oder?

Diese Fragen bewegen viele Eltern.

Sie schreibt ja Tagebuch, das Fräulein Tochter, und dieses läppische Schloss müsste doch zu knacken sein…

Nein, nein nein!

Für die paar lumpigen Vielleicht-Informationen ruinieren Sie die Beziehung zur Tochter, sie wird – mit Recht! – sauer auf Sie sein, und Sie sollten sich selbst nicht mehr in die Augen sehen können. Außerdem ist es zu diesem Zeitpunkt sowieso »gegessen«: Entweder Sie haben ihr schon vorher vermittelt, wie man richtig lebt, oder Sie werden es jetzt auch nicht mehr tun. Sie sollten den verächtlichen und enttäuschten Gesichtsausdruck von Menschen sehen, die mir erzählen, dass die Mutter irgendwann ihr Tagebuch »geknackt« hat!

Art. 19: *Du hast das Recht auf Schutz, damit Du weder körperlich noch seelisch missbraucht oder vernachlässigt wirst.*

»Missbrauch, das ist doch eine Erfindung der Feministinnen« – wenn es nur so wäre!

Aber davon kann leider nicht die Rede sein; Missbrauch ist ein verbrecherisches Fehlverhalten Älterer gegenüber Kindern und Jugendlichen, das in unserer Gesellschaft mit geschätzten ein Prozent unglaublich viel zu häufig ist. Die Psychiater fassen unter Missbrauch zusammen:

- ignorieren und vernachlässigen von Kindern und ihren Bedürfnissen,
- schlagen und körperlich misshandeln,

- alle Arten von sexuellen Handlungen,
- miterleben von massiven körperlichen oder sexuellen Gewalttätig-
keiten zwischen den Eltern.

Natürlich kommen auch alle Arten von Kombinationen vor. Man glaubt gar nicht, in was für einer Gesellschaft wir leben, wir in diesem zivilisierten Land in Mitteleuropa, in dem Kinder nicht durch Fundamentalisten jedweder Religion beschädigt werden oder durch Stammeskriege oder durch Massenvergewaltigungen.

Es gibt noch viel mehr Artikel in dieser Kinderrechtskonvention. Sie können sie sich ja mal zu Gemüte führen. Ihrem Gemüt schadet das nichts, Ihren Kindern nutzt es.

Unergründlich und intensiv: Prominente über Kinder

Als Kate Hudson[47] ihren ersten Sohn bekam, sagte Kurt Russell zu ihr: »Welche Erwartungen du auch immer an deinen Sohn hast, er wird sie nicht erfüllen.« Und sie: »Ich darf das Leben meiner Kinder nicht planen, bevor sie es leben. ... Als Ryder geboren wurde, habe ich ganz stark empfunden, wie sehr unsere Kinder uns nicht gehören. Auch wenn sie ganz und gar abhängig sind von uns. Da liegt dieser kleine Mensch, den man so liebt, und man hat keine Ahnung, was in ihm vorgeht. Er ist unergründlich, und er hat etwas ganz Eigenes, etwas ganz Individuelles.«

Stefan Glowacz[48] spricht mit Tobias Haberl über Alltag, Beziehung und Kinder:

Gl: Zivilisationsmüdigkeit kenne ich nicht, im Gegenteil, ich genieße meinen Alltag sehr, gerade weil ich keinen habe. Gerade bin ich aus Argentinien zurückgekommen, dann war ich bei meiner Familie, bald fliege ich nach Oman, um einen Film vorzustellen, ... im Winter fahre mit meiner Frau und den Kleinen nach Brasilien zum Surfen. Es gibt keine geregelten Abläufe.

SZ: Fremdeln Sie, wenn Sie zurückkommen?

Gl: Nein, dafür sind die Bande zu stark, aber ich stelle jedes Mal überrascht fest, dass sich die Welt weitergedreht hat. Ich komme heim und erwarte, dass alle für mich strammstehen. Ist aber nicht so. Die Kinder sind bei Freunden, meine Frau auf Geschäftstermin, und dann stehe ich da und denke: Na, sauber. Eine gute Schule, um sich nicht zu wichtig zu nehmen.

SZ: Sind Sie ein Egoist?

GI: Ja, anders geht es nicht. Trotzdem lebe ich mein Leben nicht auf Kosten anderer, das ist mir wichtig … Wichtig ist, dass ich meiner Frau von Anfang an die Chance gegeben habe, mich so kennen- und lieben zu lernen, wie ich bin, mit meinen Sehnsüchten, Fehlern und meinem Egoismus.

SZ: Aber Ihre Kinder haben Sie eher nicht so oft gesehen?

GI: Sie irren sich. Ich glaube, dass ich mehr und vor allem intensiver Zeit mit meinen Kindern verbracht habe als ein leitender Angestellter … Wenn ich da war, war ich richtig da. Glauben Sie mir, Kinder spüren, wenn einer mit ihnen spielt, aber mit dem Kopf woanders ist.

Kinder verändern Ihre Beziehung

Kinder kommen einfach. Und haben großen Einfluss auf das Leben ihrer Eltern, Ihr Leben. Damit Ihr Zusammenleben gut wird, sollten Sie sich darauf einstellen und sich vorbereiten. Denn es ist die Beziehung zwischen Ihnen und Ihrer/m Liebsten, die sich durch Ihre Kinder verändert.

Kinder kommen schon so lange auf diese Welt, dass Sie Mensch eigentlich wissen müssten, was Sie erwartet. Und zwar vom ersten Tag an.

Wird die Beziehungsqualität durch Kinder schlechter?
»Wir hatten eine stabile, tolle, befriedigende Beziehung – bis unser erstes Kind kam!« Diese Bemerkung entfuhr einer Freundin, die in meinen Augen eine stabile Beziehung von beachtlicher Qualität führte, in der auch vom Vater viel Zeit mit den Kindern übernommen wurde, in der Probleme gründlich durchdiskutiert wurden, in der die Eltern immer mal wieder ein Wochenende zu zweit verbrachten oder ins Kino gingen, während die Großeltern Enkelsitting machten. Und trotzdem.

Was heißt trotzdem?

Am kritischsten ist die Zeit nach der Geburt des ersten Kindes, weil sich die Beziehungsdynamik mit einem Mal völlig ändert. Das ausschließlich aufeinander bezogene Zuwendungsgefüge zwischen Frau und Mann bricht auf, die Frau kümmert sich in erster Linie um das Baby, und der Mann fühlt sich verlassen. Natürlich muss das so sein, denn das Baby zieht die gesamte mütterliche Zuwendung auf sich, aber Männer sind immer wieder erstaunt, wo die Gefühle ihrer Frau plötzlich (!) hin sind. Im Grunde wird schon während der Schwangerschaft klar, worauf das hinausläuft. Aber es sind keineswegs nur Dumpfbacken, die es erwischt. Ein liebevoller, sehr achtsamer werdender Vater sagte seiner Frau, er habe Angst davor, wie sich ihrer beider Beziehung mit dem zweiten Baby verändern werde. Sie antwortete, ihr ginge es nicht anders. Jetzt haben sie das zweite Kind, und offensichtlich geht es beiden gut. War die Angst überflüssig? War sie nicht, denn sie hat diesen Dialog ermöglicht! Vor allem war es gut, darüber zu sprechen, weil zwar jeder von Ihnen merkte, dass etwas nicht stimmte, die Ängste und Unklarheiten aber erst im Dialog konkret wurden. Gefühle wollen wahrgenommen werden, dann können sie etwas bewirken. Unter anderem Klarheit. Zum Beispiel: Selbst wenn ein Paar so etwas Tolles wie ein gesundes Kind bekommen hat, gibt es Werte, die es dafür aufgeben musste. Darüber muss man trauern dürfen. Klingt für Sie vielleicht etwas pathetisch, aber der Ausdruck »trauern« passt. Der oben genannte Mann, der seine beiden Kinder heiß und innig liebt, trauerte um seine verlorene Freiheit, um seine Spontaneität, auch mal was Verrücktes zu unternehmen. Und seine Frau bewertete das nicht als ein Zeichen mangelnder Wertschätzung für sie und die Kinder. Sondern sie fand dadurch den Mut, über ihre eigenen Verluste zu trauern: das selber verdiente Geld, die Bestätigung im Job, die Wertschätzung durch die Kollegen. Beide wussten, dass Gefühle nicht unpassend sein können; sie sind, wie sie sind, und so, wie sie sind, wollen sie ernst genommen werden.

Wenn das Baby da ist, sind Sie nicht mehr zu zweit, sondern zu dritt. Sie meinen, dieses Neugeborene sei doch so ein Winzling, zähle noch gar nicht als richtiger Mensch? Gerade das Winzlingsein verändert die Beziehung zwischen Vater und Mutter enorm, denn weil er Winzling ist, braucht er die gesamte Zuwendung, meistens der Mutter, um zu gedeihen. Da es die gesamte Zuwendung ist, bleibt für andere nicht mehr gerade viel übrig, meistens nichts. Und wenn Sie, Vater – der Mutter wird das meist gar nicht bewusst –, diesen Prozess schon mal erlebt haben, wissen Sie, dass er Ihre Beziehung ganz schön verändert. Ihre Frau interessiert sich plötzlich nur noch für das Baby. Es wäre ja noch schöner, wenn Sie das nicht merken würden. Damit Sie mit dieser Situation klarkommen, ist Ihre Interpretation entscheidend. Sonst wendet sich die schöne Situation ins Schlechte. Eine zutreffende Interpretation wäre nicht, dass Ihre Frau Sie nicht mehr liebt und schätzt. Zutreffend ist, dass sie in dieser Zeit oft kaum Möglichkeiten hat, Ihnen Zuneigung zu zeigen, weil sie, gerade beim ersten Kind, an der Grenze zur Überforderung dahinsegelt; sie hat das ja auch noch nicht gemacht, so einen Winzling aufzuziehen. Oft erleiden junge Ehen in dieser Situation die entscheidende Abkühlung, von der sie sich nicht mehr erholen.

Es hilft, wenn Sie das wissen. Was Ihre Frau braucht, ist Ihre Unterstützung und nicht Ihre Verschnupfung.

Sex mit der Milchkuh?

Das hat sie gesagt. Er hätte sich wahrscheinlich noch nicht mal getraut, so was zu denken. Tatsächlich sind es die Frauen, die mit der Veränderung ihres Aussehens in Schwangerschaft und in den ersten Monaten nach der Geburt die größten Probleme haben. Ausgesprochen wird das meist nicht. Das ist schade, denn dann würden die Frauen erfahren, dass die Männer ihren Formenreichtum nicht so unaufregend finden. Männer sind in dieser Hinsicht oft erfreulich schlicht.

Mit dem Sex ist es in der Schwangerschaft wie immer: eine hochindividuelle Sache. Manche Frauen finden Sex in diesem Zustand toll, andere eher nicht. In den ersten Wochen bis Monaten nach der Geburt ist Sex nicht das wichtigste Thema. Darüber sollten Paare, die sich lieben, offen sprechen. Männer müssen verstehen, wie der Wunsch nach sexueller Abstinenz bei ihren Frauen entsteht und wie sie ihn einzuschätzen haben (kein Liebesentzug!) und – vor allem – wie es mit der Dauer so aussieht. Da Sexualität ein, gelinde gesagt, großes Thema ist, ist der Verzicht nicht trivial, aber natürlich möglich. Als freiwilliger und offener Ausdruck der Hingabe an die Beziehung ist er allemal besser als eine erzwungene und weggemurmelte Entbehrung. Offen darüber reden und sich committen, das wär's.

Und wenn der Druck raus ist, fängt sie plötzlich wieder an, ihn im Bett auszuziehen, solange der Winzling noch schläft.

Alles hat sich verändert

»In dieser Zeit gibt es keine Leichtigkeit. Genauso wenig gibt es Sexualität, die den Namen verdient. Mit dem eigenen Mann zu schlafen, wenn die Brust tropft und die Dammnähte gerade verheilt sind, oder nachdem einer der beiden gerade den Windeleimer heruntergetragen hat – das ist eher ein ritueller Stempel, die körperliche Bestätigung des Familienvertrags, wie ein warmer Händedruck. Gibt klarerweise keine zu. Man gaukelt dem Mann Normalität vor, diese Frauen, von denen man gelegentlich hört, die sich ein Jahr und länger verweigern, die müssen doch andere Probleme haben. Auch die Männer gaukeln, Sie sind meistens genau so müde, und ihre Frauen sind in jeder Hinsicht aus der Form. Sie weinen, riechen nach Milch, und ihre Brüste sehen aus wie Landkarten, mit hormonell geweiteten Adern als Flussläufen. Doch der Mann wird männlich zeigen, dass sich nichts verändert hat, dass man sie auch nach der Geburt begehrt wie vorher und nicht auf die Mutterrolle reduziert.

Alles hat sich verändert und keine gibt es zu. Das ist rührend und die Bedingung dafür, dass alle durchhalten.«

Eva Menasse[49]

Gedankenspiele für werdende Eltern

Paare mit Kinderwunsch sollten sich am besten schon vor einer Schwangerschaft den Rat von Lohnsteuerhilfevereinen holen, um so viel Unterstützung wie möglich zu erhalten. Wie viel Elterngeld in welchen Konstellationen möglich ist, können werdende Eltern mit einem Onlinerechner des Familienministeriums selbst berechnen: www.familien-wegweiser.de/elterngeldrechner.[50]

Jetzt ist es also klar. Sie wollen ein Baby. Sie beide, Sie und Ihr Mann/Freund wollen ein Baby. Beim Gedanken an die beschlossene Dreierfamilie überkommt Sie ein schöner, warmer emotionaler Flash. Der ist schon recht, vielleicht etwas früh, aber dabei sollten Sie es nicht bewenden lassen: Die emotionale Klärung allein reicht nicht. Denn Sie müssen sich sehr rechtzeitig überlegen, wie Sie Ihr Leben, besonders Ihr Arbeitsleben, mit Kind arrangieren.

Mutterschutz ist noch übersichtlich, den bekommt nur die Mutter.

Aber dann: Elternzeit, einer, beide, wie lange, vielleicht in Teilzeit wieder arbeiten, die Mutter, der Vater?

Komplex ist gar kein Ausdruck!

Ein richtig gutes Buch zu der Thematik ist *Papa kann auch stillen*[51]. Geschrieben von einem jungen Ehepaar, das sich entschlossen hat, konsequent 50/50 zu leben. Was das heißt? Lesen Sie das Buch!

Okay. Beide Autoren, die offensichtlich auch das Buch halbe-halbe geschrieben haben, teilen die Versorgung ihres Babys und ihre Berufstätigkeit genau gleich. Und sie schreiben nicht nur einen sehr unterhaltsamen Erlebnisbericht, sondern schildern auch detailliert alle Schwierigkeiten, die diesem Vorhaben entgegenstehen – in unserer Mentalität als Frau und Mann, bei den Freunden und Kollegen und nicht zuletzt in finanzieller Hinsicht.

Wie wollen Sie es denn halten? Werden Sie das klassische Modell wählen, nach dem die Mutter zwölf Monate Elternzeit, der Vater die Minimalvariante von zwei Monaten nimmt? Wie schnell wollen Sie (Mutter) wieder in die Arbeit einsteigen und mit welchem Stundenanteil?

Sie meinen, das hängt nicht nur von Ihnen ab, sondern auch davon, ob Sie einen Kita-Platz bekommen? Und auch, wie lange diese Kita geöffnet ist? Und ob Ihr Baby es akzeptiert, in die Kita zu gehen?

Alles richtig; wobei Sie den letzten Punkt in der Regel vergessen können, wenn die Kita gut und mit genügend qualifiziertem Personal ausgestattet ist, denn Kinder sind neugierig. Aber die Personalausstattung sollten Sie vielleicht doch hinterfragen, denn die gesetzliche Garantie auf den Kita-Platz unterscheidet sich in der Ausführung in den einzelnen Bundesländern beträchtlich: der »Länderreport Frühkindliche Bildungssysteme« der Bertelsmann-Stiftung[52] zeigt, dass es da noch erhebliches Verbesserungspotenzial gibt und dass ein Standard von mehr als sieben Kindern pro Erzieher/in alles andere als ideal ist, zumal ja noch Krankheit und Urlaub dazukommen. Wissenschaftler halten drei bis vier Kinder für angemessen[53]. Auswählen müssen Sie und entscheiden, was Ihnen angemessen erscheint, für Ihre Kinder, für Ihre Beziehung. Sie können davon ausgehen, dass Ihre Entscheidung Folgen für die Beziehung hat, kurzfristige und langfristige. Möglicherweise gibt Ihre jetzige Entscheidung vor, ob Ihre Beziehung später in fünf, zehn oder fünfzehn Jahren noch überleben wird oder ob Sie da schon geschieden sind. Warum das so ist? Ein paar Szenarien:

• Sie verdienen gleich viel: Ah so? Das bedeutet ja, dass Sie (Frau) den deutlich besseren Job haben, denn bei gleicher Leistung würden Sie hierzulande ja weniger verdienen. Und wenn der Job so gut ist, hat er meistens etwas mit Karriere zu tun, und dementsprechend schwer fällt es Ihnen, auszusetzen. Sie würden ja Ihre Karriere beschädigen. Das Argument bekommen Sie zumindest von gut verdienenden oder an ihrer Karriere interessierten Männern zu hören. Deswegen gehen bei solchen Paaren auch immer die Frauen in Erziehungsurlaub, obwohl die Männer viel mehr Erziehungsgeld bekämen. Also, wenn Sie gleich verdienen, können Sie ohne Probleme halbe-halbe machen, vorausgesetzt, Sie (künftige Mutter) und Sie (künftiger Vater) wollen auch gleich viel mit dem Baby zu tun haben. (Wie Sie das Problem mit dem Stillen lösen, können Sie dem oben genannten Buch entnehmen.) De facto geschieht das leider nur selten: Ich habe das Zählen aufgegeben, wie viele hoch begabte Medizinerinnen ihre Karriere beendet oder dramatisch verlangsamt haben, weil es eben doch so lief, dass der bestimmt nicht höher qualifizierte Mediziner-Mann seine Karrierezwänge nicht aufgeben zu können glaubte!

• Einer – meistens der Mann – verdient deutlich mehr, hat auch die bessere, oft unbefristete Stelle. Diese Konstellation führt ziemlich unvermeidlich, im gegenseitigen Einvernehmen, dazu, dass die Frau nach dem Mutterschutz ihre Berufstätigkeit beendet, bis nicht nur das jetzt anstehende, sondern auch noch die nächsten Kinder aus dem Gröbsten oder gar aus dem Haus sind. Je nachdem, wie Sie grob definieren, kann das 10, 15, 20 Jahre dauern. Dann wird die Frau und Mutter wieder berufstätig. Interessante Vorstellung. Denn in der Regel findet jemand, der so lange aus seinem Beruf raus war, keinen qualifizierten Job mehr. Sehr viel geringer qualifizierte Jobs vielleicht schon. Dieses Modell hat nicht nur berufliche Nachteile. Denn in sehr vielen Fällen kann die in der Bewältigung von durchwachten Nächten, Kinderkrankheiten, Kindererziehung, Elternabenden, Pubertätskrisen etc. gereifte, sturmerprobte Ehefrau dem im beruflichen Auf- oder häufig eben auch Abstiegskampf stehenden Ehemann nicht mehr das Wasser oder den Whisky reichen. Oder, etwas weniger blumig ausgedrückt: Beide haben sich nichts mehr zu sagen, sie leben in verschiedenen Welten. Vor allem er findet an ihrer Existenz nichts mehr, was ihn auch nur im Entferntesten neugierig machen könnte. Die Konsequenz? Eine erkaltete Beziehung, Fremdgehen, Trennung. Daran mögen Sie jetzt, wenn Sie versuchen, ein Kind zu »machen«, oder wenn Sie (Frau) gesegneten Leibes sind – die Vielfalt der sprachlichen Ausdrucksweisen ist schon interessant! – überhaupt nicht denken. Sie wollen sich an den Aussichten auf ein gemeinsames Familienleben freuen. Tun Sie das! Aber geben Sie Ihren Verstand nicht schon vor Beginn des Mutterschutzes ab! Es ist Ihr Leben. Und wenn Sie nach rechts und links schauen, können Sie die Ergebnisse illusionärer Lebensplanungen studieren.

- Weil Sie (beide) diese fatalen Folgen des Modells »Einer arbeitet – eine macht die Kinder groß« vor Augen haben, Ihre Frau/Ihren Mann lieben und wollen, dass das auch so bleibt, werden Sie (Frau) nach einer Phase des Erziehungsurlaubs – wer ist eigentlich auf den schwachsinnigen Begriff

»Urlaub« in diesem Zusammenhang gekommen? – wieder mit dem Arbeiten anfangen. Zunächst höchstwahrscheinlich in Teilzeit, dann je nach Möglichkeiten mehr. Dieses Modell erfordert die in obigem Zitat angemahnte Berechnung; denn neuerdings kommt es darauf an, zum richtigen Zeitpunkt das richtige Modell und vor allem die richtige Steuerklasse zu wählen. Weil der Gesetzgeber lenkend eingegriffen hat. Die Unterschiede in Euro sind beträchtlich!

• Oder Sie versuchen es tatsächlich mal mit 50/50. Die Erfahrungen der beiden Autoren sind aufschlussreich. Der Vater hat nicht nur ein viel engeres Verhältnis zu seinem Sohn, als es Väter sonst haben könnten; er hat auch eine ganze Menge über das Leben zu Hause, mit seinen spezifischen Freuden und Frustrationen, gelernt, über die Wertschätzung der Kindererziehung in unserer Gesellschaft im Vergleich zum Geldheranschaffen.

Was auch immer Sie tun wollen, Sie müssen es nur jetzt entscheiden, wenn Ihr Baby in der Planung oder in der ganz frühen Entstehungsphase ist. Und sich dabei klarmachen, dass die Entscheidung, welche auch immer Sie treffen mögen, auf Ihre weitere Liebesbeziehung grundlegenden Einfluss haben wird.

Auf Ihre weitere Liebesbeziehung?

Es ging um Elternzeit, Teilzeitarbeiten, Elterngeld, Lohnsteuerberatung – Themen, an die Sie und ich nicht so richtig gern denken und die Sie schon gar nicht in Zusammenhang mit Ihrer Liebe, Ihrer Beziehung bringen.

Und doch ist dieser Zusammenhang da, weil die materiellen Grundlagen unserer Existenz unser Denken nachhaltig beeinflussen. Sie müssen kein verkappter Marxist sein, um das zu akzeptieren. So wie Armut häufiger zu zerrütteten Beziehungen, zu seelischer und körperlicher Krankheit führt, so beeinflussen unsere wirtschaftliche Situation und die Arrangements unserer Arbeitsbedingungen unsere zwischenmenschlichen Beziehungen, zwischen Frau und Mann, Eltern und Kindern. Natürlich sind das nicht die einzigen Einflussfaktoren, Sie können arm und glücklich, reich und unglücklich sein, und es gibt auch Paare, die mit der klassischen Rollentrennung glücklich und zufrieden bis ans Ende ihrer Tage leben. Genauso wie es Paare gibt, die sich einmal in den anderen verlieben und diese Liebe dann gegen alle Fährnisse bis zu ihrem seligen Ende bewahren. Aber wahrscheinlich werden Sie zugeben, dass es ein wenig engstirnig wäre, dies als einzig realistisches Lebensprinzip anzusehen. Menschen sind ja keine Raben. Die sollen bekanntlich in lebenslangen Beziehungen leben.

Nachsatz: Sollten Sie (Frau) sich warum auch immer während des Erziehungsurlaubs trennen – so etwas kann ja vorkommen –, dann endet Ihr Erziehungsurlaub ziemlich abrupt: Ab dem dritten Lebensjahr werden Sie von Vater Staat wieder zur Arbeit geschickt.[54] So ist er, der Vater Staat!

Das ist Ihnen zu kritisch? Aha. Da sollten Sie mal Bücher zur sogenannten »Vereinbarkeitslüge« lesen, die schlicht und ergreifend behaupten – und mit ziemlich guten Argumenten belegen, »warum wir Kinder, Liebe und Karriere nicht vereinbaren können«[55]. Sie meinen, dass es früher, in den fünfziger bis siebziger Jahren doch auch gegangen ist, dass Ihre Eltern das doch vorgelebt haben und dass aus Ihnen doch auch etwas geworden ist? Vielleicht sollten Sie etwas genauer hinschauen: Die Generation Ihrer Eltern hat ganz überwiegend das Modell favorisiert, dass der Mann arbeitete und die Frau sich um die Kinder kümmerte, der bis heute keineswegs realisierte Begriff der Gleichberechtigung tauchte in der damaligen Arbeitswelt allenfalls am rosigen Horizont auf. Mit dem, was Brost & Wefing in Anlehnung an Hartmut Rosa die »Beschleunigung des sozialen Wandels« nennen, dass es nämlich statt einer Lebensstellung nur noch einen Job, statt einem Ehepartner den »Lebensabschnittspartner« gibt, hatte die damalige Generation noch nichts zu tun. Junge Ehepaare kamen in der Regel über die Runden, wenn nur einer verdiente, was heute nur noch in der Gruppe der Spitzenverdiener der Fall ist[56]. Vielleicht ist es überzeichnet, wenn die Autoren formulieren: »Millionen Eltern kämpfen mit einer Problematik, mit der noch keine Generation vorher konfrontiert war: Wir schlafen weniger, wir essen schneller, wir laufen hektischer durch die Innenstädte, wir arbeiten mehr und lieben weniger«[57]. Oder passt das für Sie?

Sicher ist,

- dass Erwartung und Ansprüche hier – wie bekanntlich auch sonst – nichts bewirken,
- dass Sie die Erfolgsmodelle Ihrer Elterngeneration nicht mehr übernehmen können, weil sich die Voraussetzungen gewandelt haben,
- dass »Kinder, Liebe und Karriere« nicht einfach so zusammengehen, sondern solide Voraussetzungen brauchen, unter anderem ein sehr solides Einkommen, das die kleinen Extras, wie zum Beispiel die krisenüberbrückende Kinderfrau garantiert,
- dass bei fehlender Achtsamkeit und beim Nichtfunktionieren die Liebe fast regelhaft auf der Strecke bleibt, und
- dass es kein Zufall ist, dass die Geburtenzahlen in Deutschland stabil abwärts marschieren.

Alles ist möglich?

»Gerade junge Leute sind heute so aufgewachsen, als wäre alles möglich. Es ist aber nicht alles möglich. Man kann nicht einen sehr spannenden Job haben, sehr gut verdienen, Kinder haben, eine vollkommen funktionierende Familie und dann abends ausschauen wie Claudia Schiffer. Das wird nicht klappen. Diese Erkenntnis ist der heutigen Gesellschaft am schwierigsten zu vermitteln.«

Brigitte Ederer, ehemalige Siemens-Managerin
und österreichische Politikerin.[58]

Gute Eltern, böse Eltern

Es gibt tolle Mütter und Väter. Wenn Sie die mit Ihren erwachsenen Kindern erleben, denken Sie: Super, wie Verständnis über Generationen hinweg auch klappen kann. Die Mutter, der Vater, die Töchter, die Söhne – alles eigenständige Persönlichkeiten, die es gut finden, dass die anderen in ihrem Leben präsent sind, die die Älteren – und bei entsprechender Kompetenz – auch mal die Jüngeren um Rat fragen, wenn sie Rat brauchen, aber auch mal die Klappe halten, wenn sie offensichtlich nicht gefragt sind, die miteinander lachen und weinen.

Und dann gibt es andere Geschichten: Töchter, die sich mit ihren Müttern quälen, Söhne, die unter dem Erfolgsdruck der Väter ächzen, wobei Erfolg zwischen familiärem Wohlverhalten und hochgespannten Karrierezielen alles sein kann. Mütter, die für ihre Töchter kein gutes Wort haben, Väter, die ihren Söhnen im Leben nichts Anerkennendes zu ihrer Karriere sagen können. Und doch würden dieselben Eltern zu Außenstehenden immer sagen, dass die Tochter/der Sohn für sie der wichtigste Mensch auf der Erde ist.

Im Märchen fasst die böse Stiefmutter all das Böse zusammen, das Heranwachsenden von erwachsenen, frustriert alternden Frauen angetan wird. Aber Sie können getrost davon ausgehen, dass auch der Umgang von leiblichen Müttern mit ihren Kindern oft so gar nichts Märchenhaftes hat.

In der bösen Variante geben sich Mütter und Väter wenig, was indiskutables Verhalten angeht; aber immer wieder fällt auf, dass die bösen Mütter schwerer zu ertragen sind als ihr männliches

Pendant, und das besonders für die Töchter. Was ist denn so besonders an den Müttern, dass sie zu den zentralen Personen im Leben ihrer Kinder werden, im Guten wie im Bösen? Sie sind da. Präsent. Die entscheidenden Bezugspersonen für ihr Kind. Auch in unserer Gleichstellungsgesellschaft sind immer noch überwiegend die Mütter für die Kinder zuständig, ganz gleich, ob sie nun berufstätig sind oder nicht. Selbst bemühte und engagierte Väter sind zeitlich viel weniger gegenwärtig. Also tragen die Mütter den größten Teil der Last des Kinderkriegens. Und da die Ambivalenz des Kinderkriegens in unserer Gesellschaft öffentlich so gut wie nie thematisiert wird – auch wenn sich immer weniger Familien dieser angeblichen Freude noch unterziehen –, bleibt die dunkle Seite dieser Ambivalenz an den Müttern hängen, was nicht selten zu chronischem Ärger und Verbitterung führt.

Da Mütter und Kinder bezüglich Zeit und Verantwortung so eng verbunden sind, bringt diese Dyade zweifelsohne die wichtigsten Themen für Beziehungsdramen hervor und bleibt wirksam, selbst wenn die Mütter als Personen längst nicht mehr existent sind.

Ich erinnere mich an ein Interview mit einem 75-jährigen Schriftsteller aus New York, in dem er erzählte, dass seine – längst verstorbene – Mutter in seiner Vorstellung immer nachmittags um fünf bei ihm wäre und ihm Vorhaltungen über sein Leben, seine Schriftstellerei etc. machte. Er führe dann einen intensiven inneren Dialog mit ihr, versuche sich zu rechtfertigen, was ihm aber nur selten gelänge...

Dabei finden die Söhne meist noch eher Wege, den Vorhaltungen der Mütter zu begegnen. Sie können die Wünsche der Mütter offenbar viel leichter erfüllen oder sie zumindest geschickt umgehen. Der Preis dafür mag sein, dass Männer auch bei den kommenden Frauen in ihrem Leben zum Ausweichen oder zum flauen Kompromiss neigen.

Für die Töchter gibt es kein Entrinnen, denn in ihrer Jugend ist die Mutter alles in einem: Bindungsperson, Vorbild als Frau, als Mutter und – Konkurrenz. Und wenn sich die Töchter längst besser oder schlechter emanzipiert zu haben glauben, zeigt sich, dass es auch im Alter keine Flucht gibt; da erscheint die Mutter oft hilflos, nörgelt aber nichtsdestotrotz herum und fordert Zuwendung von den Töchtern, die sie nicht besser behandeln konnte, weil sie es angeblich nicht besser wusste.

Tatsächlich hält sich der Spielraum zur Beziehungsgestaltung zu Ihrem Kind in Grenzen. Denn die Chancen sind »gut«, dass Sie unbewusst spontan weitergeben, was auch Sie nur schwer ertragen konnten: Schweigen, zum Beispiel, Ihr Kind anschweigen.

Unter den furchtbaren Erziehungsmethoden ist das eine der fürchterlichsten, vor allem von Müttern ausgeübt; Väter sind eher aktiver, was manchmal auch fürchterlich sein kann. Ihr Kind hat etwas getan, was Sie nicht gutheißen. Anfangs, vielleicht aus Ratlosigkeit, schweigen Sie, bis eine Strafe daraus wird, weil Sie die böse Macht spüren, die im Schweigen liegt. Sie haben sie ja selbst zu spüren bekommen. Wenn Sie wirklich ratlos sind, wie Sie mit den zugegebenermaßen manchmal erstaunlichen Aktivitäten Ihrer Kinder umgehen könnten, dann sollten Sie sich schnell Rat suchen, damit das Schweigen nicht zur Methode wird. Denn für Ihr Kind ist extrem schlecht auszuhalten, wenn das Schweigen Stunden, Tage dauert und das Ende, zumindest für Ihr Kind, nicht absehbar ist.

Was richten Sie damit an?

Verunsicherung. Das Schweigen schafft für Ihr Kind vor allem eine Projektionsfläche, auf der sich jede Menge Vorstellungen entwickeln, eine schlimmer als die andere, die aber alle auf es selbst zurückfallen: Es war sehr schlimm, was ich gemacht habe, sonst würde die Strafe der Mutter sich jetzt ja nicht so furchtbar anfühlen. Wird die Mama, die ich sehr liebe und brauche und ohne die ich sicher nicht überleben kann, mich jetzt weggeben? (Für die meisten Kinder ist der Begriff »überleben« nicht aussagekräftig, das entsprechende Gefühl spricht aber für sich selbst.) Weggeben – zu meiner Zeit eignete sich das Internat, in das man bei miserablem Verhalten kommen würde, trotz Hanni und Nanni noch als Schreckensvision; heute ist das kein Schrecken mehr, sondern durch Illusionen à la Harry Potter ersetzt. Alleingelassen wird sich ein ausgeschwiegenes Kind allemal fühlen. Wahrscheinlich gibt es noch jede Menge akuter Gefühle mehr, viel schlimmer sind aber wahrscheinlich die Spätfolgen, denn diese Lerninhalte bleiben fürs Leben erhalten: Ich bin verantwortlich für die unerquicklichen, schlimmen Situationen des Lebens, ich bin schuld, wenn mir etwas negatives Zwischenmenschliches widerfährt. Ich habe es vermasselt, und es wird nicht wieder aufhören.

Sie wollten Ihr Kind eigentlich nicht schlecht behandeln? Sie fühlten sich hilflos, und dann fiel Ihnen nichts Besseres ein, als das anzuwenden, unter dem Sie auch schon gelitten hatten? Gerade dann: Lassen Sie das Schweigen sein und sprechen Sie mit Ihrem Kind, auch wenn Sie sich dann nicht souverän vorkommen. Wenn Ihr Kind Ihre Unbeholfenheit spürt, kann es Sie in Ihrer Not, als Menschen wahrnehmen und nicht als eine Strafmaschine. Wenn Sie damit nicht weiterkommen, suchen Sie sich eine Erziehungsberatung. Noch besser wäre es, wenn Sie sich in Ihrer Psychotherapie mit der Geschichte auseinandersetzen könnten, in der Sie als Kind angeschwiegen wurden.

Für meine Eltern

Ich will euch zwei Sachen sagen.
Erstens:
Ich als vollmündiger, volljähriger Bürger dieses Landes
und freier Mensch räume mein Zimmer erst genau
dann auf, wenn mir bock- und impulsmäßig danach ist.
Zweitens:
Ihr seid mein Ursprung, mein Vertrauen,
meine Insel und mein Schatz,
mein Mund formt euer Lachen,
mein Herz schlägt euren Takt.
Ich bin 9 Jahre alt, für mich ist selbstverständlich:
Ihr seid immer da, und Zeit ist unendlich.
Ihr seid da, wenn ich aufstehe,
seid da, wenn ich schlafen gehe.
Ihr baut mir ein Bett, ihr deckt mich zu,
und dann stellt ihr euch an die Tür,
und dann schlaf ich, weil ich weiß:
Ihr beschützt mich, ihr seid hier.
Ich weiß nicht, was ich machen soll,
wenn ich euch mal verlier,
weil – ich gehör zu euch, und ihr gehört zu mir.
Ich singe die euch entsprungenen Lieder,
und was ihr macht, mach ich auch.
Falls ich mich verliere, ihr findet mich wieder,
und wenn ihr lacht, lach ich auch.
Ihr gebt mir Wurzeln in die eine und Flügel in die andere

Hand und einen Kuss auf meine Stirn,
sagt mir, ich bin nicht alleine,
dann legt ihr zwischen uns ein Band.
Sodass wir uns nie verlieren,
sagt ihr, und dass ich gehen kann, wenn ich will.
Und dann irgendwann geh ich raus,
aber hier draußen ist es still
so ohne euch.
Ihr seid nicht da, wenn ich aufstehe,
und nicht da, wenn ich schlafen gehe.
Also schon, aber woanders;
das ist nicht leicht, aber ich kann das.
Und trotzdem fehlt ihr,
und auch wenn ihr mich nicht gefragt habt,
sag ich euch jetzt, was ich euch noch nicht gesagt hab.
Ihr seid mein Ursprung, mein Vertrauen,
meine Insel und mein Schatz,
mein Mund formt euer Lachen,
mein Herz schlägt euren Takt.
Ihr seid mein Beweis, dass Liebe mehr als Geld zählt,
seid der Rahmen für mein Weltbild,
alles, was für mich als Held gilt.
Ihr gebt mir Halt, ohne mich festzuhalten, schafft es,
wenn ich's nicht kann, mich auszuhalten,
würdet nichts tun, mich je aufzuhalten,
eher bringt ihr mich dorthin.
Ich brauch nichts zeigen, und ihr seht mich,
ich brauch nichts sagen, ihr versteht mich,
ich brauch nichts haben, und ihr nehmt mich,
nehmt mich einfach, wie ich bin.
Wenn ich Angst hab, sagt ihr, »Trau dich!«
Wenn ich weine, weint ihr auch,
dann sagt ihr mir, »Sei nicht traurich«
und dass ihr immer an mich glaubt.

Und mir kann nichts passieren,
weil ich weiß, ihr seid noch hier,
ich gehör zu euch, und ihr gehört zu mir.
Ihr seid mein Ursprung, mein Vertrauen,
meine Insel und mein Schatz,
mein Mund formt euer Lachen,
mein Herz schlägt euren Takt.
Ich bin jetzt 19 und fühl mich vergänglich,
weil nichts ist für immer –
und was ist schon unendlich?
Aber ich hab für uns einen Plan gemacht:
Ich werde alles, was ich vorwärtslaufe,
auch rückwärtsgehen,
ich werde Laub an Bäume kleben
und Uhrzeiger drehen.
Ich werde Sterne an der Erde festbinden,
damit sie irgendwann steht,
ich werde Gegenwind gegen Wind pusten,
bis er nicht mehr weht.
Ich werde tun, was ich kann,
dass die Zeit nicht vergeht.
Was euch betrifft, kann ich leider nicht zulassen,
dass ihr mal weg seid,
weil allein der Gedanke so schmerzt,
dass der Schmerz viel zu schlimm wär.
Also darf die Zeit nicht vergehen,
denn dann sind wir für immer.
Ihr seid mein Ursprung, mein Vertrauen,
meine Insel und mein Schatz,
mein Mund formt euer Lachen,
mein Herz schlägt euren Takt.

Julia Engelmann[59]

Die Sache mit der Gewöhnung

Tut mir leid! Die Annahme, dass Liebesbeziehungen immer so weitergehen müssten, wie sie angefangen haben, ist eine gute Grundlage für ihr baldiges Ende.

Man gewöhnt sich an alles. Das ist kein Charakterfehler, sondern ein Trick unseres Gehirns. Um Energie zu sparen. Die Aktivität von Nervenzellen verbraucht Energie, mehr als alles andere, und die Gefühlsstürme, – die turbulenten, aufregenden, wunderbaren – brauchen besonders viel Energie. Da diese Energie in der menschlichen Frühzeit ausgesprochen schwer zu beschaffen war – Schokoriegel oder Red Bull gab es nicht, Fleisch musste gejagt, Wurzeln mühsam ausgegraben werden –, hat unser Gehirn gelernt, Energie einzusparen, wo immer es geht. Zum Beispiel durch Gewöhnung.

Wenn sich Gefühle wiederholen, wird nicht mehr so viel Dopamin freigesetzt, wir merken, dass sich der Neuheitscharakter in Grenzen hält und der Energieverbrauch sich reduziert. Das Neue ist nach einigen Monaten nicht mehr so neu und eben auch nicht mehr so aufregend.

Wunderbar hat das Julia Engelmann in ihrem Gedicht »One day« beim Poetry Slam in Bielefeld ausgesprochen: »…mein Dopamin, das spar ich immer, falls ich's noch mal brauche…«[60]

Was nun?

Statt Herzklopfen stellt sich Vertrautheit ein. Das ist ja auch was Schönes. Eigentlich schließt sich beides nicht unbedingt aus, der Gefühlssturm, der die innige Vertrautheit bedingt. Sie erinnern sich: Oxytocin?

Es geht also nicht nach dem Entweder-oder-Prinzip, so wie man einen Hebel umlegt; es ist ein Prozess. Wenn Sie wach und aufmerksam mit sich umgehen, stellen Sie fest, dass es mal mehr so und mal mehr so sein kann. Wach und aufmerksam sein! Sich nicht einlullen und nicht immer wieder die gleichen Erinnerungs-Gefühls-Kaskaden abrufen, die sich gleichzeitig so sicher und so lustvoll anfühlen. »Erinnerungen sind nur so lange sicher, wie wir uns nicht an sie erinnern!«[61] Wenn Ihre Liebste für den dreimonatigen Forschungsaufenthalt in den USA weilt, ohne Sie mitzunehmen, bleibt Ihnen nichts anderes übrig, als die Erinnerung zu bemühen. Wenn Sie sie aber heute Abend wiedersehen können, sollten Sie es lieber mit der Realität versuchen, mit dem unwiederbringlichen Moment, dem Unerwarteten, dem, was Sie gerade überkommt.

Das Mittel gegen die allzu schnelle Gewöhnung beruht darauf, zu akzeptieren, dass der Andere bei aller Nähe letztlich ein fremder Mensch bleibt!

Fremd!

Wenn Sie akzeptieren, dass der Andere Ihnen nie gehören wird, dass er bei aller Vertrautheit viele unbekannte Provinzen haben kann, dass er/sie Ihnen nicht sicher ist, dann schaffen Sie die Voraussetzung, Ihre Beziehung lebendig und interessant zu halten. Es hilft durchaus, sich darüber auch mit Ihrem *significant other* auszutauschen.

Wie, darüber reden? Quatschen? Über so was?

Sie sollen es nicht zerreden. Sie könnten mitteilen, wie Ihnen ums Herz ist. So zu reden ist eine der beziehungserhaltendsten Maßnahmen überhaupt: über sich sprechen, über die eigenen Gefühle, über das, was einem nicht geheuer ist. Sehnsucht und Verlangen können Sie durch Reden nicht domestizieren, sondern es ist ein Geschenk an den Anderen, wenn Sie ihm anvertrauen, wie es in Ihnen aussieht. Verwechseln Sie das nicht mit Ansprüchen! Die richten sich an den Anderen. Bleiben Sie bei sich, teilen

Sie sich mit. Und überlassen Sie es Ihrem Partner/Ihrer Partnerin, darauf zu antworten. Ganz ungesichert? Genau so. Ihr Herz schlägt schon bei der Vorstellung heftig, und Sie sind aufgeregt? Das kann ich Ihnen sagen!

Ist ja ein Liebesgeständnis, der/dem Anderen zu sagen, wie sehr sie/er Sie aufregt, wie Ihr Herz klopft. Probieren Sie's aus.

Und stellen Sie fest, dass Ihre Beziehung auf diesem Weg ganz schön ungewöhnlich bleiben kann.

Reden oder schweigen?

Was nun? Hilft es Ihrer Beziehung mehr, wenn Sie aufmerksam sind, sich jedes Detail des geliebten Anderen einprägen, jede Äußerung für bedeutsam und beziehungsrelevant halten, oder wenn Sie auch mal was vergessen, Jahrestage, Details seines Jobs, die er Ihnen damals so ausführlich erklärt hat, als Sie sich schon nicht trauten, ihm zu sagen, dass Sie nur Bahnhof verstanden? Und noch schwieriger: Sollen Sie nun über alles reden, was zwischen Ihnen passiert, Kommunikation über jede Nuance? Wie wichtig ist verbaler Austausch? Muss er wissen, warum Sie so heiß auf ihn sind, dass Sie dieses schiefe Lächeln, wenn er Sie anbaggert, völlig schachmatt setzt, egal, in welcher Stimmung Sie gerade sind? Ist es wirklich wichtig, ihr zu sagen, dass Sie ihre tagelang herumliegende Unterwäsche zur Verzweiflung treibt, dass Sie seine Vermeidungstechniken im Umgang mit seiner Mutter nicht erheitern, sondern immer zynischer stimmen? Sie hätten gerne ein paar einfache Regeln? Die Shortversion, mit der Sie sich, ohne viel zu überlegen, im Beziehungsdschungel zurechtfinden?

Bei der Frage, was Sie speichern oder vergessen sollten, haben Sie nicht viel Spielraum, denn was Sie erinnern und wie Sie es tun, hängt sehr wesentlich von Ihrer Persönlichkeit ab, das wird Ihnen meist gar nicht bewusst und ist schwer zu ändern. Es liegt in Ihrer Individualität begründet, dass Sie bestimmte Verhaltensweisen, Gewohnheiten, Macken von ihm faszinierend, reizend, zum Verlieben oder widerlich, ätzend, abtörnend finden. Deswegen verlieben Sie sich als einzigartige Person ja ausgerechnet in ihn, der ebenso einzigartig ist. Wie Ihre Aufmerksamkeit bestimmte Seiten aus dem Verhalten eines/einer anderen herausfiltert, das ist sehr weitgehend Merkmal Ihrer Persönlichkeit, und die können Sie nicht einfach so ändern. Wenn Sie also Schwierigkeiten haben, wenn Sie am Anderen etwas stört, ist es das Beste, dass Sie sich solche Handlungsweisen oder Merkmale bewusstmachen, das heißt, sie anschauen, sie ohne Vor-urteil betrachten, um dann in Ruhe zu sehen, was macht das mit Ihnen. Und erst danach ist Handeln angesagt, wenn überhaupt! Den anderen ändern, oder ihn auch nur zu kontrollieren, ist nicht leicht. »Wenn du deine Kuh kontrollieren willst, gib ihr eine große Weide und schau dir an, was sie macht«, hat ein Zen-Meister geschrieben.[62]

Das Gegenteil: Wenn Ihre Freundin Sie beglückt, wenn Sie so manches an ihrem Verhalten unwiderstehlich anzieht, wenn Sie Herzklopfen kriegen und Ihnen heiß wird – auch kontrollieren? Eher gar nicht! Verzichten Sie auf Kontrolle, nehmen Sie's als Geschenk, geben Sie sich dieser Person und Ihren Gefühlen hin. Niemand kann ausschließen, dass sich dieses Gefühl irgendwann ändert, dass es nicht mehr funkt zwischen Ihnen – ja und? Schön, wenn Sie das Hochgefühl richtig genossen haben!

Was toll, was atemberaubend zwischen Ihnen ist, das sollten Sie einfach so nehmen, eben wie ein Geschenk, das Sie nicht hinterfragen, über das Sie sich nur freuen. Sie müssen nicht darüber nachdenken. Und es nicht zerreden!

Womit wir zum zweiten Teil dieses Kapitels kommen: Wann ist reden, wann schweigen angesagt? Das ist schwieriger als das Denken; denn während sich das Nachdenken in Ihnen abspielt und Sie die Folgen nur mit sich abmachen müssen, katapultieren Sie Ihre Gedanken in die Welt hinaus, wenn Sie darüber reden, mit vielen interessanten Folgen.

Auch das ist ein Persönlichkeitsmerkmal, wie viel Sie über

sich mitteilen: Der eine trägt sein Herz auf der Zunge, der andere eben nicht. Aber natürlich haben Sie Steuerungsmöglichkeiten. Wenn Sie glücklich sind, kann es wunderbar sein, wenn Sie Ihre Mitwelt, vor allem den, auf den sich das Glück bezieht, davon in Kenntnis setzen. Manchmal sind Ihre Körperhaltung, Ihre Bewegungen, Ihre Mimik eindeutig, manchmal aber auch nicht. Wes das Herz voll ist …

Zerreden sollten Sie Ihr Glück aber nicht. Glück gedeiht besser, wenn Sie es als Ganzes, als Rätsel stehen lassen. Sie müssen nicht alles wissen, nicht von sich, nicht von ihr oder ihm.

Nicht zufällig machte sich Lohengrin wieder auf die Reise, nachdem Elsa den Mund nicht halten konnte, sondern ihn verbotenerweise nach seiner Herkunft fragte.

Reden ist sicher angesagt, wenn Sie sich nicht verstehen! Klingt etwas paradox, denn was für einen Sinn macht Reden, wenn man sich nicht verstehen kann? In der Tat sind solche Gespräche häufig mühsam! Wenn Sie den Eindruck haben, dass etwas zwischen Ihnen schräg läuft, dass Sie nur äußerlich auf einer Linie sind, sich aber in grundlegenden Fragen immer weiter voneinander entfernen, wenn Sie Zweifel beseitigen wollen: Reden! Streiten! Die unterschiedlichen Standpunkte klarmachen! Es ist eine Gratwanderung, zugegebenermaßen, bei der Sie weder zu schnell im Harmoniesee ertrinken noch gleich in die Trennungsschlucht stürzen sollten. Klarheit ist gefragt, was Ihren Standpunkt angeht; aber es wäre gut, wenn Sie die Empfindlichkeiten der Anderen zumindest etwas im Auge behalten könnten. Und trotz aller Auseinandersetzung wäre es gut, wenn Sie Ihr Gegenüber wertschätzen könnten. Das macht Ihnen das Verzeihen leichter, den Neuanfang, wenn Ihre Beziehung, warum auch immer, Federn lassen musste.

In jedem Fall gilt: Fingerspitzengefühl wäre richtig gut.

Davon hat der eine mehr, die andere vielleicht weniger mitbekommen. Es kann wohl nichts schaden, wenn Sie mal davon gehört haben.

Zuhören – die schwerste aller Künste?

Oh, da kommt Ihre Partnerin doch schon wieder mit diesem Reizthema an!

Obwohl sie doch genau weiß, dass Sie das nicht mehr hören können! Warum sollten Sie sich etwas anhören, das Ihren Standpunkt schwächt?

Also stellen Sie die Ohren auf Durchzug.

Ist doch verständlich.

Vielleicht, aber wenn Sie diese Strategie beibehalten, könnten Sie jetzt auch gleich einen Termin mit dem Scheidungsanwalt vereinbaren.

Dabei finden Sie es eigentlich gut, miteinander zu reden. Nicht alles zerreden, aber die gegenseitigen Standpunkte austauschen und dabei natürlich auch zuhören – das wäre schon nicht schlecht! Sich mit genug Zeit zusammensetzen und sich anzuhören, was die oder der Andere zu sagen hat, in aller Ruhe die unterschiedlichen Positionen Revue passieren lassen, schließlich zu einer gemeinsamen Entscheidung kommen, das wäre es.

Theoretisch ist das anscheinend ganz klar, praktisch funktioniert das nur selten.

Warum fällt Ihnen das Zuhören so schwer?

Fällt es ja gar nicht immer.

Im Dialog mit Kollegen, bei der Erörterung fachlicher Probleme, manchmal durchaus auch im Austausch mit Ihrer/Ihrem Partner/in – da können Sie zuhören. Immer wenn es nicht an Ihre Substanz geht. Ihre Substanz, das sind die Dinge, die Sie im

Innersten betreffen, Ihren Wert, Ihre Rolle in der Partnerschaft, Ihr Ich. Wenn solche Themen angesagt sind, wird es schwierig. Vor allem, wenn Sie sich bei der konkreten Thematik schon warmgelaufen hatten und der Stress mit hohem Wiedererkennungswert anflutet.

Aber – sollten Sie in einer Beziehung, die vor gar nicht so langer Zeit mal eine Liebesbeziehung war und es vielleicht über weite Strecken immer noch ist, nicht auch und gerade über Themen reden können, die Ihnen am Herzen liegen, die schwierig sind, über »Eingemachtes« also? Wäre doch gut.

Was passiert, wenn Sie über solch zentrale Themen reden? Sie öffnen Ihre Grenzen, schalten die Abwehrmechanismen ab. Dadurch werden Sie erst einmal schutzlos. Zumindest fühlt es sich so an.

Den Zustand kennen Sie schon: Ohne dass Sie sich konkret daran erinnern, haben Sie so etwas in der frühen Kindheit erlebt. Schön oder weniger schön. Jedenfalls haben Sie es sich gemerkt. Damals konnten Sie sich nicht gut wehren, wenn Sie sich in Ihrer Schutzlosigkeit nicht wohlgefühlt haben, heute können Sie es, und dann tun Sie es eben auch.

Ihre Grenzen hatten Sie weit geöffnet, als Ihre Liebesgeschichte begann, als Sie beide voll heißer Sehnsucht waren, der/dem Anderen jedes Gefühl offenbaren wollten. Sie waren ja fast süchtig danach, die/den Anderen in sich hineinzulassen.

Da war Ihr *significant other* aber auch noch nicht so kritisch! Aha, Ihre Liebe hat sich anscheinend verändert. Ja, Sie müssen schon sehen, wo Sie bleiben, wie Sie Ihre Interessen wahren, wie Sie in der Beziehung Sie selbst bleiben können.

Offensichtlich hängt Ihre Fähigkeit, die Ansichten anderer anhören zu können, von vielen Faktoren ab. Zum Beispiel von Ihrem Selbstbewusstsein, wenn Sie sich Ihrer Gefühle, Ihrer Meinungen, Ihrer Position in der Beziehung sehr sicher sind, können Sie sich auch Alternativen anhören und dabei ausprobieren, wie sich das anfühlt. Wenn Sie unsicher sind, wird es schwieriger, weil dann das Ausprobieren dazu führen kann, dass Sie sich selbst verlieren, was sich ziemlich unangenehm anfühlen kann – außer wenn es eben im Zustand der Verliebtheit passiert. Selbstbewusstsein in Beziehungen ist aber immer auch relativ: Wenn Sie den Eindruck haben, dass Ihr Partner wesentlich sicherer ist, wird es oft schwer, sich auf den Dialog einzulassen. Eine andere Voraussetzung für das Zuhören ist natürlich das Vertrauen in den Anderen: Sie müssen überzeugt sein, dass der Andere ehrlich ist und Ihnen die Wahrheit seiner Gefühle und Absichten mitteilt. Und er sollte es gut meinen, Ihrer beider Interessen im Auge behalten.

Letzteres ist vielleicht nicht so wichtig, wenn Sie einen sehr offenen und ehrlichen Dialog führen. Wenn klar ist, dass der Andere in diesem Gespräch nur seine Interessen vertritt, können Sie ihm durchaus zuhören, weil Sie ja wissen, woran Sie sind.

Sie sehen also: Zuhören ist nicht ausschließlich Ihr Thema, sondern es kommt auf die Struktur und die Kräfteverhältnisse in der Beziehung an und hängt von den Persönlichkeiten ab, die sich da zusammengetan haben.

Dennoch: Ohne die Fähigkeit beider Partner, zuhören zu können, haben Beziehungen keine Chance auf Dauerhaftigkeit.

Ehrlichkeit, Treue und die schnöde Realität

Ehrlichkeit und Treue sind zentrale Begriffe im Moralverständnis unserer Gesellschaft. Viele Menschen gehen davon aus, dass diese Werte Grundlagen einer guten Beziehung sind, ja, dass Beziehungen ohne das Bekenntnis zu solchen grundlegenden Werten gar nicht denkbar wären.

Dieser Standpunkt hat allerdings mit der gelebten Realität nicht sehr viel zu tun. Ehrlichkeit wird im öffentlichen und privaten Leben zwar gefordert, aber selten umgesetzt. In Beziehungen spielen sich häufig moralische Ungeheuerlichkeiten jeder Art ab, und das gerade zwischen Menschen, die sich mal geliebt haben oder gar behaupten, sich immer noch zu lieben.

Es geht also darum, einen Umgangsstil zu finden, der die moralischen Unzulänglichkeiten Ihrer menschlichen Natur im Blick behält und doch verhindert, dass Sie sich und den Ihnen nahestehenden Menschen das Leben schwer oder unerträglich machen.

Ehrlichkeit wird in Beziehungen oft mit Transparenz gleichgesetzt: Wie »durchsichtig« machen Sie sich für Ihren Partner in Ihren Gefühlen, Wünschen, Absichten und Handlungen? Sollte er schlechthin alles wissen, was in Ihnen vorgeht und was Sie tun, oder gibt es Bereiche Ihres Innenlebens, die Sie besser für sich behalten könnten?

Wenn eine Beziehung beginnt, sind Sie voll des Dranges, sehr viel über sich mitzuteilen, vor allem Gefühle und Wünsche, die sich in diesem Stadium ja stark auf den anderen beziehen. Und meistens glauben Sie, dass er das auch wissen soll.

Erstens ist dieser Mensch gerade dabei, zur wichtigsten Person in Ihrem Leben zu werden, und zweitens bauen Sie wahrscheinlich nicht zu Unrecht auf die sich zwischen Ihnen entwickelnde Empathie, als Verstärker Ihrer Wünsche und immer konkreteren Absichten.

Voraussetzung für Ihr Mitteilungsbedürfnis ist allerdings, dass Sie sich über Ihre Gefühle im Klaren sind, dass Sie wissen, was Sie wollen. Leider ist das keineswegs immer der Fall. Gerade wenn Sie jemanden kennengelernt haben, der Sie vielleicht in seiner Andersartigkeit fasziniert, geraten Sie oft in ein ziemliches Gefühlschaos. Das mitzuteilen und mitgeteilt zu bekommen, ist nicht so einfach.

Chaotisch geht es erst recht zu, wenn Sie sich aus Ihrer bestehenden Beziehung heraus neu verlieben. Die in Ihnen aufkeimenden tollen Gefühle konkurrieren mit Ihrer Ambivalenz; Zweifel und Zuneigung bestehen nebeneinander. Das Transparenzmodell erlebt jetzt seine Krise: Sollen Sie das Chaos in Ihrem Inneren auch gleich noch in Ihre bis dato gut funktionierende Beziehung tragen? Oder wäre es nicht angesagt, dass Sie sich erst einmal klar werden, was eigentlich los ist?

Sich klar werden ist ein starkes Konzept!

Ist das

- ein Flirt, nett, leicht, mit einem fremden Menschen, den Sie sicher nicht näher an sich heranlassen würden – ohne wirkliche Gefährdung für Ihre Hauptbeziehung?
- Sind Sie einfach »nur« scharf auf ihn, wollen mit ihm ins Bett?
- Suchen Sie ein Verhältnis, mit dem Sie das leben können, was Sie mit Ihrer Frau aus welchen Gründen auch immer nicht leben können oder wollen?

- Ist es die »große, einzige wahre« Liebe, für die Sie alles stehen und liegen lassen würden?

Falls Sie jetzt einwenden wollen, dass diese Optionen moralisch doch sehr unterschiedlich zu bewerten sind, haben Sie recht. Und wenn Sie Ihr Leben konsequent nach moralischen Kriterien führen, hat das Folgen. Es lohnt sich, etwas genauer anzusehen, wie das in diesem Zusammenhang wohl berühmteste Zitat aussieht:

»Zwei Dinge erfüllen das Gemüt mit immer neuer und zunehmender Bewunderung und Ehrfurcht, je öfter und anhaltender sich das Nachdenken damit beschäftigt: Der bestirnte Himmel über mir und das moralische Gesetz in mir.«

Das hat Kant geschrieben in seiner *Kritik der praktischen Vernunft*. Ich bin gar nicht in der Position, über Kants Philosophie zu argumentieren, aber ich denke, er hat Recht. Moralisches Handeln macht mich frei, unabhängig von meinen Trieben und Gefühlen zu leben. Dem kann man wenig hinzufügen. Es nur zu wissen, hilft allerdings nicht viel. Handeln, das wär's. Und da zeigt die psychotherapeutische Praxis, dass weder ein kirchlicher noch ein ohnehin sehr selten vorhandener philosophischer Hintergrund moralische Praxis gewährleistet. Menschen, Sie, ich – handeln unmoralisch, ständig. Also ist es angemessen, über die Konsequenzen zu reden.

Wie also werden Sie konkreter Mensch mit den verschiedenen Optionen fertig?

Dies finden Sie auf unterschiedlichen Wegen heraus, die viel mit Ihrer Persönlichkeit zu tun haben. Während der eine sich besser in der Kontemplation klar werden kann, in der er sich die denkbaren Szenarien vorstellt und sich anschaut, welche Gefühle die in ihm auslösen, kommt der andere weiter, wenn er sich dem Objekt der Begierde in der Realität nähert – ohne das der Frau oder Partnerin mitzuteilen –, um dann festzustellen, dass es wohl doch nichts war – oder sehr viel ist. Und der Dritte gewinnt Klarheit nur dann, wenn er mit prallen Segeln und totaler Transparenz in die neue Beziehung hineinsegelt, sie »lebt«! Überflüssig zu bemerken, dass im letzten Fall das Risiko am größten ist.

Risiko meint hier nicht nur die Gefahr, die »Herkunftsbeziehung« zu verlieren, sondern auch das mögliche Leid für die anderen Beteiligten oder Dritten, nicht zuletzt die Kinder.

Gut wäre allemal, wenn zunächst Sie herausfinden, woran Sie sind.

Denn wenn Sie an Ehrlichkeit denken, sollten Sie sich zunächst einmal klar werden, was Ihre persönliche Wahrheit ist. Dann können Sie über Transparenz nachdenken.

Keine Liebe widersteht einem Unbekannten, der eine Bar betritt

»Aber manchmal braucht eine… Ehe die Gefahr. Damit man wieder spürt, wie sehr man sich mag. Ich bin ein großer Anhänger der Untreue… Allein schon, weil Marguerite Duras diesen unvergesslichen Satz geschrieben hat: ›Keine Liebe widersteht einem Unbekannten, der eine Bar betritt.‹ Das heißt nicht, dass die Liebe kaputt ist. Aber es gibt Konkurrenz, immer. Das darf man nicht vergessen.

Wenn man jung ist, denkt man, man hat sein Leben im Griff. Doch die Männer, die man liebt, die Kinder, die man von ihnen kriegt – das läuft nur selten so wie geplant

Du musst Demut und Bescheidenheit lernen und nicht versuchen, das Leben zu kontrollieren. Denn es entscheidet für Dich, wie Du es lebst.«

Fanny Ardant[63]

Auch Untreue setzt Verantwortung voraus

Treue ist, wenn es nur die oder den Anderen gibt, wenn sonstige Menschen in emotionaler, geistiger und sexueller Hinsicht keine Chancen haben, den Platz einzunehmen, der Ihrem Herzen am nächsten ist.

Wenn Sie treu sind, ist Ihnen Treue wichtiger als alles andere, als die Entfaltung Ihres Egos, als die Karriere, als besserer vorgestellter oder erlebter Sex. Treue stellt keine Vergleiche an, steht nicht zur Disposition.

»In guten wie in schlechten Tagen« – Treue hat nichts mit Schönwetter zu tun; Sie sind nicht mal treu und mal nicht. Treue ist nicht jedermanns Sache. Treue ist kein Verzichtsprogramm. Wenn Sie treu sind, sind Sie reich. Treue entsteht aus dem Gefühl der Ganzheit der Beziehung.

Treue hat wohl auch eine biologische Seite. Wenn Oxytocin freigesetzt wird, dann verhalten Sie sich dem gegenüber, der es in Ihnen freisetzt, treu. Dieses seltsame Peptid steigt an, wenn ein Baby an der Mutterbrust saugt, aber auch, wenn das bei heißem Sex passiert. Und hat mit einem Gefühl der Innigkeit zu tun.

Untreue kommt vor.

Und zwar gar nicht so selten.

Deswegen wäre es nicht schlecht, wenn Sie eine Meinung dazu hätten, günstigenfalls, bevor Sie davon betroffen sind, als Täter oder Opfer.

Sie waren auf einem Fachkongress, Sie lernten getreu dem Klischee abends an der berühmten Berliner Hotelbar eine attraktive Kollegin, die Ihnen schon lange gut gefiel, näher kennen und landeten nach einigem Alkohol mit ihr im Bett.

Wie war's?

Sie brauchen das ja nicht zugeben – so toll nicht. Die fremde Umgebung, der Alkohol. Ihre Potenz hat schon bessere Zeiten erlebt. Und auch bei der auf den ersten Blick so attraktiven Kollegin hatte der Schöpfer nur mit Wasser gekocht; jedenfalls hat es Ihnen mit Ihrer Frau immer besser gefallen. Sie empfinden Reue und werden ihr künftig die Treue halten. Doch moralisch betrachtet ist die Situation eindeutig. Wäre Ihre Frau argwöhnisch gewesen und hätte einen Detektiv engagiert, liefe jetzt das Scheidungsverfahren. Die Faszination des Neuen, das auf vollen Touren laufende Dopamin-System würden wohl als Entschuldigung nicht akzeptiert werden. Und Sie fragen sich jetzt vielleicht, ob so ein dämlicher Seitensprung es wert war, Ihre bis dahin gute Beziehung infrage zu stellen.

Von den meisten Menschen wird Untreue als moralischer Makel angesehen, irgendwie widerlich, und dadurch stigmatisiert. Man will nicht darüber nachdenken.

Was ziemlich unsinnig ist.

Denn die Häufigkeit von Untreue liegt irgendwo zwischen 15 und 30 Prozent. Damit ist sie ungefähr so häufig wie Depressionen und häufiger als Krebserkrankungen, um einige andere ebenfalls tabuisierte Phänomene zu nennen.

Falls Sie jetzt argumentieren wollen, dass man das doch nicht vergleichen könnte, gebe ich Ihnen zu bedenken, dass Untreue bei vielen Menschen tiefe Verletzungen hervorruft, Familien zerstören und schwerste Lebenskrisen auslösen kann.[64]

Da Untreue aber trotz dieser gravierenden Nebenwirkungen oft vorkommt, sollten Sie sich tatsächlich Gedanken darüber machen, wie Sie damit umgehen könnten, wenn es Sie »trifft«, konkret, wenn Sie selbst untreu werden oder sich in jemanden verlieben, der durch die Beziehung zu Ihnen einem anderen Menschen untreu wird, oder wenn Ihr derzeitiger Partner Ihnen untreu wird.

Basics zur Untreue

Wieso werden Sie untreu?

Bei dem Versuch, diese Frage zu beantworten, stellen Sie schnell fest, dass moralische Betrachtungsweisen nicht so schrecklich viel erklären. Untreue wird dadurch weder verständlicher noch verhindert. Anders als meistens behauptet, setzt bewusst gelebte Untreue ziemlich viel Verantwortung voraus und stellt so große Anforderungen an Charakter und Durchführung, dass Sie sich schon überlegen sollten, ob Sie sie überhaupt in die Tat umsetzen sollten.

Aber fangen wir mal von vorne an.

Nach Meinung vieler Spezialisten, die sich mit diesem Thema beschäftigt haben, ist es für die Entstehung von untreuem Verhalten ausschlaggebend, dass Liebe und Sexualität in zwei sehr unterschiedlichen Formen vorkommen: Bei der einen geht es um Gefühle und Gedanken der Verbundenheit, der Nähe und der Ausschließlichkeit, bei der anderen in erster Linie um Lust, um das Erlebnis des Neuen und Ungewöhnlichen, um Obszönität und Grenzverletzung. Auf so was sind Sie neugierig.

Sind Sie nicht? Sie lehnen so was ab?

Aha.

Bitte bedenken Sie, dass wir hier doch unter uns sind, niemand erfährt etwas von Ihren Gedanken, außer Sie selbst. Natürlich können Sie bestimmte Gedanken als widerlich und unanständig ablehnen, aber dadurch wird Ihre Sicht auf die Wirklichkeit nicht unbedingt ehrlicher oder realistischer. Gut wäre, wenn Sie Ihre individuelle Spielart von Neugier herausfinden könnten – was

Sie interessiert, was Sie erregt, was auf Sie eine große Anziehung ausübt. Denn aus dieser Ecke werden die Gefährdungen Ihrer schönen, intimen, vertrauten, langjährigen Beziehung kommen, wenn Sie kommen. Oder sie kommen nicht, dann brauchen Sie hier nicht weiterzulesen.

Zwischen Menschen gibt es total unterschiedliche Varianten von Verhalten und Beziehungen: langjährige, intime Beziehungen, die es schaffen, sich ihre Lebendigkeit und ihre Attraktion zu bewahren; aber leider auch das Gegenteil: langjährige Beziehungen, aus denen jede Erotik restlos verschwunden ist, und mit ihr alles, was Sie am anderen mal attraktiv empfanden.

Wie sieht es bei Ihnen persönlich aus, wie befriedigend ist Ihre Zweierbeziehung, und wie stehen die Chancen, dass Sie eines Tages ausbrechen, nicht ohne eine Menge Scherben zu hinterlassen? Gerade für die neue und heiße Beziehung bringen diese Scherben zunächst mal Glück; aber für die Verlassenen sieht es anders aus, und nicht nur für die. Und das könnten Sie bedenken, so lange das noch möglich ist.

Auch die oben genannten zwei Formen von Liebe und Sexualität kommen sehr variabel vor: Manchmal sind gleichzeitig beide vorhanden, manchmal wechseln sie sich ab.

Sie können was für die eine oder andere Form tun, oder auch dagegen. Wenn Sie die eine Form Ihrer Liebe schlecht behandeln, fördern Sie deren Niedergang. Sie können also Fehler machen, aber selbst wenn Sie eigentlich alles richtig machen, ändert sich die Liebe manchmal spontan, und von einem Tag auf den anderen ist alles anders. Tatsächlich gehört der Wechsel untrennbar zum menschlichen Gefühlsinventar, und mit ihm die Untreue.

Sie sind also zur Untreue in der Lage, Sie, ja Sie. Es wäre verantwortungslos, das zu leugnen. Andererseits heißt »in der Lage sein« nicht, etwas zwangsweise tun zu müssen.

Die Frage ist also, wann Sie soweit sind, Ihrem Partner, Ihrer Partnerin untreu zu werden.

Auch hier ist es zweckmäßig, die Moral mal außen vor zu lassen und mit sich allein Selbsterforschung zu betreiben.

Interesse:
Untreue kommt dann ins Spiel, wenn ein anderer Mensch Sie mehr interessiert als Ihr *significant other*. Ja, mit Interesse geht es meistens an, noch ohne Sex und Bettgeschichten. Es gibt unterschiedliche Formen von Interesse, deren Grundform die Neugier ist, die Gier nach Neuem. Allzu Bekanntes, Vertrautes ist nicht neu und wird dadurch schnell uninteressant, für den Anteil in uns, der unsere Umgebung nach interessanten Neuigkeiten durchsucht. »The brain runs on fun« ist das Grundprinzip dieser Verhaltensmuster. Dieser Mechanismus ist alt und enorm wirkungsvoll, weswegen die Phase mit dem reinen Interesse meist schnell durchlaufen wird.

Enttäuschung:
Sie hatten bestimmte Erwartungen an Ihren Partner, Ihre Partnerin und sind darin enttäuscht worden. Diese Formulierung lässt offen, ob das am jeweiligen Partner liegt oder an Ihren Erwartungen. Wenn sich diese Enttäuschung auf Ihre sexuellen Wünschen und Sehnsüchten bezieht, liegt der Impuls sehr nahe, sich das Entbehrte bei einer anderen Person zu holen. Angebracht wäre allerdings die Frage, ob Erwartungen generell ein so tolles Konzept für Beziehungen sind.

Spontaneität, Bedürfnisse nach Freiheit und Unvernunft:
Ihr Leben ist komplett, bis ins letzte Detail organisiert, der Job – natürlich der größte Batzen –, die Kinder – Schule, Sportverein, Tanzkurs, Auslandsplanung –, die Eltern – Altersheim ja, Altersheim nein? Hält die Mutter die Diabetes-Diät ein? Wie wird es zu Weihnachten? Und und und …
Für spontane Aktionen gibt es keinen Freiraum, und wenn Sie noch irgendwo ein Zeitfensterchen mit Ihrem Mann entdecken,

dann werden Sie nicht knutschen, liebevoll miteinander umgehen oder heißen Sex machen, sondern über Ihre Sorgen reden. Alles hat seine Zeit. Ja, schon. Aber wenn Sie für Ihre Zweisamkeit keine Zeit finden, dann wird sie eben den Bach runtergehen. Die Frage ist, wie schnell er merkt, dass ihm was fehlt, oder ob er genau so durchgetaktet, sollten wir nicht sagen »durchgeknallt« ist? Untreue entsteht ziemlich oft auf der Grundlage halb bewusster Sehnsucht nach Spontaneität, aus dem Wunsch, etwas Tolles, Ungeplantes zu machen. Und wenn dann noch ein attraktives Gegenüber auf der Bildfläche erscheint, das so ansteckend lachen kann, wie Sie das auch mal konnten, dann passiert's.

Es kann sein, dass Sie (er) andere Frauen, die Sie bisher kaum wahrgenommen haben, jetzt hoch attraktiv finden, dass Sie (sie) sich plötzlich für den Kindergartenvater interessieren, den Sie vorher doch etwas zu alt fanden. Sie laufen mit verdächtig offenen Augen durch die Gegend, reagieren auf bestimmte Schlüsselreize – was für schöne Beine sie doch hat, und die Bluse ist aber raffiniert geschnitten, die Bluse, soso. Sie stellen fest, dass Sie unkonzentrierter sind, in Geschäftsbesprechungen immer wieder abschweifen – wohin wohl? Kurz, Sie suchen. Was? Eine Frau, die offen ist für einen Flirt, für spontane Zärtlichkeit, für Sex, einfach nur Sex. Die Vorlieben sind da individuell unterschiedlich! Das sagt Ihnen vielleicht auch Ihr bester Freund, mit dem Sie über Ihre Befindlichkeit reden: »Du brauchst eine Frau!« Aber – haben Sie nicht eine? Und politisch korrekt ist dieser Satz schon überhaupt nicht. Ist er nicht. Aber das interessiert den Teil Ihres Gehirns, der jetzt die Regie übernommen hat, nicht für fünf Cent!

Wenn Sie ehrlich sind, geht es meistens um Sex, ohne viel zu denken. Nicht jeder gesteht sich das ein, aber er landet doch im Bett, denn das Tolle an spontaner Liebe besiegt allmählich alle Bedenken.

Das Suchen geht der Untreue voran, was heißt, dass Sie diesem Verhalten schon eine gewisse Aufmerksamkeit schenken sollten. Andernfalls kann Ihr Leben unerwartet in ziemliche Turbulenzen geraten.

Sie meinen, das passiere doch unbewusst, Sie könnten doch gar nichts dafür? Na ja, sehr überzeugend ist das nicht, denn im 21. Jahrhundert sollte es sich allmählich herumgesprochen haben, dass es einen nicht unerheblichen, genau genommen einen erheblichen unbewussten Anteil Ihrer Persönlichkeit gibt, der viel mehr umsetzt als das, was Sie bewusst mitkriegen. Für den sind Sie natürlich genauso verantwortlich, und deswegen ist es wichtig, dass Sie sich die Hinweise für seine Aktivitäten bewusst machen. Zum Beispiel besagtes Suchverhalten.

Untreu – was nun?

Es ist passiert. Sie (Mann) haben mit ihr (Geliebte) geschlafen und werden es wieder tun, Sie (Geliebte) haben etwas getan, wogegen Sie sich immer im feministischen Brustton verwahrt haben, und Sie (Ehefrau) werden von Ihrem Mann betrogen, den Sie mal so sehr geliebt haben, auch wenn Sie davon in den letzten Jahren nicht so viel gespürt haben.

So ist die Faktenlage.

Was tun?

Können Sie überhaupt was tun, oder zieht Sie das Chaos, das die Fundamente Ihrer bürgerlichen Existenz zu unterhöhlen scheint, Sie jetzt in den Abgrund?

Das kommt auf Sie an. Letztendlich auf Sie alle drei. Was die Situation nicht einfacher macht.

Wie kann's gehen?

Der Untreue:

Jetzt haben Sie, was Sie wollten. Das heißt, so ganz klar ist das ja noch nicht: Wollten Sie nur einen Seitensprung, einen Lichtblick im grauen Alltag, oder wollen Sie Ihre bisherige Partnerin gegen eine neue austauschen? Letzteres erfordert ein anderes

Verhalten als Ersteres. In diesem Fall sollten Sie Ihrer bisherigen Partnerin nämlich schnell sagen (die konkrete verbale Ausgestaltung ist natürlich Ihre Sache):»Schatz, wie du ja selbst vielleicht schon gemerkt hast, ist unsere Liebe leider am Ende; ich habe eine andere Partnerin gefunden und will fortan mit ihr leben. Lass uns alle offenen Fragen im gegenseitigen Einvernehmen abwickeln, am besten machen wir einen Ehevertrag, um alles Weitere festzulegen.«

So weit sind Sie doch noch gar nicht? Das Ganze war eher ein Ausrutscher? Den Sie vielleicht nicht ungeschehen machen und vielleicht gelegentlich gerne wiederholen würden, aber auf gar keinen Fall offenlegen wollen?

Ehrlich gesagt, sollten Sie sich am besten vorher klar werden, was aus diesem heißen Flirt werden soll, denn sonst kommen Sie und alle anderen Beteiligten schnell in Teufels Küche! Ein ein-, zwei- oder dreimaliger Seitensprung ohne Zukunftsaspekte verlangt nicht die gleiche Transparenz wie eine neue Lebenspartnerschaft; in dem Fall sollten Sie sich eher um eine möglichst wasserdichte Geheimhaltung bemühen. Die können Sie zwar nicht sicherstellen, aber die Chancen stehen besser, wenn Sie es wenigstens versuchen.

Übrigens sollten Sie in die Überlegungen zur Zukunft Ihres Flirts auch Ihre Flirtpartnerin einbeziehen. Denn sollten Sie ein einmaliges oder seltenes Ereignis planen, wird es kompliziert, wenn das Objekt Ihrer Begierde andere Absichten hat und in Ihnen den Partner fürs künftige Leben sehen will.

Sie finden diese Überlegungen total unmoralisch und lehnen deshalb ab, sich solche Gedanken zu machen? (Die Moral kommt Ihnen aber oft in die Quere!) Tja, dann sollten Sie das Projekt Seitensprung konsequenterweise sehr schnell beerdigen. Ihrer Moral geht es damit zweifelsohne viel besser. Sie entscheiden sich für eine Alternative, die mit Ihrem reinen Gewissen im Einklang ist und die Sie ruhig schlafen lässt – wenn Sie nicht dauernd von dieser Frau träumen würden, mit der Sie doch so gerne …

Was auch immer Sie tun, Sie sollten es in dem Bewusstsein tun, dass es Ihre Entscheidung ist, für deren Folgen Sie auch die Verantwortung zu tragen haben. Verantwortlich sind Sie nicht für irgendwelche abstrakten Moralvorstellungen, sondern für Ihre Partnerin, für Ihre Kinder, für Ihre Geliebte. Und last but not least vor allem für sich selbst und für Ihr Wohlergehen. Entscheiden, was Sie tun werden, müssen Sie aufgund Ihrer eigenen Bedürfnis- und Gewissenslage. Wie Sie es tun, sollte sich an den Konsequenzen für die Menschen orientieren, denen Sie sich verantwortlich fühlen.

Da war doch noch die Sache mit der Transparenz: eine moralische Forderung, gegenüber Ihrem Lebenspartner vollständig durchsichtig zu sein, alle Ihre Gedanken, Pläne und Handlungen zu offenbaren.

Diese Forderung zeugt zweifellos von einem hohen Moralanspruch an sich selbst.

Transparenz bedeutet: keine Geheimnisse, alles offenlegen. Das gegenseitige Vertrauen erstreckt sich nicht nur auf die Fakten, sondern auch auf die Gefühle.

Sie (sie) haben sich wohl verliebt. Zuerst war Ihnen das gar nicht so klar. Das Geschäftsessen mit dem Kollegen lief anders als sonst, und als er sich plötzlich verabschiedete, wären Sie ihm am liebsten nachgelaufen: Bitte, noch einen Kaffee trinken, das Gespräch darf doch nicht zu Ende sein. Aber er war weg, und Sie haben erst mal nichts von ihm gehört. Wochenlang.

Ihrem Partner, mit dem sie eine transparente Beziehung pflegen, erzählten Sie alles, erstens aus Prinzip, und zweitens war ja wirklich nichts geschehen. Sie haben dann nicht kapiert, wieso er mit völligem Unverständnis auf Ihre begeisterte Schilderung reagierte: Was daran so besonders gewesen sei, der Typ habe Ihnen wohl mehr als gefallen.

Nach drei Wochen bekamen Sie doch einen Brief. Ihm hatte

der Kontakt offenbar auch gefallen, er würde das Gespräch gerne fortsetzen. Sie freuten sich, schrieben zurück, der sich anbahnende Briefwechsel war nicht nur geistvoll, sondern auch ziemlich emotional und hatte mit beruflichen Themen nur noch wenig zu tun. Sie verabredeten sich zu einem gemeinsamen Abendessen, in einigen Wochen, wenn Sie beide in derselben Stadt wären.

Und Sie konnten nun überhaupt nicht mehr verstehen, dass Ihr guter, alter Partner, dem Sie alles getreu Ihrem Transparenzprinzip erzählten, not amused war. Er reagierte in Ihren Augen kindisch. Und nachdem Sie sich mit dem Kollegen getroffen hatten, zum Abendessen, das schön und vertraut war, aber bei dem natürlich nichts »passiert« ist – bis auf die vielleicht etwas zu innige Umarmung beim Abschied –, da tönte Ihr Partner doch tatsächlich von Trennung. Und dieses Zerwürfnis hält bis heute an. Unter anderem auch, weil Sie nicht so mit sich umgehen lassen. Der Kollege ist übrigens schon längst im Orbit verschwunden.

Transparenz ist ein schönes Prinzip. Aber sein Funktionieren beruht auf Voraussetzungen. Zum Beispiel, dass Ihr *significant other* auch mit Ihren Gefühlen umgehen kann, wenn sie sich nicht direkt auf ihn beziehen. Und wie wollen Sie es mit der Transparenz halten, wenn es ihm gerade schlecht geht, weil in seiner Firma alles zum Kotzen läuft und sein Vater auf die Pflegestation verlegt werden musste? Das eine hat nichts mit dem anderen zu tun, schon richtig. Aber müssen Sie ausgerechnet jetzt Ihre jahrelange, eigentlich ziemlich schöne Beziehung auf dem Altar des Transparenzprinzips opfern?

Ich will Sie nicht zum Lügen verführen. Ich will Sie allenfalls dazu bewegen, Beziehungsprobleme differenzierter zu sehen. Moralisches Denken kann auch ein Vorwand sein.

Sie haben ja schon gemerkt, ich bin etwas skeptisch, was die hohen Ansprüche angeht. Ansprüche sind immer Kopfgeburten mit einer starken Tendenz, menschliche Realitäten auszublenden. Und im Fall der Transparenz gibt es zwei Probleme: Nicht immer ist meine persönliche menschliche Realität so, dass ich sie in jedem Detail einer mir wichtigen Person offenbaren will, und diese wichtige Person ist in der Regel nur selten mit solcher Stärke ausgestattet, dass sie alles, was sie da zu sehen kriegt, mit tiefem seelischem Gleichmut zur Kenntnis nehmen kann. Ach ja, es gibt noch ein drittes Argument: Für Neugier und Interesse, den Triebfedern einer interessanten Beziehung, ist absolute Transparenz eher fatal. Ich bin mir auch nicht sicher, ob sich hinter der totalen Transparenzforderung nicht ein verkapptes Sicherheits- und Kontrollbedürfnis verbirgt. Aber das sollten Sie vergessen: Sicherheit gibt es nicht in diesem Leben, so sehr Sie sie sich auch wünschen, und mit der Kontrolle ist es ähnlich.

Die Betrogene:
Okay, es ist eine Gemeinheit, und Sie haben das nicht verdient.

Es ist sehr angebracht, dass Sie sauer sind und Ihre Wunden lecken.

Nehmen Sie sich Zeit dafür, und lassen Sie sich nicht auf voreilige Versöhnungsgespräche ein. Aber wenn Sie sich nicht selber demütigen und als völlig machtlos darstellen wollen, sollten Sie irgendwann die Frage nach Ihrem eigenen Anteil stellen.

Waren Sie vollkommen glücklich in Ihrer Beziehung und sind deswegen durch diesen Treuebruch aufs Tiefste gedemütigt? Oder hat Ihnen schon ab und zu geschwant, dass nicht alles toll lief? Waren auch Sie vielleicht abgrundtief gelangweilt bei dem, was da noch als Sex durchgehen musste? Wollten aber nicht darüber reden, um keine schlafenden Hunde zu wecken, die in Wirklichkeit schon längst hechelnd auf der Jagd waren? Er hat gelogen, klar. Und moralisch ist das nicht. Aber bei Menschen kommt das vor. Bei schwachen, aber auch bei starken.

Diese Überlegungen laufen schließlich auf die Frage hinaus, ob Sie die Untreue als Anlass für eine Trennung nehmen möchten – was hundert Prozent legitim wäre – oder als Chance, noch mal neu miteinander anzufangen. In Kenntnis der Tatsache, dass die beiderseitigen Bedürfnisse doch ein wenig anders sind, als Sie beide dachten.

Zwei Voraussetzungen: Er muss das auch wollen, natürlich, und – noch viel wichtiger – Sie müssen in der Lage sein, ihm zu verzeihen. Irgendwann, auf jeden Fall bevor Sie weitermachen.

Das »müssen« ist übrigens nicht als moralische Forderung zu verstehen, niemand kann Druck auf Sie ausüben, dass Sie verzeihen, aber anders ist eine gute Fortsetzung dieser Beziehung nicht denkbar.

Die Geliebte:

Sie hatten sich das gut überlegt, wollten nur ein kurzes Abenteuer. Von seiner Familie wollten Sie deshalb gar nichts wissen, das schlechte Gewissen sollte nicht zu groß werden. Mit dem Alleinsein kommen Sie jetzt auch zurecht?

Eine Entscheidung zwischen zwei Erwachsenen. Sie waren gerade allein, deswegen war das Problem für Sie nicht groß, und weitergehende Ansprüche haben Sie eh nicht.

Dieser Standpunkt ist relativ komplikationsfrei.

Anders wird es, wenn Sie auf der Agenda die Gründung einer neuen, eigenen Familie haben und Ihren neuen One-night-stand als künftiges Oberhaupt dieser neuen Familie avisiert haben. Haben Sie mit ihm darüber gesprochen? Und wollen Sie sich allen Ernstes mit einem neuen Partner zusammentun, der Treue nicht so besonders ernst nimmt?

Vater Burdas Vielweiberei

SZ-Magazin: Herr Burda, die Ehe Ihrer Eltern hätte eine 1-a-Geschichte für die *Bunte* abgegeben. Ihr Vater Franz, einer der Titanen des deutschen Wirtschaftswunders, hatte von seiner zehn Jahre jüngeren Sekretärin ein Kind, das neun Monate nach Ihnen geboren wurde. Seine Geliebte machte er zur Chefredakteurin der Zeitschrift *Effi Moden*, die er für sie gekauft hatte. Seine Ehefrau Aenne feuerte die Nebenbuhlerin mit dem Satz:»Ich lass mich nie und nimmer scheiden!«, übernahm das Heft selbst und baute daraus das weltumspannende Imperium Burda Moden. Um ihre Revanche zu würzen, nahm sie sich auf Sizilien einen Liebhaber mit dem klangvollen Namen Giovanni Panarello, mit dem sie fortan in ihrer Villa in Taormina die Ferien verbrachte. Nachdem sie ihren Italo-Lover bei ihrem Geburtstagsfest öffentlich vorgeführt hatte, rächte sich ihr Ehemann mit noch wilderen Affären. Mittendrin in diesem Tollhaus: Sie.

Hubert Burda: Mein Vater hat sich nicht gerächt. Ihm war der Liebhaber sehr willkommen. Er wusste genau, dass er die Mutter mit seinem unehelichen Kind in einem Maße desavouiert hatte, dass ihr Affären vollkommen zustanden.

SZ: Bereute Ihr Vater seine Vielweiberei?
Hubert Burda: Nein. Er hatte nicht mehr Affären als andere Einflussreiche und ging relativ locker damit um. Liebschaften gehörten für ihn zur Kreativität und guten Laune, so wie die Schubert-Lieder, die er morgens beim Aufstehen sang. Ich glaube, er liebte Picasso deswegen so sehr, weil der ein Weltmeister im Fremdgehen war und mit all diesen schönen Frauen so gut vorwärtskam.[65]

Eifersucht –
was wollen Sie eigentlich wissen?

Wenn der Unselige, der mich gestern besucht hat, ein Mann, dessen Geliebte es mit einem andern versucht, wenn er ganz sicher sein könnte, dass die Gespräche eines andern, die Küsse eines andern, die zärtlichen Einfälle eines andern, die Umarmung eines andern niemals an die seinen heranreichen, wäre er nicht etwas gelassener?Eifersucht als Angst vor dem Vergleich.

Max Frisch[66]

Sie sind eifersüchtig? Haben Angst, dass Ihnen eine, die schöner, anziehender ist, eine stärkere sexuelle Ausstrahlung hat und einen tollen Job, die Ihnen intellektuell überlegen ist, oder der Andere, der mehr Alpha-Typ ist als Sie, dessen Body schon im Anzug ziemlich beeindruckend ist, zumindest im Vergleich mit Ihrem Wohlstandserker, dass sie/er Ihnen Ihre/n Liebste/n wegschnappen wird? Sie malen sich das Schlimmste aus. Dieses Schlimmste ist für Frauen oft der bessere, tiefere emotionale Kontakt mit einer anderen Frau, für Männer meistens der heiße Sex mit einem Anderen.

Irgendwann halten Sie die Ungewissheit nicht mehr aus. Sie wollen es wissen! Sie, schnappen sich sein Handy, wenn er im Bad ist – gut, dass man mit den Dingern noch nicht duschen kann! –, und checken die SMS, schauen, mit wem er whatsappt. Wieso ist diese Unbekannte in seinen Fotos? Sie durchwühlen die Taschen seines Jacketts, aktivieren auf Ihrem Handy die Suchfunktion für sein iPhone, leiten die SMS sogar gleich um. Wenn Sie's gerne etwas teurer mögen, engagieren Sie einen Privatdetektiv; die Angebote im Internet sind reichhaltig. Wenn der nichts findet, spüren Sie kurze Erleichterung, aber schnell geht es wieder los. Sicher sind Sie sich nie! Eifersucht quält Sie, lässt Sie nicht in Ruhe, überall lauern irgendwelche schillernden Hinweise, die sich bei entsprechender Interpretation in ein bedrohliches Gesamtbild fügen. Wohl fühlen Sie sich bei alledem nicht. Sie sind getrieben.

Was treibt Sie eigentlich?

Max Frisch kommt beim Thema Eifersucht schnell auf Othello. »Der Mohr von Venedig«, nach Shakespeare ein erfolgreicher Feldherr, ist ihm eine Art Prototyp des Eifersüchtigen: »Was uns an Othello erschüttert, ist nicht seine Eifersucht als solche, sondern sein Irrtum: Er mordet ein Weib, das ihn über alles liebt… Warum übrigens ein Mohr?… Othello ist in erster Linie nicht ein Eifersüchtiger, sondern ein Mensch aus verachteter Rasse… Er leidet an seinem Anderssein; hier wurzelt die Tragödie… Das allgemeinste Gefühl von Minderwert, das wir alle kennen, ist die Eifersucht.«[67]

Der mindere Wert, Ihr Gefühl der Unterlegenheit ist das eine. Das andere ist das Irreale, der Irrtum. Selbst wenn Sie recht hätten, geht Ihre eifersüchtige Vorstellung immer weit über die Realität hinaus; denn Sie fürchten ja nicht die/den reale/n Andere/n, sondern lassen in der Eifersucht gewiss werden, was tief in Ihrer Seele an Ihnen nagt: Dass Sie eben nicht die/der Beste sind. So wie Liebe sich überschlägt, wenn dieser egoistische Zweifel auf einmal erfüllt wird, so wird die Gewissheit, dass ein/e Andere/r besser ist als Sie, zu Ihrer Nemesis, der Sie paradoxerweise auch noch nachjagen. Irreal ist beides.

So können sich sich Ihrer Freundin unterlegen fühlen, wenn Sie diesen Traummann abkriegt, hinter dem Sie schon so lange her waren. Gedemütigt, erniedrigt erleben Sie sich aber, wenn eben diese Freundin Ihrem Mann, der doch unbedingt Ihnen gehören soll, Avancen macht und er das auch noch toll zu finden scheint.

Was für eine Verblendung! Bleibt er bei Ihnen, so ist alles gut, geht er zu ihr, dann setzt er um, was an Ihrer Beziehung nicht gestimmt haben mag – und Sie werden frei für eine neue, vielleicht viel erfüllendere Beziehung. Der Schmerz kommt immer aus dem Festhalten an der Illusion, Ihrer Illusion. Was nicht verhindert, dass Sie auch mit intaktem Selbstgefühl mal eifersüchtig werden können. Ich weiß, von was ich schreibe.

Was können Sie tun?

Ganz egal, ob es denn nun »belastbare« Hinweise gibt oder nicht: Eifersucht ist leider immer Ihr Problem, nicht das Ihres Partners oder Ihrer Partnerin. Eifersucht kann auch grundlos fürchterlich sein, und andererseits gibt es Menschen, die nicht eifersüchtig werden, obwohl sie jeden Grund hätten.

Versuchen Sie also bitte, Ihre Eifersucht als Ihr Problem zu sehen, auch wenn Ihnen das schwerfällt. Wenn es Ihr Problem ist, können Sie daran arbeiten, zum Beispiel mit einem Therapeuten.

Ein paar Hinweise:

- Ihr/e Partner/in »gehört« Ihnen nicht: Vielleicht bereichert sie/er Ihr Leben durch eine wunderbare Beziehung – Ihr Besitz ist die/der Andere in keinem Fall.
- Auch wenn Sie so glücklich waren wie nie, Ihr Wert hängt nicht von Ihrer Beziehung ab. Er wird nicht gemindert, wenn sich Ihr/e Partner/in von Ihnen trennt, genauso wenig wie wenn einer von Ihnen sterben würde. Das wäre traurig, furchtbar, ein Schicksalsschlag, aber keine Wertminderung.
- Es ist also viel eher Trauer, die angesagt wäre, wenn diese einzigartige Beziehung zu Ende ginge, nicht Eifersucht. Diese setzt sich auch deshalb so fest, weil Sie das Trauern vermeiden wollen. Aus Angst vor dem Kontrollverlust, den Sie mit dem Trauern verbinden, wollen Sie lieber auf

der anscheinend sicheren Seite Ihrer Grübeleien und Vermutungen bleiben. Sicher? Auch das ist eine Illusion. Ihr Gefühl der Trauer ist viel irdischer als Ihre eifersüchtigen Gedankenspiele. Wenn Sie diese Realität denn nur zulassen würden, könnten Sie den Verlust verarbeiten.

- Versuchen Sie also, Distanz zu Ihren Vermutungen und Grübeleien aufzubauen; es sind nur Gedanken, nicht die Realität. Ich weiß, wenn Sie das könnten, hätten Sie kein Problem. Sie könnten es aber versuchen, sich bemühen. Damit gäben Sie Ihren Gefühlen und übrigens auch Ihrer Beziehung eine Chance. Denn Eifersucht gaukelt Ihnen nur eine Gewissheit vor, die es in Wirklichkeit gar nicht gibt.
- Gewiss ist allerdings, dass Sie Ihre Beziehung auf Dauer ruinieren, wenn Sie die Eifersucht weiterpflegen.

»Plötzlich, in der Tat, kannst Du es selber nicht mehr glauben, dass sie Dich wirklich geliebt habe. Sie hat Dich aber geliebt. Dich! – aber Du, wie gesagt, bist nicht alles, was in der Liebe möglich ist…

Auch er nicht!

Auch sie nicht!

Niemand!

Daran müssen wir uns schon gewöhnen, denke ich, um nicht lächerlich zu werden, nicht verlogen zu werden, um nicht die Liebe schlechthin zu erwürgen.«[68]

Paartherapie –
Was tun mit der neuen Verliebtheit?

Personen: Therapeut, Er, später Sie

Th: Guten Abend, Sie kommen ja heute allein! Gibt es einen Grund?

Er: Allerdings! Ich habe meine Traumfrau kennengelernt und weiß nicht, was ich tun soll!

Th: Woher wissen Sie, dass es Ihre Traumfrau ist?

Er: Es stimmt einfach alles! Wir verstehen uns ohne langes Gerede, haben die gleichen Interessen, schätzen Menschen und Dinge gleich ein und können uns spontan für Verrücktheiten begeistern.

Th: ??

Er: Wir kommen morgens um halb sieben plötzlich auf die Idee, im Starnberger See zu baden, fahren raus, springen bei 17 Grad ins Wasser, dann gehen wir zum nächsten Bäcker, essen ein Croissant und trinken einen Cappuccino und fahren wieder zurück. Einfach unglaublich!

Th: Haben Sie das mit Ihrer Frau nie gemacht?

Er: Da kennen Sie sie schlecht, sie hätte mich für verrückt erklärt! In der Badewanne zu zweit, klar, aber in den kalten Starnberger See? Nie!

Th: Was gefällt Ihnen so daran?

Er: Ich kann Ihnen das nicht genau sagen – das Ungewohnte, Spontane. Einfach etwas Verrücktes zu tun, weil es Spaß macht, egal, ob es komplett unvernünftig ist!

Th: Sex?

Er: Ja klar, es war traumhaft! Spontan, wild, alles, wovon ich immer schon geträumt habe!

Th: Und nun?

Er: Deswegen komme ich ja zu Ihnen; ich habe keine Ahnung, was ich tun soll.

Th: Weiß Ihre Frau davon?

Er: Sind Sie verrückt? Entschuldigung! Das könnte ich ihr überhaupt nicht sagen.

Th: Aber das steht an.

Er: ??

Th: Haben Sie nicht gesagt, die Neue sei Ihre Traumfrau?

Er: O ja doch, ein Traum!

Th: Und wollen Sie diesen Traum nun Realität werden lassen?

Er: Ähh, wie soll ich das denn so schnell wissen?

Th: Ich verstehe Sie wohl nicht ganz: Sie lernen eine Frau kennen, die der Inbegriff Ihrer Wünsche ist, Sie verbringen Zeit mit ihr, Sie schlafen mit ihr – und Sie wollen das Ihrer Frau nicht sagen?

Erstens ist es ziemlich wahrscheinlich, dass sie Ihnen auf die Schliche kommt, und zweitens sollten Sie wohl schnellstmöglich mit offenen Karten spielen, wenn Sie so tiefgreifende Änderungen im Leben Ihrer Frau, Ihrer Geliebten und von sich selbst vorhaben.

Er: Was für Möglichkeiten habe ich denn?

Szenario 1 (keiner lügt):

Sie: Schatz, warum bist du denn gestern so spät nach Hause gekommen und hast mir gar nicht Bescheid gegeben, dass du da bist?

Er: Schatz, ich war mit meiner neuen Freundin im Kino und dann noch bei ihr.

Sie: (ist verblüfft, verletzt, überlegt sich, die große Szene zu machen, entscheidet sich dann aber für eine überraschende Variante) Und wie soll das nun weitergehen?

Er: Ich weiß auch nicht.

Sie: Aber du musst dir doch etwas dabei gedacht haben!

Er: Ehrlich gesagt habe ich das nicht. Ich bin nur sehr verliebt in sie und bin selber sehr überrascht darüber.

Sie: Und ich? Was empfindest du für mich?

Er: Dasselbe wie vorher, ich liebe dich auch, aber anders, wir kennen uns jetzt ja schon fünf Jahre.

Sie: Was würdest du denn am liebsten tun?

Er: Rausfinden, was mit meinen Gefühlen los ist, und klarkriegen, was ich will.

Sie: Willst du mich wegen ihr verlassen?

Er: Das ist eine Möglichkeit, aber ich weiß es wirklich nicht.

Sie: Wie lange brauchst du, um das herauszufinden?

Er: Zwei Monate, vielleicht.

Sie: (nach einigem Zögern)
Pass auf, ich mache dir folgenden Vorschlag:
Du bekommst 2 Monate. In dieser Zeit brauchst du dich bei mir nicht melden und kannst rausfinden, was mit deinen Gefühlen los ist. Nach zwei Monaten möchte ich so oder so eine klare Antwort, ob du zu mir zurückkommst oder bei ihr bleibst. Meine Bedingung ist, dass du dir nach zwei Monaten klar bist, glasklar.

Er: Und wenn es das nicht ist?.

Sie: Dann ist mit unserer Beziehung Schluss, endgültig.

Er: Und wenn ich zu dir komme?

Sie: Tja. Heute glaube ich, dass ich mich freuen würde, dass wir gemeinsam überlegen sollten, was wir tun können, damit sich so etwas nicht wiederholt.

Er: Du bist toll!
(geht ab.)

Th: Das finde ich auch. Beachtlich, Ihr Vorschlag. Glauben Sie, dass Sie das durchhalten werden?

Sie: Ich hoffe! Leicht wird das nicht.

Th: Was hat Sie zu diesem großzügigen Angebot bewogen?

Sie: So großzügig finde ich es gar nicht.

Th: ???

Sie: Ich finde, wir haben bisher eine gute Beziehung gelebt. Er bedeutet mir 'ne ganze Menge. Natürlich finde ich es überhaupt nicht prickelnd, dass er sich in diese Tussi verliebt hat, aber wahrscheinlich bin ich zu intelligent, um die Augen davor zu verschließen, dass das passieren kann. Auch mir passieren kann.

Th: Sicher. Aber andere Frauen würden ihm die Hölle heiß machen.

Sie: Mir war auch danach, das können Sie glauben! Aber was bringt's? Dass er pro forma diese Beziehung aufgibt und sich heimlich mit ihr trifft? Dass verbotene Früchte ihm besonders toll schmecken? Dass unsere Beziehung jetzt richtig in die Brüche geht? Meine Haltung gibt ihm bestimmt zu denken. Da soll die Tussi erst mal rankommen.

Th: Ganz schön viel Selbstbewusstsein!

Sie: Das war noch nie mein Problem.

Th: Aber wie soll es weitergehen?

Sie: Möglichkeit B: Er meldet sich nicht mehr und zieht mit ihr von dannen. Fände ich sehr schade, aber wenn sie wirklich seine Traumfrau ist, kann ich sowieso nichts machen. Auch wenn ich jetzt ein Riesentheater machen würde, hätte ich dann keine Chance.

Möglichkeit A: Ich glaube, dass unsere Beziehung eine reelle Chance hat. Er kriegt jetzt die Möglichkeit, jede Menge Nähe von ihr einzuatmen, voll und ganz Beziehung zu leben, ohne dass ihm jemand Vorwürfe macht. Wenn er ein schlechtes Gewissen bekommt, dann, weil er sich an die positiven Seiten unserer Beziehung erinnert. Und mit etwas Glück stellt er bald fest, dass dieser Traum so traumhaft doch nicht ist.

Und kommt zurück.

Th: Und wie geht es dann weiter? So wie vorher? Ohne Aussprache? Ohne Konsequenzen?

Sie: Nein, das würde nicht funktionieren. Wenn es weitergeht, dann nur nach einer ausführlichen Aussprache, wie es zu dieser Affäre gekommen ist. Sein Anteil, aber auch mein Anteil.

Th: Was meinen Sie damit?

Sie: Na ja, wir haben uns immer sehr gemocht, aber wenn ich ehrlich bin, bestand unsere Beziehung in den letzten Monaten überwiegend aus Routine. Ich war mit meinem Master beschäftigt, er wollte gerne ein Kind, und ich hab mich vor der Diskussion gedrückt, ihn auflaufen lassen. Diese Vermeiderei hat sich wie Mehltau auf unseren Dialog gelegt, der Sex war nicht schlecht, aber aufregend ist was anderes.

Ich würde dieses Desaster gerne als Chance nehmen, neu anzufangen. Mal sehen, ob er mitspielt.

Als Autor gebe ich gerne zu, dass eine so gelassene, souveräne »Betrogene« nicht alltäglich ist. Diese Lösung ist geradezu idealtypisch. Aber sie ist nicht erfunden. Ich habe Frauen getroffen, die sich in etwa so verhalten haben und denen es gelang, ihre Beziehung zu retten und mit beachtlich neuem Leben weiterzuführen.

Überlegen Sie es sich, wenn Sie in eine vergleichbare Situation kommen, ob dieser Weg nicht auch für Sie gangbar wäre.

Welche anderen Szenarien kämen infrage?

Szenario 2 (sehr häufig!): Er gibt nichts zu.

Sie: Schatz, warum bist du denn gestern so spät nach Hause gekommen und hast mir gar nicht Bescheid gegeben, dass du da bist?

Er: Och, ich war mit Bernie (sehr alter Freund, solidarisch und als Alibi perfekt geeignet) in der Kneipe. Ich wollte dich nicht wecken, weil ich wusste, dass du heute einen anstrengenden Tag hast.

Sie: Ach, du bist ja süß, so rücksichtsvoll.

Siehst du Bernie jetzt öfters? Zwischen euch war ja schon ziemliche Funkstille.

Er: Echt? Na ja, wir kennen uns doch schon seit Ewigkeiten, und es wäre ja schade, so was einschlafen zu lassen.

Sie: Schatz, du würdest mir doch sagen, wenn du dich mit einer anderen Frau treffen würdest?

Er: Wie kommst du denn auf so was? Wir haben doch von Anfang an ausgemacht, dass wir so etwas transparent machen würden.

Sie: Ja, schon, aber man weiß ja nie … (geht ab.)

Th: Wie geht's Ihnen jetzt?

Er: Bescheuert!

Th: Warum genau?

Er: Diese Sch…lügerei! Zwei falsche Bemerkungen, und ich steck in der Sackgasse fest und komme nicht mehr raus. Ich hab einen Moment nicht aufgepasst, und das war's! Ich wollte ja schon die Möglichkeit haben, die Wahrheit zu sagen.

Th: Die volle Wahrheit?

Er: Na ja, vielleicht nicht alles, aber zumindest andeuten, dass es mit uns nicht so einfach ist, vielleicht, dass mir jemand anderer im Kopf rumspukt…

Th: … nicht nur im Kopf offensichtlich.

Er: Sie tun sich leicht!

Th: Nicht direkt, ich überlege, wie ich Ihnen helfen könnte, wieder zurück in eine etwas realistischere Story zu kommen.

Er: Und, fällt Ihnen was ein?

Th: Es ist nicht so leicht; mit der Geschichte von Ihrer Rücksicht, wegen der Sie Ihre Partnerin nicht wecken wollten, und vor allem mit der Transparenz-Story haben Sie die weitere Richtung ganz schön breit betoniert.

Es gibt nur zwei Möglichkeiten.

Er: Und die wären?

Th: Sie machen weiter so wie bisher, lügen beherzt weiter und versuchen inzwischen rauszufinden, was Ihnen die Neue bedeutet. Das ist nicht toll, aber wenn Sie aufpassen, haben Sie eine gewisse Chance.

Er: Wieso ist das keine gute Möglichkeit? Genau das hatte ich jetzt, wo das Kind im Brunnen ist, eigentlich vor.

Th: Dieses Modell hat verschiedene große Schwächen: Geheimhaltung ist problematisch, und die Chancen sind hoch, dass Sie irgendwann nicht aufpassen und Ihnen die ganze Geschichte um die Ohren fliegt. Mit dem Etikett eines notorischen Lügners brauchen Sie bei Ihrer alten Partnerin nicht mehr antreten. Und als Ausgangslage bei der Neuen ist es auch nicht strahlend.

Er: Wieso das denn nicht?

Th: Sie kriegt mit, dass ihr Prinz wie gedruckt lügen kann. Diese Begabung kann er ja irgendwann auch ihr gegenüber einsetzen. Außerdem müssen Sie ständig mit Ihrem Zeitplan jonglieren und können Ihre Zeit nicht so für die neue Beziehung einsetzen, wie sie es gerne hätte.

Er: Und was soll ich stattdessen tun? Was ist Möglichkeit zwei?

Th: Sie gestehen ihr, dass Sie sie angelogen haben, entschuldigen sich und legen die Karten auf den Tisch.

Er: Das ist ja typisch therapeutisch-theoretisch!

Th: Fällt Ihnen etwas Besseres ein?

Er: Ich habe ja auch nicht Therapie gelernt!

Th: Denken Sie mal mit:

Ihre Freundin hat gemerkt, dass an Ihrer Geschichte was nicht ganz astrein war: Die Wiederentdeckung von Bernie war wohl nicht so überzeugend.

Aber sie hat sich entschieden, auf Ihre Story einzugehen. Wenn Sie jetzt mit irgendwelchen Halbheiten kommen, dass es doch nicht ganz so war – wie soll das denn gehen? Mit jedem Wort verschlechtern Sie Ihre Position. Und in Ihrer Situation kann Ihnen ein guter Stand nicht schaden – wenn Sie über Trennung reden wollen, ohne alles kaputt zu machen, und wenn Sie zurückwollen sowieso!

Er: Aber ich weiß doch noch gar nicht, was ich will! In meiner Situation passt doch Transparenz überhaupt nicht!

Th: Sie wollen also weiter lügen, Bernie mobilisieren etc.

Und sich dabei schlecht fühlen, siehe oben!

Er: Das ist wahrscheinlich der Preis.

Th: Ein ziemlich hoher!

Sie schleppen Ihr schlechtes Gefühl mit in die neue Beziehung, was der nicht gut tut, und gehen außerdem noch das Risiko ein, dass Ihre Affäre trotzdem auffliegt und Sie die gesamte Achtung Ihrer Partnerin einbüßen. Und die der Neuen noch dazu, wenn Sie Pech haben.

Ein Typ, der so rumtaktiert, kommt nicht toll rüber!

Er: Na, die muss nicht meckern, sie wusste schon, auf was sie sich einlässt.

Th: ??

Er: Na, dass ich in einer festen Partnerschaft bin.

Th: Aber sie wusste nicht, wie Sie in der Situation agieren würden – und bei allem Respekt: Toll ist was anderes.

Ich weiß schon, dass Sie meine Haltung ätzend finden, aber Sie bezahlen mich nicht fürs Süßholzraspeln.

Vom zeit-losen Glück zur Burnout-Beziehung

Ein jegliches hat seine Zeit, und alles Vorhaben unter
dem Himmel hat seine Stunde:

geboren werden hat seine Zeit, sterben hat seine Zeit; ...
weinen hat seine Zeit, lachen hat seine Zeit; klagen hat
seine Zeit, tanzen hat seine Zeit; ...suchen hat seine Zeit,
verlieren hat seine Zeit; ... schweigen hat seine Zeit, reden hat seine Zeit; lieben hat seine Zeit, hassen hat seine
Zeit; Streit hat seine Zeit, Friede hat seine Zeit.

Buch Prediger 3, 14[69]

Gutes Leben setzt voraus, dass Sie Zeit haben.

Natürlich »haben« Sie die Zeit nicht, sondern Sie teilen die
Ihnen zur Verfügung stehende Zeit auf Ihre verschiedenen Le-
bensbereiche auf. Wenn es gut läuft, verbringen Sie einen bestimmten Anteil »Ihrer« Zeit mit dem, was Ihnen wichtig ist – mit
der Liebsten, mit Ihren Kumpels, mit der Frau, mit den Kindern.

»Du hast nie Zeit für mich/uns!« Und wenn Sie sich gegen diese
ja offensichtlich globale Diffamierung wehren, kommt umgehend ein Vorschlag wie »Du könntest auch mal wieder mit den
Kindern ins Erlebnisschwimmbad fahren!« (70 Prozent Ihres
freien Samstags gehen dafür drauf!). Wenn Sie sich Arbeit mitnehmen und im Ruhebereich trotz der indignierten Blicke der älteren Ehepaare arbeiten könnten, wäre das zu verschmerzen; aber
meistens halten Sie tapfer dagegen, dass Sie das Geld doch auch
für sie – die Ehefrau – und die Kinder verdienen und deswegen
an diesem Samstag leider kein Kinderprogramm liefern können.

Trotz dieses Teilerfolgs nerven Sie solche Dialoge? Wahrscheinlich, weil Sie die prinzipielle Berechtigung der Argumente schon sehen, ja auch gerne mal wieder Zeit für die Kinder hätten, aber bei so einem zentralen Thema einfach nicht nachgeben wollen. Selbst als alleinerziehende Mutter ist Ihnen dergleichen nicht unbekannt, in diesem Fall als innerer Monolog.

Lassen Sie das Gezicke doch mal hinter sich. Schauen Sie ganz allein für sich, ohne jemandem Rechenschaft abzulegen, wie viel Zeit, welches Zeitsegment Sie für wen oder was aufwenden: Arbeit, Partnerschaft, Kinder, Bürokram, Sport – die Reihenfolge können Sie ja der Wichtigkeit entsprechend ändern. Daraus können Sie eins zu eins ableiten, wer oder was Ihnen im Moment wie wichtig ist. Ist ein bisschen entlarvend, deshalb sollen Sie das allein machen. Umgekehrt, wenn es Sie wirklich interessiert, wie viel Ihr/e Partner/in, wie viel Ihre Kinder Ihnen tatsächlich gerade wert sind, dann sehen Sie sich an, wie viel Zeit Sie mit ihnen verbringen wollen. Bringt nur was, wenn Sie ehrlich mit sich sind.

Mit was verbrauchen Sie Ihre Zeit? Das kommt darauf an. Frisch im Job sind Überstunden kein Thema, ein Jahr vor dem Ruhestand wird man Sie dazu kaum bewegen können. Frisch verliebt soll die gemeinsame Zeit mit der Geliebten in Richtung Unendlichkeit streben, jeder Abschied fällt schwer, jede nicht miteinander verbrachte Minute erscheint verschwendet. Mit dem Fortschreiten der Beziehung normalisiert sich so manches, auch der Wunsch nach gemeinsam verbrachter Zeit.

Wenn die erste heiße Phase der Verliebtheit vorbei ist, spätestens wenn Sie zusammenziehen, merken Sie irgendwann, dass die gemeinsame Zeit mit der Zeit konkurriert, die Sie für sich brauchen: den stillen Moment des Morgenkaffees, mal in Ruhe aufs Klo gehen, die lange Zeit des Nachtschlafs – nicht das »miteinander schlafen!«–, »Ihren« Sport, die Wochenendzeitung, das existenzentscheidende Spiel der Sechziger…

Alles hat seine Priorität. Die Gesamtheit dieser Prioritäten gleicht einem Kreis, in dem Sie einzelne Segmente vergrößern können, was dann allerdings auf Kosten der anderen geht. Wenn ein Lebensinhalt wichtiger wird, sich breitmacht, muss anderes weniger werden. Interessant, sich das anzuschauen! Und vergessen Sie sich selbst nicht! Sie wollen gut sein, wollen sich vervollkommnen, Ihre Selbstperformance ist Ihnen wichtig! Nicht nur im Job, sondern zum Beispiel auch beim Sport. Das ist völlig legitim, nur sollten Sie es in Ihre Prioritätenliste mit einbringen. Die Realisierung braucht einiges Durchsetzungsvermögen. Das merkte ein Anwalt, der irgendwann den Entschluss fasste, zwei Wochen des gemeinsamen Sommerurlaubs ausschließlich für seine persönliche Fitness zu reservieren und ohne Frau und Kinder durch Deutschland zu radeln.

Am Anfang einer Beziehung ist die Versuchung groß, von »Ihrer« Zeit etwas wegzunehmen, um mehr gemeinsame Zeit zu haben. Fast jeder tut das. Aber irgendwann reguliert sich das zurück, irgendwie, und nicht selten entsteht daraus die erste Verstimmung in Ihrer Partnerschaft. Die oder der andere merkt nämlich, wenn plötzlich weniger Zeit für sie oder ihn da ist, und erlebt es, wenn es ohne Worte passiert, als Liebesentzug.

Dann kamen die Kinder. Ja, Sie wollten die, wollen sie immer noch unbedingt! Kinder sind ein wichtiges Lebensziel für Sie. Erst eines. Später die anderen.

Diese Kinder können, auch wenn sie Wunschkinder sind, für Ihre Zeiteinteilung, besonders für Ihre »persönliche« Zeit, der Super-GAU sein. Wenn Sie sich nicht bei Zeiten darauf einstellen. Und zwar auf Folgendes:

Ein Baby braucht bummelig 14 Stunden oder mehr direkte Zuwendung, plus Essen zubereiten, Windeln und anderes waschen etc. etc. Wenn Ihr Kind älter wird, braucht es allmählich weniger Zeit. Dann schlägt die Stunde von Tagesmutter, Kindertagesstätte, Schule, die Ihnen freie Zeiträume geben. Aber Sie können sich nicht darauf verlassen, dass Ihnen diese Zeit wirklich zur Verfügung steht, denn es gibt plötzliche Krankheiten, von Kind oder Tagesmutter oder Ihnen, Elternabende, Stundenausfälle – und immer wieder sind extra Zeitkontingente von Ihnen gefragt. Es gibt Lehrer, die erwarten, dass Sie sich um die Hausaufgaben Ihrer Kinder kümmern, mit ihnen lernen etc. Ich habe mir die Hausaufgaben zeigen lassen, habe auch mal Vokabeln abgefragt, aber mehr Aktivität finde ich überzogen – und ich wollte das Verhältnis zu meinen Kindern nicht dadurch ruinieren, dass ich den Job der Lehrer machte.

Geschenkte Zeit

Da Sie Kinder gemeinsam gemacht haben und da diese Kinder auch nach allen bürgerlich-rechtlichen Kriterien zu Ihnen beiden gehören, sollten Sie die für diese Ihre Kinder aufzuwendende Zeit auch gemeinsam verantworten. Wenn Sie beide nicht die gleiche Stundenzahl für Ihr Kind aufbringen, obwohl der Gedanke nun auch nicht völlig abwegig wäre, sind Absprachen wichtig und die – gemeinsame! – Wertschätzung für das, was jeder von beiden tut: Schenkt eine/r von beiden »seine/ihre« Zeit den Kindern – hier kommt das Schenken wieder –, ist das genau so viel wert, wie wenn der andere Karriere macht und auf diese Weise das der Familie zur Verfügung stehende Geld vermehrt. Und das auch, wenn diejenige/derjenige sich das Kind so gewünscht hat. In einer Beziehung, die gut sein will, sollte jeder Verständnis für die Sorgen des anderen aufbringen können. Der Rückzug auf das lapidare »dein Kind, mein Job« ist eher beziehungstötend.

Wollen Sie Ihre Beziehung weiter auf einem akzeptablen Hochplateau halten, so spielt die gemeinsam verbrachte Zeit eine große Rolle. Manche Paare schenken sich *events in prime quality* für die besondere Gemeinsamkeit. Ob diese »geschenkte« Zeit auch als Geschenk wahrgenommen wird, hängt nicht zuletzt davon ab, wie Sie Ihre hochgeschätzte Aufmerksamkeit in dieser

Zeit verteilen: Da ist dieser Manager, der den Abend des fünften Hochzeitstages mit seiner schönen Frau in einem schönen Wellness-Resort verbringt und die ganze – okay, fast die ganze – Zeit mit seinem Handy zu Gange ist, um die ach so wichtigen Geschäfte abzuwickeln. Er demonstriert, dass heute Sie einen Zeitabschnitt ja auch in Prozentanteilen für eine Person oder eine Tätigkeit reservieren können, dank Multitasking, Smartphonebasiert. Ist zwar schlecht für's Hirn, aber erlaubt Ihnen die Illusion, vieles unter einen Hut bringen zu können.

Sie merken, es geht um die Zeit, aber nicht nur. Die Zeit, von der man oft so daherredet, dass man sie durch ein besseres Zeitmanagement in den Griff bekommen könne, wird für unsere Beziehungen entscheidend, weil wir sie eben nicht vermehren können, im Gegensatz zum Geld, zur Fitness. Bei der Zeit heißt es immer: entweder – oder.

Die Kinder werden älter, und Sie sehen sie nur noch selten: Die haben zu so komischen Zeiten Schule, Sport, hängen mit Freunden rum, und Sie arbeiten zu so komischen Zeiten.

Auch hier misst sich Beziehungsqualität mehr an qualitativ miteinander verbrachter Zeit als an der absoluten Menge. Aber übertreiben Sie's nicht! Sie werden irgendwann die Quittung bekommen, wenn Sie auf die tollen miteinander verbrachten Abende einmal im Monat und die tollen Kurzurlaube alle drei Monate abheben.

Alles gut? Nicht ganz.

Denn trotz souveräner Zeitplanung und Absprachen mit Frau und Kindern – oder Mann und Kindern – müssen Sie auch weiter definitiv verfügbar sein, wenn Krisen kommen, was schon öfters passieren kann. Verfügbar heißt in diesem Fall: So lange, wie es nötig ist. Nicht: So lange, wie Sie der Job gerade mal lässt. Diese Verfügbarkeit können Sie schlecht planen, an 95 von 100 Tagen spielt sie vielleicht keine Rolle. Aber an den fünf Tagen umso heftiger: Wenn Ihre Tochter sich ganz unerwartet dingend meldet, dass der neue, attraktive Freund so seltsame Sachen mit ihr anstellen will, wenn Ihr Sohn plötzlich zu saufen anfängt, dann sind Sie und Ihre Zeit gefragt! Und nicht mit einer Mimik, die deutlich signalisiert, dass Sie eigentlich was Besseres zu tun hätten. Nein, Sie brauchen schon Ihre gesamte Empathie, denn Ihre Kinder spüren es genau, wenn sie nebenbei abgehandelt werden sollen.

Zeit brauchen Sie vor allem dann, wenn Ihnen die Thematik, um die es geht, eigentlich total fremd ist: Sie sind kein Freak von Computerspielen, Heavy Metal ist Ihnen ein Albtraum! Sich auf Jugendliche einzustellen, die in der Regel ganz anders denken als die lieben Eltern, ist eben zeitaufwendig. Beim saufenden Sohn kann es sein, dass das eine normale »Phase« ist, durch die er »durch« muss, aber es kann auch eine ernsthafte Krise sein. Die Sie nicht in fünf Minuten verstanden und beseitigt haben.

Nicht nur Ihre Kinder generieren unerwartete Zeitbedürfnisse, sondern zum Beispiel auch Ihre verzweifelte Frau, der ihr Frauenarzt gesagt hat, dass sie vielleicht Brustkrebs hat – tolle Formulierung, dieses »vielleicht Krebs«! – oder Ihre Mutter, nachdem sie fast die eigene Wohnung abgefackelt hat, weil sie unbemerkt von Ihnen ganz sachte dement geworden ist. Von weniger einschneidenden Ereignissen mal ganz abgesehen.

Plötzlich brauchen Sie viel zeitlichen Spielraum! Und Sie können davon ausgehen, dass jedes Zeitversäumnis in solchen Grenzsituationen nicht zu korrigieren ist und nicht verziehen wird.

Auch ohne Schicksalsschläge und Beziehungsdramen, wenn sich das Leben als langsamer ruhiger Fluss präsentiert, spielt die Zeit, die Sie Ihrer Familie geben und die Ihre Familie Ihnen gibt, eine zentrale Rolle.

Bei den öffentlichen Vorträgen zum vorläufigen Abschluss einer Uni-Karriere, wenn der »Doktor« zum »Privatdozenten« wird, ist es üblich, dass der Habilitant sich im Anschluss an seinen Vortrag bei den Menschen bedankt, die ihm geholfen haben, so weit zu kommen. Und bis vor einigen Jahren fiel nicht selten der Satz: »Ich danke meiner Frau, die mir während dieser anstrengenden Monate und Jahre den Rücken freigehalten hat!« In letzter Zeit ist dieser Satz etwas aus der Mode gekommen. Aber das Thema ist gar nicht aus der Mode. Das, was dahintersteht, nimmt heute eher zu. Denn neben vielen Berufen ist es, heute sogar noch mehr als früher, einfach nicht möglich, sich angemessen um Frau und Kinder zu kümmern. Habilitationsverfahren gehören vielleicht dazu, aber auch der Job eines operierenden Chefarztes, eines Hausarztes, eines Abteilungsleiters in einem von der Insolvenz bedrohten Unternehmen – es muss nicht gleich der CEO sein! Und wenn dieser Mann oder diese – viel seltener vorkommende – Frau in leitender Position nicht allein lebt und nicht auf eine Familie verzichten will, dann braucht er die »Gefährtin«, sie den »Gefährten«, die oder der ihm/ihr den Rücken freihalten kann und will. Klingt antiquiert? Vielleicht. Es wird aber nicht das einzige Thema sein, bei dem Ihnen auffällt, dass die Realität nur wenig mit der politisch korrekten Genderposition zu tun hat. Ein beziehungsförderndes Minimum wäre es, sich klar abzusprechen und die Bedingungen, Dauer, Kompensation festzulegen.

Das verstehen Sie nicht? Ganz einfach: Selbstverständlich ist überhaupt nicht, dass einer der beiden Ehepartner auf seine Karriere verzichtet, damit der andere eine machen kann. Wenn Sie also im Zeitalter der noch lange nicht umgesetzten Gleichberechtigung ein solches Modell praktizieren wollen, sollten Sie es genau beschreiben. Denn unter der Überschrift »in einer guten Ehe macht man das so« kann dieses ehrgeizige Projekt heute nicht mehr segeln. Es läuft oft allein schon deshalb auf Grund, weil die Ehe vor seiner Realisierung bereits zu Ende ist. Ein rechtlich gültiger, fest vereinbarter Ausgleich, was die oder der »Rückenfreihalter/in« bekommt, wenn Sie Ihr Karriereziel erreicht haben, ist da schon angebracht. Sie werden sehen, das bringt eine tolle Flutwelle in den langen ruhigen Fluss.

Von der Beziehungseiszeit zur Burnout-Beziehung

Fühlen Sie sich erschöpft? Sind Job, Frau, Kinder, – diese Reihenfolge hat sich anscheinend irgendwie etabliert – trotz aller Arrangements zu viel? Den Sport hatten Sie ja gestrichen, als Ihnen das bisher letzte Großprojekt die langersehnte Beförderung einbringen sollte, im Gegenzug zu drei von vier durchgearbeiteten Wochenenden. Sie fühlen sich ausgebrannt?

Kann vorkommen. Kaum ein Begriff fand in den letzten Jahren soviel Zustimmung und hat Vortragenden so satte Zuhörerzahlen beschert wie das Burnout-Syndrom. Gemeint war ursprünglich das Ausbrennen der idealistisch Überengagierten. Idealistisch ist an der heutigen Realität nichts mehr, denn der Begriff beschreibt die Befindlichkeit all derer, die bei immer weiter reduzierten Ressourcen die gleiche oder noch mehr Leistung bringen müssen, auf Kosten von Freizeit und Gesundheit und der Qualität des alltäglichen Lebens. Es hat eben nicht mehr alles seine Zeit, sondern das Verhältnis zwischen Arbeit und der dafür eingeplanten Zeit gerät immer mehr aus den Fugen: Sie können hinschauen, wohin Sie wollen, ganze Stellen werden halbiert, die Arbeitsmenge aber nicht; von einem Job können Sie Ihre Familie nur noch in Ausnahmefällen versorgen; Jungschauspieler – außer Elyas M'Barek und Matthias Schweighöfer – müssen Taxi fahren; und selbst eine *Tatort*-Folge wird heute in 21 statt in 40 Tagen abgedreht. Krankenhäuser erhöhen ihren Gewinn nicht durch die personalintensive medizinische Leistung, sondern indem sie gerne mal einige Stellen unbesetzt lassen, das Geld fließt ja trotzdem. Selbst die Arbeitsbedingungen in den Redaktionen der Tageszeitungen werden so gestrafft, dass vom ehemaligen Traumberuf des Journalisten nicht mehr viel übrig ist.

Das hat Konsequenzen. Für Ihr persönliches Wohlbefinden, für die Work-life-balance und eben auch für Ihre Beziehungen, die vieles von dem auffangen könnten, was stressiges Berufsleben mit sich bringt – wenn dafür genug Zeit wäre. Der Mangel an Beziehungszeit führt unaufhaltsam in die Beziehungseiszeit, weil der sich vernachlässigt fühlende Partner sehr genau spürt, dass die fehlende gemeinsame Zeit eben letztlich Ausdruck der Tatsache ist, dass Ihnen anderes wichtiger ist als er/sie.

Aber Sie können doch gar nichts dafür, wenn Ihr Chef, wenn die Präsentation, wenn der unbedingt heute zu tätigende Deal ... Können Sie nicht? Na ja. Im konkreten Fall vielleicht nicht, aber Sie haben ja schon irgendwann entschieden, dass Sie diesen Job machen wollen, dass Sie diese Stufe der Karriereleiter noch mitnehmen möchten. Und zu dieser Entscheidung gehört, dass Sie sich klarmachen, wie viel Zeit Sie das kosten wird, kosten im wahrsten Sinne des Wortes. Und wie das Unternehmen, bei dem Sie arbeiten, sein Geld verdient. In den vielen sehr unterschiedlichen Berufen hat der Druck in den letzten Jahren stark zugenommen, weil entweder weniger Geld zur Verfügung steht oder mehr Geld verdient werden muss: Börse oder nicht Börse? Das ist hier die Frage! Ein börsennotiertes Unternehmen ist, erstens, zweitens und drittens nur am Gewinn und auch danach sehr lange an nichts sonst interessiert. Weil die Euros in diesem Modell so schön sprudeln, bekommen kommunale, staatliche und – man denke! – oft auch kirchliche Verwaltungsdirektoren große und gierige Augen und tun so, als säßen auch ihnen die Aktionäre im Genick.

Wenn Sie zum Beispiel als Krankenschwester oder Arzt feststellen, dass in den Verlautbarungen »Ihrer« Verwaltung fast nur vom Gewinn, von der Güte der medizinischen Arbeit aber nur noch ganz am Rande die Rede ist, sollten Sie sich vielleicht mal informieren, wann die Finanzstruktur »Ihres« Krankenhauses geändert wurde. Natürlich wird es Einfluss auf Ihre Arbeit, auf Ihre Freizeit und auf Ihre Beziehung haben, wenn Sie in einem solchen Unternehmen arbeiten. Es ist also angebracht, über Ihre Arbeitsbedingungen nachzudenken, wenn Sie etwas für Ihre Beziehung tun wollen.

Wie Differenzen zu Krisen werden

Differenzen gibt's immer. Auch in Beziehungen. Machen Sie sich nichts draus. Die Frage ist, wie Sie damit umgehen.

Gründe für Differenzen sind einfach:
Sie (Mann) sind ziemlich verschieden von Ihrer Traumfrau. Das merken Sie gewöhnlich erst, nachdem Sie sie erbeutet haben, denn in der Hitze der Jagd hatten Sie für so was keinen Sinn. Den Rückgabe-Bon brauchen Sie aber trotzdem nicht gleich rauszusuchen.

Sie (Frau) erleben sich bei genauer Betrachtung doch viel differenzierter als diesen herrlich hormongesteuerten Macho, den Sie mit viel Geschick gezähmt haben. Und aus dieser, in der Hitze der Verliebtheit leicht zu übersehenden Verschiedenheit wird irgendwann die erste Krise entstehen.

Also: Was tun mit Krisen?

Krisen gibt's in der Anfangsphase, im mittleren Abschnitt und in der Endphase von Beziehungen. Alle sind anders, aber alle wollen ernstgenommen, durchlebt und aufgelöst werden, denn sonst sammelt sich mit der Zeit immer mehr Brennholz für den großen Trennungsbrand an.

Viele Partner erzählen in der Trennungsphase, dass das große Befremden schon in den ersten Monaten aufschien, dass sie es aber nicht thematisieren wollten, um die ansonsten so schöne Beziehung, um die vielen gemeinsamen Pläne nicht zu gefährden.

Riskantes Schweigen

Es war noch nicht mal während des Honeymoons, der kam später, weil sie erst zwei Jahre später heirateten; es passierte in der ersten Phase der Verliebtheit. Er wusste, dass sie unmittelbar vor ihm eine andere Beziehung gehabt hatte zu einem verheirateten Mann, die erst durch sein Erscheinen aufhörte, mit immer noch viel Ambivalenz. Aber schließlich hatte der Verheiratete gegen ihn, den Junggesellen, doch wohl keine Chance. Glaubte er zumindest. Es war Fasching, und sie schlug ihm vor, zum großen Maskenlaufen ins Alpenvorland zu fahren. Das sei sehr spektakulär; alle Einheimischen liefen mit Masken, total unkenntlich verkleidet herum. Da er sowieso niemanden kannte, fand er das nicht so speziell, aber man konnte ja mal sehen. Es ging erstaunlich unzivilisiert und unheimlich zu. Das Wetter war düster, und es wurde früh dunkel; überall maskierte Gestalten, die einen fragend anschauten und drohende Geräusche machten. Auf dem Höhepunkt sagte sie ihm in einem Nebensatz, dass ihr verheirateter Freund auch unter den Maskenläufern sei!

Er erzählte mir 15 Jahre später, dass er am liebsten weggerannt wäre, so ausgesetzt und verwundbar fühlte er sich nach dieser Bemerkung. Das Schlimmste war, dass er keinerlei Kontrolle über die Situation hatte: Lauter finstere Gestalten, einer sah aus wie der andere, keine Möglichkeit, sich zu schützen.

Er ist nicht weggelaufen, nicht zu diesem Zeitpunkt, und er hat ihr auch nichts gesagt, weil er sich lächerlich vorkam. Und trotzdem hat er es als massiven Vertrauensbruch erlebt, dass sie ihn einer Situation ausgesetzt hatte, in der er sich so hilflos fühlen musste. Dieser Vertrauensbruch war letztlich der »Knacks«; als die Trennung anstand, fehlte dieses Vertrauen, um die Beziehung vielleicht doch noch zu erhalten.

Hätte es eine Alternative gegeben?

Ja, schon: Er hätte darüber reden können, besser müssen, gleich am Abend oder ein paar Tage später, an einem ruhigen

Wochenende. Er hätte von seiner Hilflosigkeit sprechen sollen und von dem Gefühl des gebrochenen Vertrauens. Mit Glück hätte sie ihn verstanden; aber selbst wenn sie sich gestritten hätten, wäre die Auseinandersetzung allemal nicht so beziehungsschädigend gewesen wie das Schweigen und der innere Rückzug, lange vor der Hochzeit und viele Jahre vor der Trennung.

Nach der ersten Verliebtheit setzt oft eine Phase der Ernüchterung ein: Sie bemerken mit einem Mal, dass Sie grundlegende Themen anders sehen, dass die Überlegungen oder Entscheidungen Ihres Liebsten aus einer für Sie fremden Welt kommen. Liebe kollidiert mit Überzeugung. So haben Sie sich das nicht vorgestellt, das geht ja gar nicht! Dabei übersehen Sie leicht, dass es anfangs gerade das Fremde, Unvertraute, Neue war, das Sie angezogen hat. Wenn Sie jetzt aus der Distanz der ersten Abkühlung genauer hinsehen, sollten Sie nicht ganz vergessen, wie sehr Sie eben noch von dieser Fremdheit angezogen waren; sonst kommen Sie leicht in eine Pendelbeziehung hinein, die zwischen leidenschaftlicher Anziehung und ernüchterter Distanz hin und her oszilliert. Könnten Sie nicht versuchen, beides zu leben? Und akzeptieren, dass Sie nicht eindimensional sind?

Der am häufigsten begangene, leider aber am wenigsten zielführende Weg ist, solche Differenzen angeblich im Interesse der Harmonie unter den Teppich zu kehren, um den befürchteten Streit zu vermeiden. Sinnvolles Krisenmanagement in Beziehungen kennt durchaus Situationen, in denen eine Auseinandersetzung über divergierende Meinungen nicht besonders passend ist – zum Beispiel:

- die Beerdigung von Tante Erna,
- der Weihnachtsabend,
- die Hochzeit Ihrer Schwester*,
- der Morgen vor Ihrer karriereentscheidenden Präsentation.

---

* Auf den ersten Blick gehört auch die eigene Hochzeit dazu, wenngleich der Kultfilm »4 Hochzeiten und ein Todesfall« eine interessante Alternative aufgezeigt hat.

Okay, aber das war's dann eigentlich schon. Jede Aufschiebung sollte einen konkreten Termin mit genügend Zeit zur Problemklärung einplanen, denn unter dem Teppich mutieren kleine Verstimmungen zu Beziehungskillern schlechthin.

Was tun also in Krisen? Sich anschreien, Türen knallen, das Weinglas an die Wand schmeißen? Können Sie mal probieren, aber dieses Repertoire ist weder die erste Wahl noch für chronische Anwendung geeignet. Miteinander sprechen, zuhören, sprechen, zuhören – immer im Wechsel, möglichst nicht gleichzeitig. Die hohe Schule wäre, die unterschiedlichen Sichtweisen auszutauschen, sich in die oder den Anderen hineinversetzen – eben das, was man Kommunikation nennt. Sich öffnen! Tun Sie beim Sex ja auch. Wenn Sie das schaffen, lernen Sie im besten Fall den anderen kennen und vielleicht sogar bewundern, lieben, in seiner Unterschiedlichkeit, in den Anteilen, die keine Blaupause von Ihnen selbst sind. Sie bekämen die Chance, etwas Neues zu lernen, den Horizont der Beziehung und damit auch Ihren Horizont zu erweitern. Sich selbst zu verändern, weil sich in der Beziehung neue Möglichkeiten für bisher nicht ausprobierte Existenzformen anbieten.

Wegignorieren?

Ein anderer Blickwinkel: Wenn Sie Milch kochen, müssen Sie rühren. Sonst stinkt es irgendwann ganz fürchterlich, angebrannt!

Das wird in jeder Beziehung mit zunehmendem Alltag deutlicher. Zum Beispiel: Ihr Faible für alte Autos, für das Sie vielleicht nicht ihr letztes, aber doch Ihr vorletztes Hemd opfern würden und einige Male auch geopfert haben. Als Ihre Frau noch Ihre Geliebte war, verstand sie das zwar nicht, hielt es aber für eine charmante Macke, zu der sie sich besser ausschwieg. Jetzt, nachdem sie Ihre Frau geworden und nicht nur mit Ihnen, sondern auch mit Ihrer wirtschaftlichen Situation verbandelt ist, fordert sie das vorletzte Hemd für sich und – mit erheblichem Nachdruck – für das gerade entstehende Kind. Und so wird aus Meinung und Gegenrede der erste richtige Krach. Da Sie offene Konflikte seit Ihrer Kindheit nicht auf dem Schirm haben und sich deswegen im Innersten bedroht fühlen, setzen Sie sich zur Wehr. Und zwar richtig!

Eines Ihrer Highlights: Ehe mache für Sie keinen Sinn, wenn Sie auch noch auf Ihr letztes Hobby verzichten müssten, das Einzige, was Ihnen neben der ganzen Maloche noch Spaß mache.

Das war so starker Tobak, dass sogar Sie es merkten und langsam zurückruderten; Sie hätten das nicht so gemeint – haben Sie doch – und sie müsse doch bitte verstehen – musste sie nicht – und so weiter. Sie brachten Ihr am nächsten Samstag einen dicken Blumenstrauß mit, was sehr gut für die Stimmung war, aber das Problem nicht aus der Welt schaffte.

Das Problem?

Welches Problem?

Sie wissen das schon nicht mehr? Sie haben das Verfahren des Wegignorierens angewandt, eine Methode, die das Problem einfach aus dem Focus rückt, ohne etwas daran zu lösen: »Schönes Wetter heute!«

Das Wetter wurde nicht besser, als Ihnen ein alter Bekannter mit guten Verbindungen zur Oldieszene vor drei Tagen diesen absolut einmaligen Jaguar-Oldtimer anbot.

Der Vergleich zum Milchkochen? Die Platte ist inzwischen rot glühend, aber Sie haben das gemeinsame Rumrühren unterlassen, weil Sie sich an den letzten Ärger erinnerten und darauf keinen Appetit hatten. Mit dem Erfolg, dass die Soße demnächst gehörig anbrennen wird.

Investment Liebe?

Ich habe ein Recht auf ...
Ich erwarte, dass du ...
Ich habe so viel in die Beziehung investiert ...
Mein Anspruch ist ...
Mir steht zu ...

Sie haben an solche Aussagen immer mal wieder im Zusammen-hang mit Ihrer – meist gerade nicht so gut laufenden – Liebesbe-ziehung gedacht? Um zurechtzurücken, was aus den Fugen zu geraten schien? Ehrlich gesagt, hatte ich solche Gedanken auch schon. Der Beziehung hat's nicht geholfen.

Solche Sprüche beschreiben Beziehungsaspekte, aber eben rechtliche, finanzielle oder solche zwischen Geschäftspartnern. Zur Liebe passen sie schlecht.

Sie werden jetzt vielleicht einwenden, dass es das häufige und gar nicht so abwegige Schicksal von Liebesbeziehungen sei, in bür-gerliche, rechtliche und finanzielle Zweckgemeinschaften überge-führt zu werden. Die Ehe sei schließlich auch nichts anderes. Damit haben Sie recht und beschreiben mit dieser Argumentation doch gleichzeitig die Gründe, warum die Liebe in solchen Beziehungen oft abhanden kommt. Nicht trotz, sondern wegen der rechtlichen, finanziellen oder zwischenmenschlichen Arrangements.

Liebe entsteht unerwartet, voraussetzungslos, eher im Wider-spruch zu irgendwelchen angeblich begründeten Ansprüchen.

In den westlichen Gesellschaften ist sie in der Regel die Voraus-setzung für die Ehe. Es geht auch anders. In Indien wird zum Beispiel erwartet, dass Zuneigung und andere emotionale Voraussetzungen eines gedeihlichen Miteinanders auf der Grundlage einer von den Eltern getroffenen finanziell-rechtlichen Absprache entstehen. Was in den westlichen Gesellschaften aber meist vehement abgelehnt wird.

Liebe ist flüchtig, wild und unzuverlässig

Warum ist die ehestiftende Rolle der Liebe so problematisch? Zum Beispiel, weil Liebe ganz und gar anarchisch ist, was direkt übersetzt bedeutet, dass sie sich keiner anderen Herrschaft unterwirft. Nicht irgendeiner Version von Vernunft, nicht der Moral, nicht Treu und Glauben.

Ja, aber ist es denn so unverständlich und unangemessen, dass Sie Verlässlichkeit, Sicherheit, Kalkulierbarkeit in Ihrem Leben erwarten und wünschen? Dass Sie das wünschen, ist sehr verständlich, dass Sie es ausgerechnet von der Liebe erwarten, ist eine Illusion, in vielen Fällen eine verhängnisvolle. Einen Anspruch darauf zu formulieren, ist schlicht Unsinn.

Es gibt Liebesbeziehungen, die manchmal ein Leben lang dauern, die mit der Zeit auch tiefer und beglückender werden. Die Chance dafür – und das ist etwas völlig anderes als ein Anspruch – haben Sie nur, wenn Sie der Liebe mit Respekt und ruhig auch Demut gegenübertreten und sie als das nehmen, was sie ist, ein Geschenk.

Wenn Sie finden, dass das ein bisschen esoterisch klingt, täuschen Sie sich. Denn diese Ausführungen gelten keineswegs nur für die himmlische oder die romantische Liebe, sondern auch für ihren sehr irdischen Bruder, den Sex! Reiz, Gier, Lust können durch kaum etwas so schnell und nachhaltig verjagt werden wie durch Erwartung, Anspruch und Investmentstrategien. Offenbar sind Liebe und Sex aus einem leicht flüchtigen Stoff gemacht, der Regeln gehorcht, die mit unseren normalen zwischenmenschlich vernünftigen Erwartungen nichts zu tun haben.

Natürlich sind Liebe und Sex nicht in den Griff zu bekommen. Weder Liebe noch Sex. Auch wenn sich beide in vielen Aspekten unterscheiden, ist beiden gemeinsam, dass sie unerwartet, wild und unzivilisiert daherkommen können. Was Sie, wenn es passiert, mehr als toll finden, so toll, dass Sie dafür ja durchaus gerne alle Vernunft über Bord werfen. Die Unzuverlässigkeit der Liebe ist seit Langem bekannt. Schauen Sie in die Weltliteratur! Die Dichter haben sich über die Liebe und ihre Folgen keinen Illusionen hingegeben.

Die Geschichten von der liebesbedingten Lebenserschütterung Einzelner sind kulturell transformiert worden und in die Sparte Kulturgenuss gerutscht, zu konsumieren in Bayreuth, Salzburg oder verschiedenen Literaturseminaren. Ihrem Wahrheitsgehalt tut das keinen Abbruch.

- Die Liebe verschiedener Männer zu Helena, der Gattin des griechischen Königs Menelaos, entfesselte einen fürchterlichen Krieg, der zehn Jahre dauerte. Zehn weitere Jahre brauchten manche Kriegshelden, bis sie wieder nach Hause fanden. Sie brauchen *Ilias* und *Odyssee* nur zu lesen und werden, wenn Sie auch nur über ein Minimum an Fantasie verfügen, feststellen, zu welch entsetzlichen Folgen Helenas Liebe führte. Der Trojanische Krieg war ein grausames Desaster, auch wenn er in Hexametern beschrieben wurde.
- In *Romeo und Julia* ruinieren sich zwei hoffnungsvolle junge Menschen bis hin zum Tod, weil sie ihre Liebe für wichtiger halten als die Interessen ihrer Clans.
- Im alten Stück von Tristan und Isolde wird die nackte Tatsache, dass ein bis dato beispielhaft treu ergebener Ritter, weil er sich verliebt, seinem Lehnsherrn die erbeutete Braut ausspannt, durch das Kausalmodell eines Zaubertranks gemildert; die Geschichte endet dennoch so katastrophal, wie sie überhaupt enden kann; bis auf den von allen guten Geistern verlassenen König sind alle Protagonisten tot.

- Die Sage vom Tannhäuser, der sich zwischen der frommen Elisabeth und Venus, die immerhin eine Göttin ist, nicht entscheiden kann, endet vergleichbar.

Aber man muss gar nicht bei den Wagner'schen Helden verharren, um immer wieder mit den deprimierenden Folgen der wilden und romantischen Liebe konfrontiert zu werden: In der Geschichte von Heloise und Abaelard büßt der Geliebte die voreheliche Liaison mit seiner Entmannung, La Traviata stirbt an der Schwindsucht, Madame Bovary geht es kaum besser...
Eigentlich kann kein Zweifel bestehen, welche Webstruktur Liebe und Sex haben: Sie ziehen die Protagonisten stärker als jede bürgerliche Vernunft an und führen sie in der Regel ins Verderben und in den persönlichen Untergang. »Tod und Verzweiflung« antizipiert der jugendliche Held Max im *Freischütz* völlig zu Recht, was in dieser Oper durch den Deus ex machina in Gestalt des Eremiten nach Willen des Komponisten Carl Maria von Weber ausnahmsweise abgewendet wird.

Life happens

Und Sie glauben, Sie könnten das anders? Sind schlauer, als Könige, jugendliche Helden, weise Männer und erfahrene Haudegen, als Königinnen und edle Frauen? Um dann, wenn das Kind im Brunnen ist und die Unvereinbarkeit von Liebe und bürgerlicher Existenz alle Beteiligten und Unbeteiligten, also meistens die entstandenen Kinder, in erhebliche Mitleidenschaft gezogen hat, von Anspruch, Erwartung und berechtigter Hoffnung zu faseln.
Nehmen Sie es mir nicht übel, so geht das nicht.
Was tun?
Ich sage Ihnen gleich, dass ich kein Wunderrezept habe, denn ich bin nicht schlauer als Sie. Ich sehe nur einen Weg: Dass Sie die Liebe in ihrem beglückenden, aber auch zerstörerischen Poten-

zial ernst nehmen. Akzeptanz heißt das. Akzeptanz ist die empfehlenswerte Grundhaltung gegenüber jenen Dingen, die Sie in dem Ihnen widerfahrenden Leben nicht ändern können[70], die Sie hin- und ernstnehmen müssen.

Wenn Ihnen die Liebe widerfährt und Sie sich ihr unterwerfen, dann sollten Sie wissen, dass es vielleicht die tollste Erfahrung in Ihrem Leben sein wird. Aber auch die verwirrendste und eine, die Sie völlig aus der Spur bringen kann. Wenn Sie sie akzeptieren, bekommen Sie ungeheuer viel: Leben. Die unglaubliche Attraktivität dieses Zustandes kommt daher, dass Sie sich so lebendig fühlen. Dieses Empfinden ist unvergleichlich, besser als jedes andere Gefühl.

Aber es hat nichts mit Ansprüche oder Erwartungen gemein, und schon gar nichts mit Investment.

Versuchen Sie nicht schlauer zu sein als das Leben.

Jetzt aber mal praktisch!

Sie finden das ja ganz interessant, wollen sich gerne romantisch verlieben, vor allem wenn es sich schön anfühlt, aber Sie müssen doch dieses Ihr Alltagsleben zu zweit auf die Reihe kriegen. Ideale sind schön und gut, aber wenn Sie endlich eine Partnerin, einen Partner gefunden haben, muss es ja auch wirtschaftlich klappen. Wie Ihnen das gelingt, hängt sehr mit Ihrer Fähigkeit zusammen, Attraktion und Abgrenzung miteinander zu kombinieren.

- Das Geld, sicher der markanteste Gegenpol zur Liebe. Bei manchen Menschen gehen finanzielle und Liebes-/Lebensinteressen zusammen, aber häufig sind das klare Gegenpole. Denken Sie doch mal nach, ob sie getrennte oder gemeinsame Kasse machen wollen? Mit einem Ehevertrag. Dann halten Sie die Liebe aus den Finanzen raus.
- Die Kinder, ein markanter Wirtschaftsfaktor, wenn Sie sich mal ausrechnen, wie viel Geld geflossen sein wird, wenn die mal aus dem Haus sind! Und doch finde ich diese Über-

legung von Grund auf unpassend: Kinder bereichern unser Leben mehr, als es jeder wirtschaftliche Gewinn könnte, Sie sind größer, dynamischer, das Wichtigste überhaupt. Aber auch sie müssen in einer Welt mit ökonomischen Regeln zurecht kommen.

John Lennon soll gesagt haben: »Life happens while we are busy doing other things.«

Es schadet nichts, daran zu denken, wenn Sie busy sind! Denn dann brauchen Sie vielleicht nicht unbedingt eine explosive Liebesgeschichte, um die Dinge wieder zurechtzurücken.

Aber wie ist es nun? Dürfen Sie nicht miteinander reden, wenn die Beziehung schräg läuft, wenn die Realität und die Erwartungen überhaupt nicht mehr zusammenkommen?

Doch, Sie sollen! Nehmen Sie sich Zeit, setzen Sie sich zusammen und auseinander.

Deine Erwartungen – meine Erwartungen. Dein Investment in Ehe, Zeit und Kinder – mein Investment.

Rechnen Sie auf, machen Sie erst mal keine Kompromisse, die kommen noch früh genug, wenn Sie zusammenbleiben wollen.

Aber lassen Sie die Liebe raus, für solche Geschichten eignet sie sich nicht. Das heißt: Was Ihnen hilft, wenn es eng wird, sind die Erinnerungen an die ersten Zeiten des Zusammenseins, wie schön es einmal war mit dieser Frau, mit diesem Mann. Diese Erinnerungen können Ihnen über die in der Ehe entstandenen Gräben helfen, können dazu beitragen, dass Sie sich wieder zusammenraufen, obwohl alle rationalen Erwägungen nicht dafür sprachen.

Der Mensch ist paradox!

Streiten? Wie?

Meine Eltern haben nicht oft gestritten, aber es kam vor. Einmal habe ich mich, ich war wohl fünf, eingemischt und gefragt: »Warum streitet ihr euch?«

»Wir streiten nicht, wir haben Meinungsverschiedenheiten«, war die Antwort. Was mir als Fünfjährigem und auch noch viel später zu denken gab, denn ich konnte mit dem Wort nichts anfangen.

Wenn wir dafür abmildernde Formulierungen gebrauchen, hat der Begriff Streit keine gute Presse. Einerseits durchaus mit Recht. Streit kann dazu führen, dass Ihre Beziehung Kratzer bekommt oder Schaden nimmt. Trennungen werden oft durch den großen finalen Streit eingeleitet. Andererseits müssen Sie sich streiten, wenn Ihre grundlegenden Interessen betroffen sind. Streit ist eine Form der Abgrenzung, und Sie werden Ihre Liebe nur dann langfristig am Leben erhalten, wenn Sie sich auch abgrenzen können. Also sollten Sie Wege finden, sich so zu streiten, dass nicht alles in die Brüche geht, Sie aber Ihre Interessen wahren können. Sie müssen eine Streitkultur entwickeln.

Wann müssen Sie überhaupt streiten?

Das passiert einfach so? Ein falsches Wort, eine unpassende Bemerkung, manchmal nur ein Blick – und schon knallt es? Das geht so schnell, dass Ihnen Gründe gar nicht bewusst werden?

In dem Fall wäre es gut, mal das Tempo rauszunehmen und genau hinzuschauen, aus welchen Situationen sich so ein Streit entwickelt. In Zeitlupe wird manches deutlicher. Ihre Abläufe sprechen sehr dafür, dass es sich dabei um einen chronisch gewordenen Streit handelt: Die Auslöser werden fast schon automatisch erkannt, die Argumente blitzschnell rübergeschoben, ohne dass irgendjemand noch zuhören würde, und blitzschnell ist eine stabile Frontsituation erreicht, nichts bewegt sich mehr. Beim ersten derartigen Streit war das sicher anders.

Zuerst waren Sie noch ganz entspannt, doch dann hatten Sie plötzlich den Eindruck, jetzt geht's um alles, um den Kern Ihrer Überzeugung, um etwas Grundsätzliches. Wenn Sie jetzt nachgäben, gingen Sie verloren.

Nicht in diesem Ton

Beim Streiten werden unterschiedliche Meinungen emotional ausgetauscht. Sie sehen ein wichtiges Thema anders als Ihr Gegenüber und können gar nicht entspannt damit umgehen, weil so viel für Sie auf dem Spiel steht. Das Gefühl, streiten zu müssen, stellt sich dann ein, wenn die/der Andere Ihnen Ihr persönliches Terrain streitig machen will; als direkten Angriff erleben Sie es, wenn sie/er Ihr Verhalten, Ihre Gedanken und Gefühle be- oder entwertet.

Dass Ihre Verteidigungsbereitschaft auf Touren kommt, merken Sie sehr schnell: Sie heben die Stimme, die Returns kommen prompt, und auch die Wortwahl wird schärfer. Schnell werden Sie laut.

Als ich diesen Ablauf in der Pubertät versuchte, kam von meiner Mutter umgehend die gelbe Karte: »Nicht in diesem Ton!« Der Ton war meiner Ansicht nach überhaupt nicht falsch, irritiert war sie wohl durch den emotionalen Nachdruck. Den spürt Ihr Gegenüber, wenn Ihr »Ich« ins Spiel kommt. Das Ich? Ist das nicht immer die handelnde Person? Mal mehr, mal weniger.

Ich empfehle Ihnen einen Exkurs, um sich anzuschauen, was es mit dem Ich/Ego auf sich hat.

Über welche Themen streiten Sie? Über alles, wo es um Ihr Herzblut geht, aber manchmal durchaus über Punkte, denen man das Herzblut gar nicht ansieht. Offensichtlich ist Ihre innere Beteiligung bei allem, was die Familie betrifft, die Erziehung der Kinder, die Zeit, die der oder die Andere für diese Kinder aufzubringen bereit ist; war es richtig, bei dem Essen mit den Freunden aus heiterem Himmel – wirklich so heiter? – diesen Streit über die Vor- und Nachteile der Internatserziehung vom Zaun zu brechen? Zeigt Ihr vergötterter Gatte gegenüber seiner Chefin (!) tatsächlich so einen auffälligen Mangel an Rückgrat, oder steckt etwas anderes dahinter? Für gewaltige Dynamik sind Themen aus der Herkunftsfamilie gut: Wie lange soll die Mutter zu Besuch kommen, ihre Geschenke für die lieben Kleinen, die vorsätzlich (!) alle sorgsam gepflegten Erziehungskonzepte niedertrampeln, ihre süffisante Missachtung des familiären Süßigkeitenverbots, die penetrante Ignoranz dieses angeheirateten Schwiegervaters, der kein bisschen in der Lage ist, Ihre beruflichen Fortschritte, Ihre Erfolge im Dschungelkampf der Bankgeschäfte im 21. Jahrhundert anzuerkennen. Und, und, und …

Obwohl Sie doch lediglich Ihre Meinung vertreten, erlebt Ihre Partnerin Sie im Streit als rechthaberisch und dominant – und umgekehrt. Wenn Sie genau hinschauten, könnten Sie sehen, dass Sie sich streng genommen nicht über verschiedene Meinungen austauschen, sondern über Ihre mehr oder weniger deutlich angeschlagenen Interessen. Weil Sie sich in dem Fall keine Beliebigkeiten erlauben wollen, glauben Sie, knallhart agieren zu müssen.

Die Chance, dass bei einem derartigen Gespräch etwas für beide Positives herauskommt, ist nicht so furchtbar groß. Wahrscheinlicher ist, dass Sie irgendwann den Dialog abbrechen, weil der andere krass verständnislos und immer wieder – trotz Warnung! – verletzend ist. Durch diese Einschätzung fühlt er sich wiederum böswillig missverstanden und hat kein Interesse mehr an solch einem negativen Dialog. Er hatte doch eh nie eines! Jeder stürmt seiner Wege, Türen knallen, und die in ihrem Musikgenuss gestörten pubertierenden Kinder maulen, was die Alten schon wieder hätten.

Irgendwann nimmt die Reue überhand, weil Ihnen beiden dämmert, dass Partner eigentlich nicht auf diese Art miteinander umgehen sollten; ein neuer Gesprächstermin wird vereinbart, unter Beteuerungen, sich bessern zu wollen.

Wenn Sie selbst schon in solch einem Drama feststeckten, erinnern Sie sich möglicherweise, dass auch das zweite Gespräch und die weiteren Versuche nicht durch Ruhe und Objektivität charakterisiert waren, allen Beteuerungen zum Trotz.

Also doch Streitkultur?

Auseinandersetzungen, bei denen es um etwas geht, sollten nach bestimmten Regeln ausgefochten werden. Denken Sie an ein mittelalterliches Turnier: Ritterrüstungen, aneinander vorbeireiten, grüßen, dann die Attacke! Grob regelwidrig wäre gewesen, wenn der eine Ritter dem anderen seine Lanze in die Seite gerammt hätte, als der gerade seinen Gaul bestieg. Nach den damaligen Konventionen ging das gar nicht.

Aber da gibt es doch den schönen Spruch: »Im Krieg und in der Liebe ist alles erlaubt.« In der Liebe? Passt das nicht exakt auf Ihre Situation?

Nicht so richtig: Einerseits wollen Sie Ihren Standpunkt klarmachen, Sie wollen Recht haben oder sich deutlich vernehmbar zur Wehr setzen. Doch bei allem Willen zum Sieg, bei aller Verzweiflung wäre es doch wahrscheinlich schön, wenn nach dem Streit noch etwas übrig bliebe, von Ihrem Liebsten, von Ihrer Liebe.

Dazu ein paar Empfehlungen:
• Nehmen Sie sich Zeit. Natürlich können Sie auch darüber bereits mit Inbrunst streiten, dass der andere ja nie… Lassen Sie es! Signalisieren Sie (Partner 1), dass Sie Gesprächs-

bedarf haben, und versuchen Sie (Partner 2), dieses Signal ernst zu nehmen und einen freien Zeitraum zu schaffen. Zwei Stunden dürfen's schon sein, einmal, vielleicht zweimal in dieser Woche.

- Zeit, die zweite: Wann? Wenn Sie Kinder haben, kann das durchaus ein Dilemma sein, denn einerseits wollen Sie nicht dauernd unterbrochen werden (»warum seid ihr so laut?« oder auch nur »warum streitet ihr?«), andererseits sollten Sie schwierige Auseinandersetzungen – auch ein hübsches Synonym für Streit, über dessen Sinn Sie mal nachdenken können – nicht bis tief in die Nacht hinein führen, sonst können Sie nämlich nicht schlafen.
- Zeit, die dritte: Es ist Ihnen wichtig, Ihre Auffassung detailliert und zur Gänze an Ihren Partner zu bringen; ein Gespräch, das sich aus Monologen von jeweils zehn Minuten Dauer – das ist ein Kurzvortrag auf einem wissenschaftlichen Kongress – zusammensetzt, ist sehr schwer aufrechtzuerhalten. Versuchen Sie sich auf eine gemeinsam erarbeitete Dauer eines Einzelstatements zu einigen.
- Zeit, die vierte: Zwei Stunden reichen dicke! Kein Argument wirkt noch frisch, wenn es nach zweieinhalb Stunden zum ersten Mal das Licht der Diskussion erblickt. Erfahrene Therapeuten brauchen für psychotherapeutische Einzelgespräche 45 Minuten, für Paargespräche 90 bis 120.
- Zeit, die fünfte: Versuchen Sie, sich das letzte Viertel der Gesprächszeit für ein gemeinsam (!) zu erarbeitendes Resümee zu reservieren, selbst wenn es nur besagt, dass Sie beide noch nicht so weit sind.
- Zeit, die sechste: Vereinbaren Sie schließlich einen weiteren Termin. Mit drei oder maximal vier Terminen sollten Sie pro Thema hinkommen, partnerschaftliche Streitgespräche sollten nicht zum Inhalt Ihrer freien Abende über Monate werden. Kommen Sie nicht weiter, suchen Sie sich rechtzeitig Hilfe.

(Sie merken: Offenbar ist Zeit beim Streiten ein grundlegender Faktor!)

- Widerstehen Sie der Versuchung (»im Krieg…«), die oft tatsächlich schwierige Suche nach einem Termin für das gemeinsame Gespräch zum Tricksen zu nützen, um dieses nervige Thema erst mal um zwei Monate rauszuschieben. Es gibt noch viele andere Tricks, aber es zeugt von Ihrer Souveränität und von Ihrer Wertschätzung für Ihre Lebenspartnerin, wenn Sie auf den Griff in diese Wundertüte verzichten. Es reicht schon, wenn Sie unbewusst tricksen…

- Sehr elementar, aber sehr wichtig: lassen Sie die/den Andere/n ausreden, egal, welche Ungeheuerlichkeiten Ihr/ihm gerade über die Lippen kommen; zählen Sie je nach Zähltempo bis fünf oder zehn, bevor Sie antworten, fragen Sie nach, wenn Sie sich nicht ganz sicher sind, was sie oder er wirklich gemeint hat. (Das klingt sehr einfach, ist es aber im konkreten Fall überhaupt nicht, und es ist auch überhaupt nicht beschämend, wenn Sie Zeit brauchen, um vernünftige Kommunikation im Streit zu lernen.)

- Vielleicht machen Sie vorher eine Bestandsaufnahme: Was gibt es zu verteidigen? Ist es wirklich Ihre Persönlichkeit, sind es Ihre Werte, die Dinge, die Ihnen lieb und teuer sind, die Ihnen schon seit Ihrer Kindheit etwas bedeuten und die Sie jetzt in der feindlichen Annäherung Ihres Partners/Ihrer Partnerin bedroht sehen? Oder zelebrieren Ihre bulligen Ichs längst den Solotanz? Die machen nach einer Trennung auch allein weiter; je älter Sie werden und je mehr Trennungen Sie hingekriegt haben, umso überzeugter kultiviert Ihr Ich den »einsamen Wolf« und macht Sie nach Einsamkeit süchtig[71]. Das Ich ist nie stärker als in der Einsamkeit, da wird es nämlich nicht infrage gestellt.

Wie wäre die zarte Pflanze Beziehung zu retten?

Sie, die beiden Kontrahenten, haben sich doch mal geliebt, glauben noch immer, es zu tun. Wie kommt es zu diesem erstaunlichen Wandel?

Es geht also um die Frage, ob sich beziehungserhaltend streiten lässt oder Sie befürchten müssen, dass der Streit der Anfang vom Ende ist?

Ein paar Hinweise gibt es schon, ob Ihr persönlicher Streitstil beziehungsverträglich ist oder gute Chancen bietet, zu einer baldigen Trennung zu führen[72]: Streit an sich sagt offenbar wenig über Ihre Beziehungszukunft aus; es scheint im Gegenteil Paare zu geben, die mit täglichem Zoff sehr gut leben können. Prognostisch ungünstig sind Auseinandersetzungen, bei denen am Anderen keine positiven Merkmale mehr gesehen werden, wo liebevolle durch geringschätzige Wahrnehmung ersetzt wurde. Auch dass Sie den Anderen nicht mehr an sich heranlassen – wörtlich und im übertragenen Sinn –, ist prognostisch nicht günstig. Na ja, Vermeiden ist nicht optimal.

Erinnern Sie sich an die schönen Zeiten Ihrer Beziehung, als sich das Miteinander so romantisch anfühlte? Wie war das damals mit Ihrem Ich, mit dem Bedürfnis nach Abgrenzung, mit der Sorge, sich selbst aufzugeben? Waren Sie nicht viel großzügiger, gelassener und fühlten sich trotzdem gut und sicher dabei? Es ist kein Nostalgiegesülze, wenn Sie sich daran erinnern, sondern ein entscheidender Stabilisierungsfaktor für Ihre Beziehung. Sie aktivieren dadurch die neuronalen Netze, die mit Wohlfühlen, Zuneigung und Gelassenheit zu tun haben, und das wirkt sich unmittelbar positiv auf Ihre gegenwärtige Situation aus. Ihre Ziele kommen Ihnen möglicherweise nicht mehr so absolut und bedroht vor, der alte Jaguar und Ihre Beziehung sind kein unversöhnliches Entweder-Oder: Vielleicht macht der Oldtimer sich ja auch als Fernziel nicht schlecht. Sie müssen sich heute nicht alles gönnen, realistische Träume haben ihren Reiz. Fürs Erste haben Sie ja Ihre Beziehung.

Eines ist allerdings wichtig: Wenn Sie zu einem Ergebnis kommen, eine Ihrer kostbaren Positionen aufgeben, sollten Sie das mit ganzem Herzen und ohne Ressentiment tun. Faule Kompromisse arbeiten im Untergrund weiter und zerfressen die positiven Beziehungsanteile. Bei jedem Stress werden sie wieder als Kriegsbeil ausgegraben, bis sie die Beziehung schließlich irgendwann erledigt haben. Lassen Sie in den Tagen nach dem Gespräch immer mal wieder Ihre jetzige Position Revue passieren, und schauen Sie genau hin, ob es sich gut anfühlt. Sind da noch zu viele vor sich hinschwelende Restbestände, müssen Sie nochmal ran. Unvollständig bearbeitete Konflikte bergen viel Konfliktpotenzial und können die Keimzelle für Depressionen sein. Das brauchen Sie ja eigentlich nicht.

Wenn Sie zu zweit nicht weiterkommen, wäre das kein schlechter Einstieg für eine Paartherapie.

Was kann der Therapeut tun? Die Ichs auf Distanz halten und verhindern, dass Sie gleich wieder übereinander herfallen. Denn die fatale Dynamik solcher Kämpfe wird stark durch die sich bedroht fühlenden Ichs angeheizt. Der/die Therapeut/in wird alles tun, jedem Ich sein sicheres Terrain zuzuweisen. Sicherheit! Wenn Sie sich sicher fühlen, können Sie fast schon wieder entspannt zuhören, auch wenn es Ihre Frau, Ihr Mann ist, dem Sie da zuhören. Verlangsamen und den Dampf rausnehmen. Verhindern, dass statt einem Tausch der Argumente ein Schlagabtausch stattfindet.

Das Ich, der Flow und die Liebe

Sie erleben, dass es Sie gibt, zum Beispiel im Gegenüber mit einer anderen Person – »Ich und Du« –, aber auch in anderen Situationen, in denen Sie in der Ich-Form denken oder sprechen. Aber wenn Sie sich aufmachen würden, die Grundlage dieses Ichs im Gehirn zu googeln oder sie als Neuropsychologe wissenschaftlich zu untersuchen, werden Sie eine verblüffende Entdeckung machen – das Ich gibt es gar nicht. Jedenfalls nicht in der Form, dass Sie eine neuroanatomische Struktur im Hirn oder meinetwegen auch im Bauch finden könnten, in der Ihr Ich sitzt, bei deren Zerstörung es also verschwunden wäre.

Diese Behauptung ist ziemlich »antiintuitiv«, denn Sie erleben es ja anders. Was Sie erleben, ist das Ergebnis einer aktiven Leistung Ihres Gehirns. Es schafft eine Struktur, die Ihr Wahrnehmen, Denken und Fühlen so anordnet, dass es auf eine zentrale persönliche Einheit, eben Ihr Ich, schließen lässt. Anscheinend bringt solch eine Ich-Struktur eine Menge Vorteile mit sich. Deswegen tut Ihr zentrales Nervensystem so, als ob es diese Struktur gäbe. Einige dieser Vorteile:

- Sie haben den Eindruck, sich kontrollieren zu können, weil bestimmte emotionale oder kognitive Abläufe in Ihrer persönlichen Vergangenheit immer auf eine bestimmte Weise abgelaufen sind und die Ich-Struktur suggeriert, es werde auch künftig so sein; Sie erleben das so, als könnten Sie Ihr künftiges Verhalten weitgehend einschätzen und vorhersagen.

- Dieses Erlebnis der Konstanz legitimiert Sie als konstante Persönlichkeit, gibt Ihnen Sicherheit.
- Sie können zu dieser Struktur zurückkehren und fühlen sich dann stabil, mit sich im Reinen.
- Offensichtlich kann diese Ich- Struktur normalerweise ohne großen Aufwand erhalten werden. Wenn Sie allerdings eine seelische Störung bekommen, zum Beispiel eine Depression oder eine Psychose, funktioniert die Ich-Bildung nicht mehr reibungslos; das merken Sie, und es irritiert Sie erheblich.

Wie schaffen Sie diese Ich-Struktur?

So genau wissen wir das nicht, aber es gibt Hinweise:

Sie wählen aus Ihren Wahrnehmungen und Gefühlen die aus, mit denen Sie am besten umgehen können, die Ihnen vertraut sind:

Zum Beispiel weil sie zu Ihrem Bild von sich selbst passen, zu Ihren Werten.

Bezweifeln Sie, dass das funktioniert? Erinnerung und Wahrnehmung seien doch wohl »fest verdrahtet«?

O nein, keineswegs.

Es gibt jede Menge Beispiele aus der Psychologie, dass wir sehr selektiv wahrnehmen, sehr gezielt erinnern und nur bestimmte Gefühle zulassen. Das Selektionskriterium sind die Bedürfnisse Ihrer jeweiligen Ich-Struktur.

Zum Beispiel:

- Im Kontext diese Buches liegt die Wahrnehmungsveränderung durch die sprichwörtlich blind machende Liebe sicher am nächsten, aber auch negative Wahrnehmungen, zum Beispiel die von Verletzungen oder anderen schwere Schmerzen verursachenden Erkrankungen können unter Überlebensbedingungen massiv eingeschränkt sein;

- Erinnerung ist stark von der jeweiligen Motivationslage abhängig, und nicht nur unter traumatisierenden Bedingungen können wesentliche Bestandteile einer Situation völlig ausgeblendet werden;
- so basale Gefühlseigenschaften wie die oben als Grundmechanismus zwischenmenschlichen Verstehens erwähnte Empathie hängt grundsätzlich davon ab, wie die Person, mit der Sie mit-leiden oder sich mit-freuen können, in Ihrem »inneren Kreis« positioniert ist. Der Radius dieses »Inneren Kreises«[73] bemisst sich nach der Position Ihres Ichs in Ihrem sozialen Umfeld, und es macht einen gewaltigen Unterschied, ob Sie Ihr Ich mit dem Gedankengut rechtsextremer Sympathisanten oder humanistischer Philosophen identifizieren.

Selbst wenn diese Ich-Struktur ohne Selektionsvorteile gar nicht entstanden wäre, ist sie nicht beliebig stabil, sondern Sie können ganz schön ins Schleudern kommen, wenn sie sich zu verändern oder gar aufzulösen beginnt. Warum?

Sie bildet die Wirklichkeit nicht vollständig ab, sondern greift nur jene Teile der Realität heraus, die Sie fürs Alltagsgeschäft gut brauchen können. Wenn Sie in Grenzsituationen die nicht zu Ihrem Ich passenden Realitäten nicht mehr abwehren können, dämmert es Ihnen, dass die Dinge vielleicht anders sind, als Sie sich das träumen ließen.

Sie träumen nicht? Aber viel mehr als ein Traum sind die Wahrheiten Ihres Ichs nicht!
- Sie glaubten an die Sicherheit Ihrer Geldanlagen? Seit spätestens 2008 wissen Sie, dass das bestenfalls ein Traum war[74].
- Zur Ich-Struktur der Ureinwohner der Westindischen Inseln gehörte die Annahme, dass alle Menschen grundsätzlich friedlich seien und dass man Fremden zur Beziehungs-

stabilisierung großzügige Geschenke zu machen habe. Die Ausrottung der »Indianer« passierte schneller, als diese ihre Ich-Struktur revidieren konnten.

- Liebespartner sind treu. Schön für Ihre Partnerin, wenn Sie diese Einsicht in Ihre Ich-Struktur integriert haben. Dass es nicht die Wahrheit, sondern Ihr »Tunnelblick«[75] ist, merken Sie nur dann, wenn Sie mit einem Objekt Ihrer Liebe zusammentreffen, dass das anders sieht.

Viel irritierender ist, dass Sie sich noch nicht einmal selbst auf Ihre eigene Ich-Struktur verlassen können. Denn Sie haben aus Ihren Wahrnehmungen, Gefühlen, Erinnerungen und aus Ihren Denkmustern nur die ausgewählt, die zu Ihrer jeweiligen Sicht von sich selbst gepasst haben.

Hier gehören Begriffe wie Vermeiden und Verdrängen hin: Sie vermeiden Handlungsweisen, die nicht zu Ihrer Ich-Struktur passen, verdrängen Gefühle, die Ihre Ich-Struktur durcheinander bringen. Trotzdem erleben Sie manchmal, dass Sie, Ihr Ich, anders sind, als Sie sich das gedacht haben.

Zum Beispiel wenn Sie sich verlieben.

Einerseits ist zumindest die erwiderte Liebe schon ein sehr ichstützendes Ereignis: Sie, diese Person, diese Seele, bekommen jede Menge Bestätigung; so wie Sie sind, sind Sie richtig, so sehr richtig, dass sich eine andere Person für Sie interessiert. Und das ist noch dazu eine Person, die Ihnen gefällt, die Ihnen Herzklopfen macht, die Sie toll finden.

Aber das Ganze ist noch steigerungsfähig. Wenn dieser Zustand der Verliebtheit anhält, dann passiert, was die meisten Menschen glücklich macht: Sie erleben sich und Ihr Liebesobjekt nicht mehr als getrennt, sondern Ihre Herzen schlagen gleich, Ihre Wünsche und Ihr Verlangen werden identisch. Die Grenzen Ihres Ichs werden aufgehoben, und Sie verschmelzen mit Ihrer Liebespartnerin, Ihrem Liebespartner. Mehr Bestätigung ist nicht.

Das Ungewöhnliche an dieser Situation ist, dass diese andere Person ja eindeutig nicht ein Teil Ihres Ich ist, sie gehört zu der von Ihnen getrennten Welt, deren Unwillen, sich Ihren Wünschen zu fügen, unter anderen, liebesfernen Zuständen wesentlich zu Ihrem Leiden an eben jener Welt beitrug. Aber nun ist es anders, jetzt wird nicht gelitten.

Im Hier und Jetzt

Dirk Revenstorff[76] weist darauf hin, dass der Zustand der Verliebtheit viele Merkmale eines schon lange beschriebenen Glückzustandes, hat, nämlich des von Mihaly Csikszentmihaly[77] beschriebenen Flows: Handlung und Bewusstsein werden eins, die Hingabe ist mühelos, Ziele und Rückmeldung sind direkt und unmittelbar verknüpft, alle sonstigen Sorgen werden ausgeblendet, die Zeit wird nicht wahrgenommen und spielt also auch keine Rolle. Obwohl dieser Zustand für das Ich total erfüllend ist, werden seine Grenzen überschritten, es kommt zum Erleben von Transzendenz, einer Erfahrung, die sonst im Religiösen angesiedelt wird.

In diesem Zustand ignorieren wir die Stärken unserer linken Hirnhälfte, des Unterscheidens, der Bewertung und des Herstellens von ursächlichen Zusammenhängen. Was unser zivilisatorisches Verhalten charakterisiert wie kaum etwas anderes, nämlich unsere Vernunft, halten wir im Zustand der Verliebtheit für total entbehrlich.

Allerdings ist dies nicht von Dauer, denn linkshemisphärisches, vernünftiges Verhalten ist so in unser alltägliches Lebens integriert, dass wir automatisch in diese Verhaltensmuster zurückfallen, wenn wir vom Liebesobjekt weg auf die normale Welt schauen und wieder in dieser handeln müssen. Dieser Übergang ist nicht ohne.

Denn meistens können wir diese zwar unterschiedlichen, aber nichtsdestotrotz gleichberechtigt zu uns gehörenden Befindlichkeiten nicht so stehen lassen und wertschätzen, sondern versuchen, einem Zustand konkurrierender Überlegenheit zuzuschreiben. Was schade ist und das Ich gehörig durcheinanderbringt.

Unzweifelhaft ist die in den westlichen Gesellschaften dominierende Ich-Struktur stark durch das schon genannte linkshemisphärische, vernünftige Verhalten geprägt. Auch wenn es unsere Kultur als solche ohne diese Fähigkeit nicht gäbe, ist der Preis dafür hoch. Er liegt nicht nur in der Schwierigkeit, Vernunft und Liebe unter einen Hut zu bringen, sondern ist auch mit dem Existenzproblem des Leidens und der Angst vor dem Tode verbunden[78]. Seine typische Manifestation ist permanentes Denken und Grübeln. Dadurch werden Gesunde ebenso geplagt wie depressive Menschen, die oft verzweifelt nach einem Weg suchen, dem ewigen inneren Monolog zu entrinnen. Der wahrscheinlich einzige sinnvolle Fluchtweg – Medikamente bringen's nicht – ist die Meditation. Statt Ihre Aufmerksamkeit ständig auf die Ziele und Grenzen des Ichs zu richten, lernen Sie beim Meditieren, ungerichtet »achtsam«, offen zu sein für alles, was an Gedanken, Gefühlen, Wahrnehmungen und Erinnerungen hochkommt. Wenn Sie die ins Bewusstsein kommenden Inhalte nicht mehr werten, um sie Ihrer Ich-Struktur anzupassen, dann können Sie entdecken, wie sich diese Struktur lockert.

Das kann bedrohlich sein, weil die Illusion der Sicherheit sich ebenfalls auflöst, weswegen Anleitung durch einen Erfahrenen empfohlen wird. Im positiven Fall können Sie so zu einer, nicht mehr durch die Interessen des Ichs verbogenen, unvoreingenommenen Sicht der Welt im Hier und Jetzt gelangen. Es hat schon was, dass die Zustände des Liebens und des Erleuchtetseins so nahe beieinanderliegen.

Ich und die Anderen

»In Gegenwart meines Freundes bin ich nicht ganz ich!« Diesen Satz bekam ich in der Studentenberatung von einer durchaus nicht kranken Studentin zu hören. Sie gab etwas wieder, was viele so erleben. Wenn Sie die/den Andere/n unter Ihre Haut lassen, verändern Sie die aktuellen Sollwerte Ihres Ichs, damit Sie sich annähern können. Das Annähern hat seine unbestreitbaren Vorteile, aber Ihr Ich hat es dann schwerer, seine gewohnte Struktur zu erhalten. So lange Sie verliebt sind, tolerieren Sie, was Sie außerhalb der Liebe nicht gut abkönnen.

Im normalen Leben sind Sie eher robuster drauf. Sie wollen sich selbst verwirklichen.

Wen wollen Sie verwirklichen?

Sich selbst? Sie wollen Ihr Ego zur Entfaltung bringen? Da kann Ihre Umwelt ja noch gespannt sein, was sich entfaltet.

Verwirklichen – was heißt das?

Unter uns, mal im Ernst: Sie wollen, dass Sie sich prima fühlen, sich toll finden, dass Ihre Wünsche erfüllt werden, dass Ihre Missempfindungen, die Gefühle der Unsicherheit, des Mangels und der Unvollständigkeit verschwinden.

Und dazu soll Ihre Partnerin, Ihr Partner einen substanziellen Beitrag leisten. Unter anderem deswegen haben Sie ihn/sie ja ausgesucht.

Sie erwarten, dass die Idealmaße (okay, fast!) guten Sex verheißen – Sie sollten noch genau definieren, was »guter« Sex ist! –, dass die sanfte Stimme Verständnis signalisiert, die intellektuelle

Brille tiefe Einblicke in Ihre Bedürfnisse. Sie/er erwartet das umgekehrt auch von Ihnen.

Doch, schon – Gegenseitigkeit hat was.

Anders ausgedrückt: Der Umgang mit der Welt ist für Sie allein nicht einfach, und Sie erwarten, dass er durch Ihre Partnerschaft leichter wird – nicht nur, aber auch für Sie.

Leider sind Erwartungen für Beziehungen eher hinderlich. Erst wenn Sie darauf verzichten, wird es interessanter.

Sie meinen, dass Ihre Erwartungen an das Leben ein zentraler Teil von Ihnen sind, weil sich in Ihnen Ihr Ego, Ihr Ich ausdrückt? So erleben Sie das wohl, aber – wie soll ich es Ihnen sagen?

Ihr Ego, schlichter das Ich, gibt es ja gar nicht.

Nein, ich will Sie nicht beleidigen. Aber so scheint es zu sein. Ein Ich lässt sich mit wissenschaftlichen Methoden in Ihrer Körper-Seele-Einheit nicht nachweisen.

Ihr Ich ist ein von Ihnen selbst gemixter Cocktail aus Erinnerungen, gefilterten Wahrnehmungen und Gefühlen, aus Wünschen, Begierden und mehr oder weniger prägenden Erfahrungen, wie die Erziehung, ein Cocktail, der mit Ihrer Vorgeschichte, Ihren unverwechselbaren Eigenschaften, mit Ihren Vorlieben und Ihren Abneigungen allmorgendlich wieder frisch und neu geschüttelt oder gerührt wird. Jeden Tag. Von Ihnen.

Das gelingt situationsabhängig mal besser, mal schlechter. Mal sind Sie ganz mit sich »im Reinen«, erleben sich »aus einem Guss«, mal fragen Sie sich, ob Sie tatsächlich so sind, wie Sie immer gedacht haben. Manche Bausteine sind sicher und Ihnen vertraut; über den Job, den Sie seit zwanzig Jahren machen, brauchen Sie nicht viel nachzudenken. Der wird höchstens zum Problem, wenn Sie gerade dabei sind, ihn zu verlieren, und sich beruflich neu definieren müssen. Andere Ich-Merkmale sind instabiler, zum Beispiel Ihre Position in einer Beziehung.

Es tritt auf: das Liebesobjekt. Für das bereits auf der Bühne befindliche »Ich« ist das ein denkwürdiges Ereignis: Ich fühle mich bestätigt, muss mir wenigstens für einen kurzen Zeitraum keine Sorgen machen, ob ich nun richtig bin, denn die/der Andere findet mich ja richtig. Dazu kommen ungeheuer angenehme Gefühle, das Erleben von ausnahmsweise mal nicht problematischer, sondern toller Nähe, von Gier, von Lust. Und alles im Paarlauf. Kurz: Verstärkung pur! Diese neuen Gefühle gelangen zum ersten Mal im Kontakt mit dieser geliebten Person in Ihre Wahrnehmung; Situationen und Möglichkeiten erschließen sich, von denen Sie bis dahin nichts geahnt hatten.

So kommt Ihnen der Satz über die Lippen: »Du machst mich glücklich!«

Macht er/sie nicht, sondern Glücksgefühle entstehen in Ihnen im Kontakt mit der/dem Anderen. Gefühle, die Sie von nun an immer haben möchten. Immer! Haben! Das sind die Prinzipien, auf die Ihr »Ich« besonders abfährt.

Doch dass das Erleben einer anderen Person in einer Liebesbegegnung total überwältigend ist, heißt noch lange nicht, dass Sie nun auf Dauer gut damit zurechtkämen. Warum denn nicht?

Weil dieses Erleben in Ihr Dasein hineinflasht, in Dauer und Intensität nicht vorhersagbar, mit einer satten Tendenz, alles gründlich durcheinanderzubringen. Ihrem Ich wird klar, dass das zwar unglaublich tolle Aspekte hat, aber – es hat keine Kontrolle darüber!

Dies wird in verschiedenen Situationen sehr deutlich:

- Sei es, weil das Objekt Ihrer Begierde sich erinnert, dass es auch noch eine andere Existenz, unter Umständen mit Pflichten, hat, die Erfordernisse einer bürgerlichen Karriere bedienen muss und dies beim besten Willen nicht im ständigen Paarlauf mit Ihnen tun kann. Tatsächlich stellen Liebesbeziehungen oft Ihr normales Leben und die dort vorkommenden Personen massiv auf die Probe; besonders auffällig ist das während der ersten Liebe, in der Sie ja gar keine Routine im Umgang mit sich in diesem besonderen Zustand haben.

- Sei es, weil Ihr/e Liebste/r irgendwann einfach aufs Klo gehen muss – duschen können Sie wunderbar zu zweit –, studieren, arbeiten muss usw. usf. So lächerlich das für Außenstehende klingen mag, für Ihr verliebtes Ich ist es eine große Bewährungsprobe, einen praktikablen Rhythmus aus Nähe und Distanz zu etablieren. Stehen Sie dazu, nehmen Sie Ihre Gefühle ernst. Aus der Spannung zwischen Gefühlen und Realität und dem, was Sie daraus machen, entsteht letztlich die ganz besondere, einzigartige Wirklichkeit dieser konkreten Beziehung. Ob sie gelingt oder scheitert, hängt sehr von dem ab, was Sie mitbringen, von Ihrem Selbstgefühl, Ihrem Vertrauen in die Welt und besonders in Ihre/n Liebste/n und von Ihrer beider Fähigkeit, auch nicht so tolle Gefühle zu ertragen, der sogenannten Frustrationstoleranz. Toleranz ist im Umgang mit Spannungen jedweder Art überhaupt ein ziemlich gutes Konzept.
- Sei es, weil Sie sich nun mal an alles gewöhnen, habituieren heißt das im Fachjargon. Was vor zwei Wochen noch das unglaublichste Erlebnis Ihres Lebens war, ist heute – Entschuldigung! – Alltag. Vielleicht immer noch ein besonders schöner Alltag. Und tief in Ihnen sitzt ein Teil Ihres Ichs, der Ihnen einflüstert, dass das sich wiederholende Besondere eben nichts Besonderes mehr ist.

All das findet das Ich nicht so richtig prickelnd. Weil das passiert, ohne dass es richtig darauf Einfluss nehmen kann. Was es natürlich versucht. Aber wenn Sie sich vorzustellen versuchen, wie Ich-Kontrolle in solchen Situationen wirkt – kein tolles Konzept. Reden Sie Ihrer Liebsten den Job aus, damit sie bei Ihnen bleibt? Wollen Sie wirklich mit ihr aufs Klo?
Sie neigen in solchen Situationen dazu, den oder die Andere/n

für den weiteren Verlauf Ihrer Beziehung in den nächsten Wochen und Monaten verantwortlich zu machen. Das ist ein Irrtum. Den stärksten Einfluss hat Ihr Ich! Wenn Sie den/die Andere/n »brauchen« um sich gut zu fühlen, wird es eng, sobald sie/er nicht da ist. Im Zustand der Verliebtheit kommt Ihnen der Satz »Ich brauche dich«, mit oder ohne angehängtes »doch«, manchmal wie die lang vermisste Bestätigung der eigenen Existenz vor. Meist bedarf es einiger Zeit, um den Irrtum zu bemerken. Jedenfalls wird sich Ihr Ich dagegen wehren, wenn ihm die gerade erst geschenkte Bestätigung der eigenen Existenz plötzlich abhandenkommt. Es wird Dramen inszenieren, Situationen schaffen, dass der/die Andere herbeieilen muss, weil sonst der Untergang des Glücks zu befürchten ist. Klingt vielleicht ein bisschen ironisch, wenn ich das so schreibe, aber es fühlt sich nicht lustig an, wenn die/der Liebste, den Sie brauchen, plötzlich weg ist. So wenig lustig, dass mancher die Beziehung gleich wieder knickt, weil er den neuen, in Wirklichkeit aber uralten Mangel nicht ertragen will.

Dass Ihre Persönlichkeit kein fest betonierter Quader ist, merken Sie ja vor allem dann, wenn Sie irgendetwas plötzlich an sich oder an der Sicherheit Ihrer Lebensplanung zweifeln lässt. Dann setzen Sie einen immer wieder gern gewählten Mechanismus ein, um Ich-Unsicherheiten in den Griff zu bekommen: die Identifizierung. Sie werfen Ihre gesamte emotionale und intellektuelle Power ins Gefecht, um das bedrohte Terrain zu verteidigen, stellen Ihre ganze Stärke hinter Ihre verunsicherten Anteile und versuchen, sie wieder stark zu machen. Da soll erst mal jemand kommen. Es geht um Ihre Interessen. Die folgende Alarmreaktion mobilisiert die gesamte geistige Kapazität, um die in Gefahr geratene Sicherheit wieder herzustellen, um Ihr Persönlichkeitskonstrukt so unangreifbar wie möglich zu machen. Zweifel, seien sie begründet oder eingebildet, werden rigoros ausgeblendet, wenn es ans Eingemachte geht – so sehr, dass Sie sie nicht mehr wahrnehmen. Sie wollen oder können Ihrem Gegenüber im direkten oder übertragenen Sinn nicht mehr zuhören, die in guten Zeiten manchmal mögliche Gesamtschau wird zu einem extrem fokussierten Tunnelblick. Gesprächsbereit sind Sie dann nicht mehr. Deswegen ist »einfach mal drüber reden« in solchen Situationen nicht so ein dolles Erfolgskonzept. Ihr Gegenüber müsste eigentlich erst einmal Zeit und Phantasie aufwenden, um die Situation so weit zu befrieden, dass Sie wieder gesprächsbereit werden, ohne in Panik zu geraten.

Besonders wichtig für das Verhältnis von Ich und Beziehungsstruktur ist das Selbstbewusstsein. Von ihm hängt ab, wie erfolgreich sich Ihre Persönlichkeitsstruktur gegen Zweifel und negative externe Einflüsse behaupten kann. Dabei gibt es einen interessanten Unterschied zwischen Männern und Frauen: Männer scheinen ihren Stiefel eher relativ unbeirrt durchzuziehen und nur selten von Selbstzweifeln angekränkelt zu werden, können aber schlechter kommunizieren. Frauen sind offener, schauen nach rechts und links, sind sich aber ihrer eigenen Großartigkeit nicht so sehr, oft überhaupt nicht sicher. Ausnahmen bestätigen die Regel.

Beziehungskrankheiten

Gute Beziehungen können unglaublich viel aushalten, und das müssen sie manchmal auch. Invalidität oder andere Unfallfolgen, schwere Erkrankungen eines Partners, der Tod oder Verlust eines Kindes sind schwer zu bewältigende Heimsuchungen. Eine Beziehung kann Ihnen helfen, sie zu überstehen, zu bewältigen, nicht immer, aber irgendwie macht es schon Sinn, dieses »in guten wie in schlechten Tagen…«.

Die Verhaltensweisen, von denen ich im Folgenden schreibe, gehören in den Bereich der seelischen Störungen. Sie haben ein großes Potenzial, Beziehungen nachhaltig zu zerstören. Es sei denn, Sie setzen sich entschlossen damit auseinander, suchen Hilfe und Behandlung.

Geben Sie sich nicht geschlagen!

Sie sind seit einiger Zeit mit einem Mann zusammen, der Ihnen wie der Hauptgewinn vorkam, gut aussehend, sensibel, zuvorkommend. Sie konnten miteinander über alles sprechen, beim Sex ist er einfühlsam, sie blühen auf, es ist ein Wunder! Er scheint eine schwere Kindheit gehabt zu haben, möchte nicht darüber sprechen, was okay für Sie ist, da Sie schließlich keine Therapeutin sind.

Eines Tages haben Sie eine Auseinandersetzung darüber, dass Sie eine Woche mit Ihrer Freundin aus Studientagen nach

Sardinien fahren wollen. Das haben Sie schon vor seiner Zeit gemacht, es ist so etwas wie eine Tradition geworden und natürlich überhaupt nicht gegen ihn gerichtet. Er ist dagegen, was Sie irgendwie komisch und unpassend finden, weshalb Sie ausnahmsweise auch nicht auf ihn eingehen wollen.

Plötzlich finden Sie sich auf dem Wohnzimmerteppich wieder, der Wangenknochen tut Ihnen gewaltig weh, Ihr Kopf ist irgendwie verdreht, und allmählich realisieren Sie: Er hat Sie geschlagen! Sie merken, dass Ihnen körperlich nichts Ernsthaftes passiert ist, Ihr Traummann kniet neben Ihnen, ist aufgelöst, er wollte das nicht, wisse selber nicht, was da eben in ihn gefahren sei.

Und nun?

Sie sollten gehen. Jetzt. Sie sollten Ihre Tasche packen, die Wohnung verlassen und nicht wieder zurückkommen. Es sei denn, Sie stehen darauf, ab und zu und bald immer häufiger geschlagen zu werden.

Gehen Sie, egal, was er sagt! Jetzt sofort!

Das scheint Ihnen zu hart? Er ist doch sonst so nett!

Sonst schon. Nicht in solchen Situationen und nicht wirklich!

Wenn Sie nicht gehen, werden Sie wieder und wieder geschlagen werden, mehr und heftiger als heute, immer wieder aus angeblich heiterem Himmel: Nach einiger Zeit werden Sie verängstigt und bar jeden Selbstgefühls sein und nicht mehr in der Lage, diesen Mann zu verlassen. Deswegen verlassen Sie ihn jetzt sofort!

Das sage ich als Therapeut? Glaube ich denn nicht an die Wirksamkeit von Therapien, die auch so schwer gestörte Menschen verändern könnten?

Ja, einer der schlägt, ist schwer gestört.

Natürlich weiß ich, dass Störungen wie bei Ihrem Freund

häufig auf der Grundlage traumatischer Erfahrungen in der Kindheit entstehen. Wahrscheinlich ist dieser nette Mann als Kind selbst übel behandelt worden, musste einen schlagenden Vater oder Stiefvater ertragen und hat dabei gelernt, dass in Grenzsituationen geschlagen wird. Offensichtlich ist er selbst Opfer ähnlicher Übergriffe oder noch viel schlimmerer geworden. Nur, jetzt schlägt er.

Ja klar, so etwas kann man mit einer Traumatherapie angehen. Dann soll er das tun. Er. Danach soll er sich mit dem Arztbrief der Klinik wieder bei Ihnen vorstellen, in dem etwas über Therapieerfolg und Prognose steht. Vielleicht können Sie es sich überlegen, ob Sie sich noch einmal auf eine Beziehung mit ihm einlassen wollen.

Warum ich so skeptisch bin? Weil dem Betroffenen solche Therapien an die Nieren gehen, weil es schwer ist, sich so etwas auszusetzen, und weil die Versuchung, zwischendrin abzuspringen, hoch ist. Sehr verständlich hoch! Ich sitze keineswegs auf dem hohen Therapeutenross! Um so etwas durchzustehen, braucht man einen erheblichen Leidensdruck, der einem immer wieder vor Augen führt: Die Therapie ist schwer, das Leben ohne Therapie aber noch viel schwerer. Und diesen Leidensdruck haben Sie, nicht Ihr Freund. Aber Sie können stellvertretend keine Therapie machen. Deswegen lege ich Ihnen ans Herz, sofort zu gehen. Mit genügend Abstand können Sie später vielleicht über eine Rückkehr nachdenken, wenn Ihr Freund eine Therapie erfolgreich beendet hat. In den meisten Fällen wird sich die Frage der Rückkehr erübrigen.

Der entscheidende Grund, warum Sie sofort gehen sollten, liegt bei Ihnen, nicht bei Ihrem Freund. Wenn Sie die Beziehung mit einem schlagenden Mann fortsetzen, werden Sie nach wenigen Monaten menschlich ruiniert und, ja, traumatisiert sein, Sie! Sie werden nicht mehr in der Lage sein, sich aus dieser Beziehung zu befreien, sondern werden für den Rest Ihres Lebens Opfer eines krankhaft aggressiven Menschen sein. Wenn Sie mit ihm noch Kinder bekommen sollten, werden die auch verprügelt und außerdem psychisch durch das Erleben traumatisiert, dass ihre Mutter vom Vater verdroschen wird.

Überlegen Sie sich gut, ob Sie das wollen! Wenn Sie bleiben, sind Sie mitverantwortlich.

Alkohol ist nicht harmlos

Ein netter, sensibler Mann, fast zu sensibel. Sie trinken ja selbst gerne ein gutes Glas Wein, manchmal auch zwei. Bei ihm fiel Ihnen schon früh auf, dass er es bei den zwei Gläsern nicht belassen konnte, aber Ihre Freundinnen sagten, Männer trinken oft mehr als Frauen.

So viel mehr?

Irgendwann merkten Sie, dass er am Ende fast jeden Abend betrunken war, wahrscheinlich an jedem Abend; sie haben das oft nicht mehr mitgekriegt, weil Sie schon vorher geschlafen haben.

Ja, Sie sind meistens allein ins Bett gegangen, und der anfangs durchaus nette Sex war Geschichte, denn bei volltrunkenen Männern geht nicht mehr viel.

Als schließlich die Sache mit dem Führerschein passiert ist, waren Sie alarmiert: Ein Bagatellunfall, er hatte einem Kleinwagen die Vorfahrt genommen; aber da die andere Fahrerin ein leichtes HWS-Schleudertrauma hatte, kam die Polizei, und die stellte einen Promillewert von 2,2 fest! Der Führerschein war weg. Was das Leben nicht einfacher machte. Sie bringen ihn und holen ihn ab.

Und erwarteten eigentlich, dass er jetzt was unternimmt gegen seinen Alkoholkonsum. Tatsächlich versuchte er, die Trinkmenge zu reduzieren, mit mäßigem Erfolg und nur für wenige Tage, schnell ging es weiter wie vorher. Und eines Abends ertappten Sie ihn zufällig, wie er sich die Autoschlüssel geschnappt hatte und trotz Alkohol und ohne Führerschein fahren wollte, angeblich, um Bier an der Tanke zu holen.

Und nun?

Fällt mir jetzt wieder nichts Besseres ein, als dass Sie sich trennen sollten?

Okay, einen Versuch könnten Sie noch machen.

Aber nur, wenn Gott Sie mit großer Geduld beschenkt hat und wenn Sie genügend Geld haben, dann können Sie noch einen Versuch mit Ihrem Partner machen. Der sollte dann aber so aussehen:

Entgiftung in einer Akutklinik für Psychiatrie, regelmäßiger Besuch einer Selbsthilfegruppe, Anmeldung zur Entwöhnungstherapie und, das Wichtigste, von nun an kein Alkohol mehr.

Nicht ein bisschen hart?

Die Alternative wäre:

Es geht alles so weiter wie bisher, zuerst etwas »kontrollierteres« Trinken, das aber nach wenigen Wochen wieder in unkontrolliertes, schweres Saufen übergeht, endgültiger Verlust des Führerscheins – wollen Sie ihn immer fahren? –, als nächstes Verlust des Jobs. Dann schleichender Beginn körperlicher Erkrankungen, Bauchspeicheldrüse, Magen, Herz, Lunge, Leber, last but not least Gehirn. All das kann man nur durch Transplantationen heilen, das Hirn übrigens nicht, aber wenn man abhängig ist, kommt man gar nicht erst ins Transplantationsprogramm! Und Sie? Können wählen zwischen hilflosem Zuschauen oder Co-Abhängigkeit. Also immer verbitterter werden, um nach 10, 15 Jahren festzustellen, dass alles keinen Sinn gehabt hat, oder ebenfalls zu trinken, mit den gerade geschilderten Folgen.

Aber er ist doch so ein netter, sensibler Mensch, wenn er nüchtern ist. That's why! Viele Alkoholkranke trinken, weil sie sensibel sind und mit Stress schlechter umgehen können als andere Menschen. Sie sind in ihrer Primärpersönlichkeit keine rumpöbelnden, aggressiven Kerle, vor denen Sie sich fürchten müssen, sondern feine, emotionale Menschen. Das merken Sie übrigens, wenn Sie es mit erfolgreich trockenen Alkoholikern zu tun bekommen: feine Menschen, die konsequent nicht trinken, aber ihre Abhängigkeitserkrankung keineswegs leugnen. Alkoholkranke sind oft so sensibel, dass sie mit den schwierigeren Gefühlen oft nicht zurechtkommen, darunter leiden. Und sie lernen durch Zufall, dass Alkohol alles leichter zu machen scheint. So geht es los. Die sensible Primärpersönlichkeit gerät im Verlauf der Krankheit immer mehr in den Hintergrund, der unkontrollierte Alkoholiker in den Vordergrund. Die Geschichte ist tragisch, stimmt. Aber sie wird noch tragischer, wenn Sie als Partnerin mitmachen. Eine nicht umwerfende, aber respektable Chance besteht, dass Ihr Freund die Kurve kriegt, wenn Sie ihm nach dem ersten Exzess klar und deutlich signalisieren, dass Sie beide nur dann eine Zukunft haben, wenn er künftig trocken leben wird.

Der Alkohol kommt manchmal auch harmloser daher:

Ein sehr guter Freund erzählte mir, dass seine Frau – die zweite Ehe, eine heiße Liebesheirat – seit einiger Zeit nach der Arbeit, ja, sie sei gut im Job, eine Flasche Prosecco vernichte, manchmal auch zwei. Sie sei danach nicht betrunken, aber er könne eben überhaupt nicht mehr über wichtige Themen mit ihr reden, wenn sie »angeschickert« sei. Und auch der Langzeiteffekt gehe ihm auf die Nerven: Sie lagere einen stattlichen

»Rettungsring« an, sei aber beratungsresistent. Kommentar: »So hätte ich sie nicht geheiratet!« Zu hart? Das müssen Sie entscheiden.

Diese beiden Beispiele sind ziemlich klar. Beim folgenden fällt es Ihnen schwer, eine Lösung zu finden. Mit Recht.

Traumata können Sie durch Therapie behandeln, nicht durch Beziehung!

Als Therapeut habe ich oft gehofft, dass sich der offensichtlich nette Mann meiner Patientin nicht zum Gehen entschließen würde. Sie hatte doch schon vor der Ehe so viel durchgemacht.

Eine solche Freundin hatten Sie noch nie, einen Gleichklang der Seelen und – ja auch – der Körper! Sie haben sich eben erst kennengelernt und sind schon in einer intensiven, schönen Beziehung. Sie haben als Mann kein schlechtes Selbstbewusstsein, aber was Ihre neue Freundin Ihnen an Bestätigung gibt, haben Sie noch nie bekommen. Kein Wunder, dass es Ihnen so gut damit geht wie schon lange nicht mehr.

Eines Morgens nach zwei Wochen scheint alles vorbei. Sie haben ihre Gewohnheit kritisiert, schon morgens vor dem Frühstück – nach dem Sex – im Bett zu rauchen. Ganz diskret kritisiert, sind bei sich geblieben: Ihnen werde leicht schlecht, wenn Sie ungefrühstückt Zigarettenrauch riechen müssten. Das hat aber offensichtlich schon gereicht. Eiskalt ist sie geworden, die Stimme scharf, und sie hat Sie ausgezählt, dass Sie sie ja immer nur runtermachen könnten, dass Sie überhaupt nicht sehen könnten, was Sie von ihr Positives bekommen, dass Sie anscheinend nicht checken, wie Sie gerade eine total einmalige Beziehung ruinieren.

Ihre Versuche zur Deeskalation scheitern kläglich, Sie bekommen keinen vollständigen Satz raus, ohne unterbrochen zu werden; sie rafft ihre Kleider, Tasche und Laptop zusammen, und weg ist sie.

Wow!

Sie wissen nicht recht, wie Ihnen geschehen ist. War es das jetzt? Wegen so einem Pillepalle? Wegen so einer Nichtigkeit geht eine wunderschöne Beziehung in die Brüche? Das darf doch nicht sein!

Sie hängen sich ans Handy, aber sie geht nicht dran, und auf Ihre WhatsApp-SMSse antwortet sie nicht, Sie klingeln an Ihrer Wohnung, aber niemand macht auf.

Also dann war's das wohl. Sie sind traurig aber auch irgendwie gekränkt, weil Sie – zu Recht – finden, dass diese Reaktion in keinem Verhältnis zu Ihrer Äußerung stand.

Nach vier Tagen steht sie abends plötzlich wieder vor der Tür, als ob gar nichts gewesen wäre. Sie sei eben schlecht drauf gewesen, für so einen Mist setze sie doch diese tolle Beziehung nicht aufs Spiel. Und startet gleich mit ziemlich intensiven Zärtlichkeiten. Sie sehen keinen Grund, nicht darauf einzugehen, und für die nächsten zwei Wochen ist wieder alles gut.

Aber es bleibt nicht gut.

Die Auseinandersetzungen haben alle das gleiche Strickmuster: Leichte Kritik führt zu totalem Absturz, verbal haben Sie in diesen Situationen keine Chance, und nach drei bis fünf Tagen soll alles wieder so weitergehen, als wäre nichts gewesen. Der Streit ist nicht einfach ein Streit, sondern Sie haben das Gefühl, Ihr ginge es ums Leben. Der Eindruck ist nicht so falsch.

Irgendwann wollen Sie sich nicht mehr auf diese Achterbahnfahrten einlassen und gehen nicht mehr einfach so zur Tagesordnung über. Sie wollen ein grundsätzliches Gespräch, und wie Sie es endlich bekommen und sagen, dass Sie sich nicht vorstellen können, wie die Beziehung so weitergehen soll, stürmt sie nicht davon, sondern bricht zusammen, völlig verängstigt, in Panik, sie wisse gar nicht, was sie tun solle, Sie dürften Sie doch nicht verlassen, dass wäre ja das Ende, das dürften Sie ihr nicht antun. Ihre Zusicherung, dass Sie das ja eigentlich nicht tun wollten, aber … führen zum ersten Mal zu einer etwas konstruktiveren Aussprache, in deren Verlauf Sie etwas vom Innenleben Ihrer Freundin erfahren. Sie hatte eine üble Kindheit. Wie Sie die Details erfahren, wird es Ihnen fast schlecht: Ihre Mutter hat sich offenbar schon nicht für sie interessiert, als sie noch ein kleines Baby war, wie sie von der um fünf Jahre älteren Schwester weiß, wurde sie massiv vernachlässigt. Noch schlimmer wurde es, als ein Stiefvater ins Haus kam, als sie drei war. Der hat beide Kinder regelmäßig verdroschen, auch Gewalt zwischen den Erwachsenen war an der Tagesordnung. Und dann gab es noch mehr, worüber sie nicht spricht.

Durch diese Traumatisierung hat Ihre Freundin offenbar nicht gelernt, ein auch nur halbwegs sicheres Gefühl für zwischenmenschliche Kommunikation zu entwickeln, schon bei geringster Kritik glaubt sie sich fast vernichtet. Das Schlimmste aber ist die riesengroße Angst vor dem Alleinsein.

Und nun?

Ihre Freundin kann ja eindeutig nichts für ihr auffälliges Verhalten, und wenn Sie sie verlassen, ist das eine Bestrafung, die ja überhaupt keinen Sinn macht. Sie wollen Ihr helfen und sich bemühen, Ihre eine stabile Partnerschaft zu bieten, damit sie daran an ihren frühen Traumen genesen kann.

Es ehrt Sie, dass Sie das für sie tun wollen. Aber allein zu zweit werden Sie es nicht schaffen. So eine frühe Störung wirkt sich derartig zerstörerisch auf zwischenmenschliche, insbesondere Paarbeziehungen aus, dass Sie wahrscheinlich beide keine Chance auf eine befriedigende Beziehung haben. Solche Beziehungen können durchaus länger dauern; die Angst vor dem Verlassenwerden bei der früh geschädigten Partnerin, die Attraktion der Push-pull-Technik[79] auf den normaleren Partner, beides kann eine Beziehung durchaus stabilisieren, allerdings nicht auf einem guten Niveau.

Eine Chance haben Sie beide, wenn Ihre Partnerin eine Therapie macht, mit der sie ihre selbst- und beziehungsschädigenden Verhaltensweisen in den Griff bekommt. Solche Psychotherapien gibt es, und sie haben auch eine relativ gute Prognose. Allerdings sollten beide offen in eine solche Therapie gehen, denn auch die therapierte Partnerin kann nach erfolgter Therapie ihre Zukunftsperspektiven anders sehen!

Ich habe Ihnen drei Störungen geschildert, deren Vorliegen bei Ihnen oder Ihren Partnern ein hohes Potenzial mitbringen, Ihre Beziehung zu zerstören, mit unterschiedlicher Vehemenz. Bei schlagenden Partnern besteht in aller Regel die einzige Chance im sofortigen Rückzug, wenn Sie die eigene Integrität retten wollen. Bei abhängigen Partnern ist die Situation ähnlich, mit etwas mehr zeitlichem Spielraum, den Sie aber nicht dazu nützen sollten, sich vor der Frage »trennen oder bleiben?« zu drücken. Am schwersten fällt die Entscheidung zu gehen sicherlich bei den emotional-instabilen Störungen, weil im Verhalten solchermaßen geschädigter Menschen auch viel Attraktives und Bindungserhaltendes enthalten sein mag. Und weil Sie natürlich berechtigterweise Mitleid empfinden. Eine befriedigende Beziehung werden Sie aber mit einem dermaßen geschädigten Menschen nur erleben, wenn die oder der bald eine Therapie macht.

Depressionen sind üble Erkrankungen für den, der sie hat, aber auch für die Angehörigen, die Partner und vor allem für die Kinder.

Letzteres liegt daran, dass es bei einer Depression allmählich und von den Betroffenen meist gar nicht richtig bemerkt, nicht nur zur Verschlechterung von Stimmung, Antrieb und Selbstgefühl, sondern auch zu einer Veränderung des gesamten Ausdrucksverhaltens kommt.

Diese Veränderung wird von Angehörigen genau wahrgenommen, aber oft so verstanden, als wäre sie eine Reaktion auf das eigene Verhalten. Dass solche Veränderungen krankheitsbedingt sind, zum Beispiel die Verminderung von Antrieb oder Ausdrucksverhalten, ist für Laien schwer zu verstehen. Vor allem Kinder interpretieren die Herabstimmung der Depressiven oft so, dass es an ihnen läge, dass sie etwas »falsch« gemacht hätten, dass sie an den Veränderungen im Verhalten der Mutter oder des Vaters »schuld« seien. Dann sind sie sehr betroffen und versuchen aus dieser Betroffenheit irgendetwas an der Situation zu verändern. Möglicherweise ist der Befund, dass Kinder depressiver Eltern häufiger selbst an Depressionen erkranken, auf diese Erfahrung und die damit verbundene tiefe Irritation zurückzuführen. Ein Versuch, aus dieser Situation herauszukommen, ist die Verlagerung auf die Handlungsebene: »Pu fand, dass er etwas Hilfreiches sagen sollte, aber er wusste nicht recht, was. Also beschloss er, stattdessen etwas Hilfreiches zu tun.«[80] Das Hilfreichste und einzig Sinnvolle, was Sie tun können, ist, Ihren Partner dazu zu bewegen, eine Therapie zu machen, medikamentös, psychotherapeutisch, wie auch immer. Wenn die Depression vergangen ist, – und die erste Erleichterung spüren Sie oft schon nach wenigen Tagen –, dann merken Sie, wie tief eine Depression Ihre Beziehung beeinträchtigt, auch wenn Sie gar nicht die oder der Kranke sind.

Frauen sind einfach viel komplexer und interessanter als Männer

SZ: Sie würden also behaupten, dass Sie wissen, worauf es bei Frauen wirklich ankommt. Auf was denn?

Liam Neeson: Dass man ihnen zuhört. Sie wollen, dass man wirklich aufmerksam ist. Man sollte nicht gleich eine Lösung anbieten oder aufspringen und »Ich erledige das!« rufen. Frauen wollen verstanden werden, auch wenn das in vollem Umfang vielleicht nicht möglich ist.

SZ: Wieso nicht?

LN: Sie sind einfach viel komplexer und interessanter als Männer. Ich halte Frauen verbal für höher entwickelt ... Wir Männer sind einfach ein paar zehntausend Jahre hinten dran, wenn es um Kommunikation geht.[81]

Trennen? Oder: Beziehungen sind kostbar

Ach für dich stand weg zu reiten
hinterm Ausgang nie ein Pferd,
darum sah ich dich mit Vorsicht streiten,
brennend aber nicht verzehrt.

Bertolt Brecht[82]

Irgendwann denken Sie an Trennung, vielleicht nur für einen ganz kurzen Moment. Der sichere Kokon der Gemeinsamkeit, der Zuneigung, des gegenseitigen Begehrens bekommt einen Riss und erlaubt Ihnen für einen Augenblick einen klaren, distanzierten Blick auf die Beziehung. Darum hatten Sie vielleicht gar nicht gebeten, so genau wollten Sie es nicht wissen. Von nun an ist alles anders.

Können Sie diesen Riss stopfen?

(Meine Oma hat Strümpfe noch gestopft, heute schmeißt man sie meistens weg.)

Kitten? Überbrücken?

Vielleicht schaffen Sie das, wenn Sie Ihre Wahrnehmung ernst nehmen. Einfach so weitermachen, wozu Sie möglicherweise versucht sind, funktioniert meistens nicht. Sie sollten jedenfalls Ihren eigenen Weg gehen. Also versuchen Sie es, wenn Sie wollen. Nicht wollen, ist nicht so leicht, es steht ja einiges Gemeinsame auf dem Spiel: die Kinder, das Haus, die Freunde. Und sei es, dass Sie nur diesen bösen, ermüdenden Trennungsstreit scheuen.

Irgendwann stellen Sie fest, dass Sie sich nicht mehr aufeinander freuen. Eine Freundin sagte mir mal:»Das Zusammenleben in einer Wohnung und im gemeinsamen Alltag ist sehr ungesund, es macht die Liebe kaputt!«

Offenbar kann die Liebe also kaputt gehen. Die meisten Menschen werden das so erlebt haben, denn ein Drittel aller Ehen wird geschieden, und über die Zahl der unglücklichen, aber fortgeführten Ehen gibt es keine verlässlichen Schätzungen. Wie viele freie Beziehungen schließlich scheitern, wissen wir gar nicht.

In der Anfangsphase einer Beziehung möchten Sie keine Minute ohne den anderen zubringen, am Ende mancher Beziehungen ist Ihnen jede Minute zu viel. Was geschieht in der Beziehung mit uns und mit unserer Liebe?

Meistens wollen Sie glauben, das Scheitern der Ehe hätte nicht an Ihnen gelegen. Da liegen Sie wohl falsch. Denn beteiligt sind immer beide.

Das Pferd zum Wegreiten, das heute an vielen Hinterausgängen steht, verführt offenbar dazu, im Streit den Dissonanzen freien Lauf zu lassen, sich nicht um die Heilung von Verletzungen zu scheren. Das Gegenteil des beziehungszerstörenden Streitens wäre eine vorsichtige oder vielleicht sogar liebevoll achtsame Haltung – auch in Auseinandersetzungen.

Und diese Achtsamkeit wäre angebracht, denn Beziehungen sind kostbar. Oft sind sie auch dann noch wertvoll, wenn es Ihnen nicht mehr so vorkommt.

Deswegen wäre es gut, mit Trennung nicht zu schnell zu sein. Sie ist nicht die erste Option. Sie tut weh, auch Ihnen selbst, generiert jede Menge Probleme, mit den Kindern, den Finanzen, mit der Art Leben, an die Sie sich gewöhnt haben.

Minderbegüterte, arme Menschen bezahlen Trennung, so berechtigt sie sein mag, oft mit dem Absturz ins Elend, und auch besser Begüterte schauen plötzlich in einen Abgrund.

Machen Sie Trennung zum Thema!
Es lohnt sich!

Sie denken an Trennung. Immer häufiger. Es lässt sich nicht beschönigen. Was tun?

Auf in den Kampf!

Sie haben den Riss wahrgenommen, Sie wissen oder ahnen, was er bedeutet. Aber Sie wollen nicht, dass er größer wird. Mit aller Kraft wollen Sie das nicht. Deshalb werden Sie in den nächsten Jahren all Ihren Verstand, alle Gefühle, die Sie beeinflussen können, man nennt sie wohl den »guten Willen«, in diese Beziehung stecken, um sie wiederzubeleben, am Leben zu erhalten, vielleicht sogar wieder zum Blühen zu bringen. Gemeinsame Unternehmungen, schöne Urlaube, Glücksmomente. Der Beziehung tut das gut. So ernst haben Sie sie noch nie genommen. Mit Achtsamkeit für die Beziehung kämpfen, ans Eingemachte rangehen, an den gut konservierten Groll der Jahre: Sie beide (!) haben dann eine Chance, wenn Sie die alten Konflikte nicht beziehungsschädigend vor sich hin schwelen lassen, sondern sie wieder anfachen, bis der Streit hell brennt. Wozu das gut sein soll? Erst dann kann der alte Kram verbrennen, Therapeuten sagen, verarbeitet werden. Streit suchen zu diesem Zweck, zu kämpfen – das ist ein richtiger und ein ehrenwerter Weg. Eine Paartherapie kann Hilfe von außen bringen. Wenn es gut geht, weil beide sich darauf einlassen, stellen Sie eine Tages fest, dass die alte Beziehung ein neues, jüngeres Gesicht bekommen hat, das Ihre Zweisamkeit wieder attraktiv macht, anziehend für beide. Aus der ersten Beziehung wurde gerettet, was zu retten war. Wenn Sie sensibel sind, merken Sie, dass es nicht die gleiche Beziehung ist. Sie haben sich verändert. Wenn Sie Glück haben, ist Ihr Partner mitgegangen, hat den Prozess durch seine Beiträge, seine Art zu Streiten bereichert, lebensfähiger gemacht. Wenn Sie Pech haben – er auch, aber das merkt er erst später –, hat er sein Engagement nur gespielt, dann stehen Sie eines Tages allein im Regen. Kann ja auch ganz schön sein, Frühlingsregen ohne Schirm.

Panik!

Der Riss hat sich wieder geschlossen. Zurück bleibt ein unbestimmtes Gefühl, für dessen realen Hintergrund Sie keine Anhaltspunkte mehr finden. Sei es, weil Sie in solchen Situationen lieber nicht genau hinschauen, sei es, weil der andere das nicht will, sei es, weil er selber nicht klar sieht. Es ist doch alles gut.

Die Panik sagt was anderes! Immer wieder diese wellenförmig anrollende Angst, heftig, Alarm, Ihr Leben scheint bedroht, Ihre seelische Gesundheit! Doch Sie können den Grund der Angst nicht erkennen, wissen nicht, vor was Sie eigentlich fliehen wollen, wogegen Sie kämpfen sollen, und diese fehlende Berechtigung zum Fliehen oder Kämpfen macht Sie verrückt. Aber in Wahrheit sind weder Ihr Leben noch Ihre seelische Gesundheit bedroht. Nur ein klitzekleiner Hinweis, dass irgendwas nicht stimmt, kaum zu fassen. Wenn Sie Ihr Leben auf die Beziehung gegründet haben, fürchten Sie jetzt darum. Alles gerät ins Schwanken. Was tun?

Versuchen Sie, den Dingen ins Auge zu schauen. Unser Angstsystem ist uralt und wartet nicht erst ab, bis der Tiger zum Sprung ansetzt. Diejenigen unserer Vorfahren, die erst dann reagiert haben, sind nämlich gefressen worden. Lebenswichtig war es, rechtzeitig in den Alarmmodus zu kommen, wenn nur Andeutungen vorhanden waren, ein Blatt sich untypisch bewegte, eine unklare Bedrohung in der Luft lag.

Sie gehören zu denen, die überlebt haben. Diese Erfolgsgeschichte sollten Sie jetzt nicht beenden, indem Sie sich für verrückt erklären und mit Benzodiazepinen ruhigstellen lassen. Finden Sie raus, was Ihr gutes altes Alarmsystem so in Aufruhr versetzt. Ihr Herz klopft nicht, weil Sie sterben oder verrückt werden.

Reden Sie mit Ihrem Partner, nicht inquisitorisch »Hallo, irgendwas stimmt nicht, was hast DU gemacht?«, sondern versuchen Sie, sich gemeinsam ganz entspannt Ihre Beziehung anzuschauen: Was hat sich verändert? Könnten Sie etwas anders machen? Suchen Sie sich einen Psychiater, der außer Medikamenten auch noch etwas anderes versteht, setzen Sie sich mit Ihrer Krankenversicherung auseinander, bis sie Ihnen eine Psychotherapie bezahlt. Und haben Sie keine Angst vor dem, was dabei herauskommen wird. Klarheit ist das beste Mittel gegen Panik. Besser als jedes Medikament.

Kapitulation

Sie sehen Ihre Beziehungstristesse klar, aber Sie wollen nichts ändern. Es ist so mühsam, die Sonntagsruhe zu brechen, den Konflikt einen Konflikt zu nennen: Sie haben ja eigentlich nur am Wochenende Zeit, über die Beziehung zu reden, und es ist ziemlich ungewiss, was dabei herauskommen wird. Denn auch der Streit in einer Beziehung setzt Gemeinsamkeit voraus. Wenn der andere Sie einfach überhört, wenn er nicht verstehen will, dann war die ganze schöne Aufregung umsonst, dann werden Sie weiterwurschteln wie bisher. Oft erscheinen Ihnen die angesammelten Konflikte auch so bedrohlich, dass Sie einen Tsunami befürchten, wenn Sie den Damm lockern. Ja, Angst haben Sie auch. Sie werden es nicht kontrollieren können, o Gott! Sie werden also weitermachen wie bisher.

Als Therapeut ertappe ich mich an diesem Punkt immer wieder dabei, zu verzagen:»Ich kann den beiden doch keinen Streit verordnen. Seit Jahren wollen sie schon nicht an ihre offensichtlichen Probleme ran!« Ich kann Streit nicht verordnen, denn nicht ich muss es ausbaden, sondern Sie. Und Sie scheinen sich für das Aushalten entschieden zu haben, mit vielen beschwichtigenden Argumenten: Vielleicht wird es ja von selbst besser. Vielleicht wird es ja nicht so schlimm. Vielleicht stirbt er ja bald oder sucht sich eine Freundin. In letzterem Fall würden Sie pro forma natürlich ein Drama inszenieren, was für die Waffengleichheit bei den Scheidungsverhandlungen nicht so schlecht wäre. Oh! Jetzt bin ich meiner, oder besser, Ihrer, Zeit zu weit vorausgeeilt? Wir sind ja erst am Beginn einer möglichen Trennung, oder in diesem Fall eben nicht bei der Trennung, sondern beim Aushalten. Aber es ist typisch für dieses Stadium, dass Sie sich schon viel weiter träumen, als Sie in Wirklichkeit sind. Sie stellen sich vor, wie es wäre, sich bereits getrennt zu haben. Aber Vorstellung und Realität gehen weit auseinander, und bevor Sie wieder unbeschwert atmen können, wird noch einige Zeit vergehen. Verstehen Sie mich nicht falsch: Krisen können überwunden werden. Aber aushalten ist nicht kämpfen, und schweigend leiden auch nicht. Und zwanzig Jahre aushalten, um dann die Bilanz zu ziehen, dass sich nichts geändert hat und nichts ändern wird, das schmeckt bitter.

Ich will streiten!

Möglicherweise waren Sie einmal ein Liebespaar, mit allen Insignien einer heißen, leidenschaftlichen Liebe: Herzklopfen, Wolke sieben, unglaublich scharf aufeinander, ja, auch Eifersucht war dabei. Das störte zumindest den einen von Ihnen, aber Sie redeten es sich immer wieder schön – das zeige doch nur, wie sehr Ihre Herzallerliebste Sie begehrte. Aus der Eifersucht entwickelte sich Streit, immer mehr und immer heftiger, bis sich richtige Streitrituale herausgebildet hatten. Da Ihre Liebste Sie mittlerweile sehr gut kannte – denn Sie hatten ihr ja in den Momenten großer Innigkeit auch Ihre Schwächen anvertraut, die schlecht verheilenden Wunden der früheren Beziehungen, die Niederlagen der Kindheit, die dreckigen Flecken auf der Rüstung des weißen Ritters –, setzte sie diese Kenntnis im Streit dazu ein, Sie so richtig zu verletzen, Sie runterzumachen, wie das sonst nicht einmal Ihr Chef schaffte. Da Angriff angeblich die beste Verteidigung sein soll, revanchierten Sie sich nicht zu knapp. Sodass solche Auseinandersetzungen eben nicht dazu führten, dass Sie sich auseinandersetzten, sondern immer mehr verclinchten. Sie brauchte nur bestimmte Knöpfe zu drücken, und schon machten Sie in der Folge gründlich Bekanntschaft mit Talsohlen der Verzweiflung, die Ihnen bisher unbekannt waren. Diese neu gewonnene Tiefe spiegelte sich in Ihren Erwiderungen. Mit Liebe hatte das irgendwann nichts mehr zu tun, es war der blanke Hass. Sie haben sich immer wieder versöhnt, aber diese Versöhnung war nicht Verzeihung oder Neuanfang, sondern nährte sich aus der Erkenntnis, dass Ihnen sonst ja nur die Trennung geblieben wäre. So verrückt es klingt, Sie konnten auf diese Kämpfe nicht mehr verzichten. Nur so spürten Sie, dass Sie lebten, nur so wurden Sie sich Ihrer Persönlichkeit bewusst, die Ihnen in den wenigen »guten« Phasen abhandenzukommen schien. Streit bis ins Mark, um herauszufinden, dass Sie Mark hatten. Wenn Sie so ein Paar sind, dann machen Sie jetzt die Trennung zum Thema. Der Streit ist es wert.

Und nun?
Nehmen Sie keinen Rat an, ein Außenstehender kann nicht über Ihre Beziehung urteilen. Keine Freundin, kein Kollege. Schon gar nicht die liebe Mutter! Und auch ich nicht. Sie, Ihre Gefühle, Ihre Sexualität und Ihre Beziehungen sind einzigartig. Deshalb müssen Sie auch Ihre einzigartige Entscheidung treffen.
Als Therapeut kann ich Ihrem ramponierten Selbstgefühl wieder auf die Füße helfen, sich klarzumachen, was Ihre schmerzhafte Kindheit mit der Wahl ausgerechnet dieses Partners zu tun hatte, oder vielleicht einfach aus meiner Erfahrung plaudern, was es für Ehen gibt. Dann könnten Sie sich veror-

ten, in welche Kategorie Ihre gehört. Die Konsequenzen für Ihre Ehe müssen Sie ganz allein ziehen. Sie tragen auch allein die Folgen. Rechtfertigen müssen Sie sich nicht vor Ihren Eltern, Ihren FreundInnen und auch nicht vor den Kindern. Denen sollten Sie ihre Beweggründe erklären, aber rechtfertigen müssen Sie sich nur vor sich selbst.

Trennungsgründe: leiden oder loslassen?

Die Trennungsschwelle ist bei jedem Paar unterschiedlich. Zwei Extreme:

- Sie entdecken, dass er ein Verhältnis mit einer Kollegin hat. Sie akzeptieren das nicht, ziehen aus und reichen die Scheidung ein. Die geht ohne Probleme durch. Getrennt. Nichts dagegen zu sagen. Paartherapie war nicht die Frage.
- Sie sind als Paar seit 25 Jahren zusammen, sie haben drei Kinder miteinander, er hat noch einige mehr, denn er hatte vor der Beziehung zu Ihnen und auch währenddessen Verhältnisse mit anderen Frauen. Sie (Frau) sagen, das habe Sie sehr gekränkt und Sie hätten lange daran zu kauen gehabt. Aber auch Sie (Mann) fühlen sich schon lange Zeit gekränkt, weil Ihre Frau von Anfang an und bis heute stets mehr Wert auf die Meinung ihrer Herkunftsfamilie gelegt hat als auf Ihre. Eigentlich sind Sie schon sehr lange wütend darüber. Auf meine Frage, wie Sie jetzt weiterleben wollen, kommt von Ihnen beiden, unabhängig voneinander, die Antwort, dass Sie die Beziehung fortsetzen wollen, eine/n bessere/n Partner/in würden Sie wohl nicht finden.

Im Honeymoon denken Sie nicht über Trennung nach, obwohl das nichts schaden könnte: Sie könnten zum Beispiel einen Ehevertrag machen, der, im Zustand der Liebe verhandelt, viele kränkungsbedingte Auswüchse des späteren Scheidungsprozesses verhindern würde.

Nach 15 Jahren Beziehung kommt Ihnen vielleicht manchmal der Gedanke, wie es denn wäre, wieder allein zu sein. Das ist noch keine Trennung, aber vielleicht ein Hinweis, dass Sie für Ihre ureigenen Bedürfnisse zu wenig Platz in der Beziehung haben. Das können Sie ja ändern. Wenn Ihr Gegenüber das als grundsätzliche Distanzierung, als Liebesentzug, gar als Kampfansage sieht, kommt es zum Schwur: Stehen Sie für sich ein, oder nicht? Und wenn Sie Ihre Linie durchhalten, kann das der zweite oder dritte Schritt in Richtung Trennung gewesen sein. Möglich ist aber auch, dass Ihr/e Partner/in die Idee, etwas mehr Platz für sich selbst zu haben, gut findet. Es stellt sich heraus, dass Sie durch diesen Schritt Ihrer Beziehung mehr Qualität gegeben haben, und vielleicht auch eine längere Dauer.

Ihre Ehe geht ihren Gang und könnte das auch noch viele Jahre tun.

Aber es geht Ihnen nicht gut damit. Aus meiner Sicht, der eines Therapeuten, wäre das ein hinreichender und legitimer Grund, dass Sie sich mal etwas mehr mit sich selbst beschäftigen und mit der Frage, wie eigentlich Ihre Position in Ihrer Ehe ist. Es muss ja nicht an der Ehe liegen, aber es kann. In einer Psychotherapie könnten Sie auch das herausfinden. Dann bringen Sie Ihre Erkenntnisse aus der Therapie in die Ehe ein. Ihr Mann ist zwar am Anfang misstrauisch, aber zumindest aufmerksam, er hört Ihnen zu. Und er ist zu Ihrer Überraschung bereit, etwas zu ändern, an den familiären Abläufen: Er will mehr Verantwortung für die Familie übernehmen, kann sich vielleicht auch durchringen, mal den Urlaub anders zu planen, gemeinsamer als sonst immer. Diese Chance sollten Sie sich und ihm geben, die Chance auf Veränderung. Sie können sich vielleicht nur noch nicht vorstellen, dass Ihre Beziehung mit einem Mal wieder lebendig und sogar überraschend werden kann.

Das andere Szenario: Es ändert sich nichts. Ihr Mann will nicht reden, er habe ja gleich gesagt, dass der »Psychoscheiß«

nichts bringen wird. Jetzt müssen Sie sich entscheiden: bleiben oder gehen. Wenn Sie bleiben, wird es Ihnen vermutlich weiter schlecht gehen. Viele entscheiden sich trotzdem dafür, weil sie Angst vor der Trennung haben. Na ja, und auch Angst, dass es danach vielleicht nicht besser werden wird, mit diesem Leben. Ich finde es immer bedauerlich, wenn jemand die Entscheidung fürs Schlechtgehen und gegen die neue Chance trifft. Aber es ist stimmt schon: Es gibt keine Sicherheit, dass es besser wird, wenn Sie sich trennen, nur eine reelle Chance.

Das waren einige sehr übersichtliche Situationen. Oft ist die Lage viel komplexer. Sie streiten seit Jahren, heftig, und manchmal fliegen die Gläser.

Im Bayerischen gibt es einen Spruch: »Wer's mog, für den is' Höchste…« Für Sie ist es aber nicht das Höchste, im Gegenteil! Sie leiden darunter. Genug, um sich zu trennen? Das ist eben das Problem. Obwohl Sie leiden, können Sie nicht loslassen. Sie scheinen nämlich sehr viel von Ihrem Mann zu erwarten und sind erbittert, dass Sie es von ihm nicht bekommen. Hilfreich wäre, wenn Sie herausfänden, dass diese große, übergroße Erwartung etwas ist, das Sie erst mal mit sich selbst ausmachen sollten. Partner sind kein Wunscherfüllungsprogramm.

Er ist Ihnen zuwider. Und das schon länger. Und Sie haben auch Hinweise gefunden, dass er eine andere Frau »hat«. Ein Viagra-Rezept, obwohl Sie jedenfalls schon lange nicht mehr miteinander schlafen, Kondome, Liebesschwüre, auf kleine Zettel gekritzelt. Klare Sache. Aber Sie reden sich schön, woran schon längst nichts Schönes mehr ist. Sie halten es kaum noch aus, die Nichtachtung, die Geringschätzung. Schon oft haben Sie daran gedacht, zu gehen, alles stehen und liegen zu lassen, abzuhauen ohne Kommentar.

Aber Sie werden das nicht tun.

Denn Sie haben Angst. Angst vor dem Alleinsein. Selbst diese Beziehung, die man eigentlich schon längst nicht mehr als eine solche bezeichnen kann, ist für Sie immer noch besser als der Gedanke, allein zu sein. Der Gedanke reicht völlig, ausprobiert haben Sie es noch gar nicht. Sie erleben sich hilflos, haben das Gefühl, alle würden auf Sie herabschauen, weil Sie allein sind, quasi aussätzig. Sie fürchten, Sie würden alle Freundinnen verlieren. Na ja, nicht alle, aber einige. Angst ist ein häufiger Grund zusammenzubleiben.

Ein anderer ist das Geld.

Das Szenario kann genauso sein wie eben, beide haben schon längst kein Interesse mehr aneinander, Geringschätzung, Hinweise für Außenbeziehungen en masse. Nicht nur er, auch Sie haben den einen oder anderen Typen ausprobiert und sich nicht so toll gefühlt, aber man gewöhnt sich ja an alles. Eine Situation, die Sie sich so nicht vorgestellt hatten. Aber gehen wollen Sie nicht. Dieses Leben ist alles in allem doch zu komfortabel: ein SUV, der über seine Firma läuft, die teure Mitgliedschaft in dem noblen Golfclub, Ferien mit den Kindern im Robinsonclub in Marbella – er kann ja aus »beruflichen Gründen« nicht mit. Wochenendtrips mit der besten Freundin nach Malle, die teuersten Weine sind kein Problem, einkaufen im Luxus-Outlet. Das alles wollen Sie nicht missen. Sie haben es durchgerechnet; natürlich bekämen Sie bei einer Scheidung gut Kohle, aber da die Kinder schon 10 und 15 sind, müssten Sie irgendwann wohl tatsächlich anfangen zu arbeiten, und auch sonst wäre es nicht so kommod. Dieser schnuckelige Junge, der Ihnen so süß den Hof macht, fleht Sie schon lange an, sich zu trennen, aber er hat kein Geld! Auch wenn es Ihnen schwer fällt, das bisschen Romantik ist schon nett, für ihn werden Sie sich nicht trennen. Da müsste sein Start-up schon sehr erfolgreich sein.

Machen Sie sich Vorwürfe, Moral und so? Nur manchmal,

wenn Sie einen Kater haben und finden, dass das Leben so nicht weitergehen könne. Aber dann sagen Sie sich, dass doch unsere ganze Gesellschaft nach der Pfeife des Geldes tanzt, und warum sollen Sie edler sein als der Rest? Ja, warum? Bei solchen Geschichten ist es schwer, nicht ironisch zu werden. Aber das ist wohl nicht angemessen. Jeder entscheidet, wie er leben mag, und bezahlt schließlich auch dafür. Vor allem, wenn das Alter kommt.

Geld, die zweite:
Reiche Leute haben es nicht leicht, aber Arme haben es ganz schön schwer. Und das nicht nur, weil Sie zur Zeit keine gute Presse haben, als Schmarotzer, Sozialschädlinge abgetan werden. dabei war es in den letzten Jahren selten so leicht, plötzlich in die Armut abzurutschen.

Wenn Sie jeden Cent zusammenkratzen müssen, um mit Hartz IV zurechtzukommen, ist das zumindest anstrengend für Ihre Beziehung. Sie können sich nichts »gönnen«, um den Frust zu bekämpfen; Urlaub, ein neues Auto sind außen vor. Der Stress bleibt in der Beziehung und tut dort seine Wirkung, das heißt, er zerstört, was noch nicht kaputt war. Das Schlimmste: Trennen geht eigentlich auch nicht, denn nur zusammen geht es einigermaßen, allein ist es das pure Elend.

Manche Menschen lassen sich scheiden und leben dann wieder zusammen. So weit müssen Sie es nicht kommen lassen:

Ein Paar machte acht Termine für Paargespräche. Beim ersten erklärten beide, sie dächten daran, sich nach 30 Jahren Ehe zu trennen. Die Frau sagte unter anderem, sie habe keine Lust, mit ihrem Mann zu schlafen, wenn der das wolle. Der Mann sagte unter anderem, er sei jemand, der keine Kompromisse mache. Therapeut zu sein ist toll, dachte ich mir. Ich sagte, dass wir beim nächsten Termin mal konkret über Trennung reden könnten.

Beim nächsten Termin fiel mir auf, dass sie sich wie zwei verliebte Katzen anschauten. Sie erklärten mir, sie wären beinahe nicht gekommen, hätten sich dann aber doch entschlossen, weil sie es besseren Stil fänden, mir persönlich die nächsten Termine abzusagen. Die Aussicht, sich einmal intensiv mit dem Thema Trennung auseinanderzusetzen, hätte dazu geführt, dass ihnen klar geworden sei, Trennung komme für sie nicht infrage.

Über Trennung reden lohnt immer.

Trennung mit Kindern

Das Szenario ist ziemlich traurig, für alle Beteiligten: für die Mutter, wenn sie die Kinder gehen lassen muss, für den Vater, wenn er sie wieder abgibt, nachdem sie sich gerade an ihn gewöhnt haben, und er sich an sie. Und natürlich für die Kinder. Scheidungskinder sehen ihren Papa am Wochenende, manchmal auch nur an jedem zweiten, dritten oder vierten. Die Väter bemühen sich dann, altersgemäße Wochenendprogramme für ihre Kinder zu planen – Kino in Kombination mit McDonald's, Zoo, Schwimmbad. Skiurlaub ist auch super, aber geht nicht jedes Wochenende. Man muss schon ganz schön erfinderisch sein, um den lieben Kleinen was zu bieten. Für die ist es eine mindestens ungewohnte Situation. Zum einen, weil sie plötzlich etwas ohne die Mutter machen, sie denken natürlich an sie und machen sich Sorgen um sie, was sie wiederum im Rest der Woche mit Blick auf den Papa machen, wenn der nicht mehr erscheint. Vorher kam er ja wenigstens noch zum Gute-Nacht-Sagen ans Bett. Und dass der Vater nun an »seinen« Wochenenden plötzlich als Alleinunterhalter auftritt, ist auch ziemlich ungewohnt. Wenn sie herausfinden, dass sie mit ihm ziemlich gut spielen können, stellt das oft einen echten Qualitätsgewinn dar.

Trennungen können gegenüber schlechten Beziehungen durchaus eine positive Alternative sein, auch für die Kinder. Meine große Tochter sagte mir später einmal: »Eigentlich war es ganz gut, als ihr euch getrennt habt: Das dauernde Streiten in den Monaten vorher war schwerer zu ertragen!« Mir war gar nicht bewusst, dass wir uns so oft gestritten hatten.

Die zwei Töchter einer Freundin sagten nach der Trennung: »Nun nehmen wir Papa zum ersten Mal als eigenständigen Menschen wahr.«

Damit Trennungen für Ihre Kinder nicht zum Desaster werden, sollten Sie ein paar Dinge beachten:

- Kinder sind eigenständige Persönlichkeiten und haben Rechte (siehe Kapitel xxx), egal, wie alt sie sind. Sie müssen respektiert werden. Die Rechte Ihrer Kinder sind nicht gewichtiger als Ihre und die Ihres sich gerade von Ihnen trennenden Partners, aber sie wiegen gleich schwer. In Trennungssituationen, und in vielen Familien nicht erst dann, wird zum Problem, dass die Rechte der Kinder nur durch die Eltern wahrgenommen werden können. Nur wenn das offensichtlich nicht funktioniert, kommt das Jugendamt ins Spiel – und ob das dann viel besser ist, hängt stark von den Mitarbeitern des Jugendamtes ab.
- Sie müssen also die Interessen und Rechte Ihres Kindes in der Trennungssituation wahrnehmen. Wenn Kinder größer sind, könnten Sie sie fragen, was sie wollen, zu wem sie wollen, wie sie das mit den Besuchen des anderen Elternteils halten wollen. Wenn Sie sie gefragt haben, müssen Sie die Antwort respektieren, auch wenn sie Ihnen nicht passt. »Sie« sind in dieser Situation immer Sie beide, also das sich gerade trennende Paar. Schwierig ist, dass Sie die Interessen Ihres Kindes über das setzen müssen, was Ihnen gerade viel näher ist: Mal rauslassen, dass der liebe Papa ein verantwortungsloser Hurenbock ist, dessen Charakter im Job verloren gegangen ist, ihn mal so richtig schlecht machen vor jemandem, bei dem es ihm wehtut. Ihre Vorwürfe scheinen ihm ja nicht mehr weh zu tun.

Widerstehen Sie der Versuchung!

- Machen Sie die Kinder nicht zum Richter über Ihre Beziehung. Das ist unangemessen. Kinder bilden sich natürlich ihre eigene Meinung, die sie dann auch äußern, wenn es ohne Repressalien oder emotionalen Druck möglich ist; aber es steht ihnen nicht zu, über die Beziehung der Erwachsenen zu richten.
- Missbrauchen Sie Ihre Kinder nicht als Sprachrohr. Was heißt das? Sie können Ihre Frau nicht mehr erreichen, seelisch. Die Streitereien haben ein solches Ausmaß angenommen, dass Ihre Noch-Frau nicht mehr mit Ihnen reden will. Das passiert im Lauf von Trennungen. Auch wenn Sie diese offensichtliche Ablehnung Ihrer Persönlichkeit rasend macht, schicken Sie nie die Kinder vor, à la:»Mama, der Papa ist so traurig, weil du nicht mehr mit ihm redest«!
- Nehmen Sie die Kinder nicht als Geiseln. Er hat Sie wirklich bitter gekränkt, er war gemein zu Ihnen, und Sie sagen ihm nun:»Wenn du dich so verhältst, kannst du ziemlich alt werden, bis du deine Kinder wiedersiehst!« Sie wissen ganz genau, dass Sie ihm die Kinder nur vorenthalten können, wenn er gravierende Fehlhandlungen begeht – beziehungsweise nicht Sie können das, sondern nur das Gericht. Aber bis das entschieden hat, oder bis er eine einstweilige Verfügung erwirkt hat, könne Sie ihm ja mal die Hölle heiß machen, weil Sie genau wissen, wie sehr er an seinen Töchtern hängt. Tun Sie's nicht!
- Ich weiß, die Versuchung ist enorm groß, Ihrem Partner die Gemeinheiten mal heimzuzahlen, und Scheidungsanwälte können ganze Opern davon singen, wie solche Rachefeldzüge dann aussehen. Zum Teil profitieren sie ja auch davon. Aber selbst hartgesottenen Anwälten wird es bei dem, was Eltern in der Trennungssituation so aufführen, oft ganz schlecht. Widerstehen Sie der Versuchung, auch wenn es Ihnen sauschwer fällt, und suchen sie nicht den Rat von ebenfalls rachelüsternen Freundinnen.

Wenn Sie der Versuchung nachgeben, schaden Sie Ihren Kindern nachhaltig und – es fällt auf Sie zurück, später.

- Sie müssen keine Blümchenszenarien malen, wie toll der liebe Papa, die liebe Mama ist, und dass Sie nur gerade mal einige Meinungsverschiedenheiten haben, dutzi, dutzi. Einigen Sie sich mit Ihrem bald ehemaligen Mann auf eine gemeinsame, möglichst wahrheitsgerechte Version und halten Sie die durch. Diese Version muss altersgerecht sein, was nicht heißt, dass Sie lügen sollen. Aber Ihr Kind sollte sie verstehen. Die Wahrheit der Erwachsenen können Sie Ihren Kindern dann erzählen, wenn die auch das verstehen können. Möglichst auch nach Absprache mit Ihrem Ex. Aber wenn sie größer sind, machen sich Kinder sowieso ihr eigenes Bild von ihren Eltern.

- Ein Gedanke, der die schlimmsten Entgleisungen in Scheidungsverfahren vielleicht etwas minimieren könnte: Weder der/die Partner/in noch die Kinder gehören Ihnen. Sie können über beide nicht verfügen, auch wenn Sie das so gerne tun würden. Sie alle sind eigenständige Persönlichkeiten, die das Recht auf eigenes Verhalten, eigene Fehler und eigene Irrtümer haben. Ihre Schmerzen sind kein Grund, dieses Recht für sich allein zu reklamieren.

Paartherapie –
Hätten wir etwas anders machen können?*

Th: Guten Abend! Von Ihnen habe ich ja lange nichts mehr gehört!

Er: »Uns« gibt's ja auch schon lange nicht mehr, uns als Paar.

Th: Und warum kommen Sie dann zu mir – als Paar?

Sie: Wir sind uns, wie üblich, auch in diesem Punkt nicht einig gewesen. Aber ich habe mir gedacht, dass wir so lange, immerhin elf Jahre, ein Paar waren, dass wir zwei Kinder miteinander haben und dass wir auch nach der Trennung einigermaßen gut miteinander umgegangen sind. Und dann könnten wir doch auch einmal reflektieren, ob wir vielleicht die Möglichkeit gehabt hätten, etwas anders zu machen. Und uns nicht getrennt hätten.

Th: Wollen Sie denn wieder zusammenkommen? Das machen gar nicht so wenige Paare.

Er: Nein, ich will das nicht. Und du ja wohl auch nicht.

Sie: Nein. Ich habe eine ganze Weile daran gedacht. Aber jetzt lebst du in einer neuen Beziehung, die Kinder haben sich gut mit der Trennung arrangiert – nein, ich will auch nicht zurück!

Aber die Frage, ob ich was falsch gemacht habe, hatte mich lange nicht losgelassen. Und da mein »Ex« – wie komisch das hier klingt, wenn wir beide mit Ihnen zusammensitzen! –, da er bereit war mitzukommen, wollen wir nochmal darüber reden: Hätte es eine bessere Alternative gegeben?

---

* Viele Menschen fragen sich, oft lange nach Beendigung einer Beziehung, ob sie etwas anders hätten machen können und damit vielleicht die Beziehung gerettet hätten. Im Allgemeinen fragen sie sich das allerdings nicht zu zweit und suchen dafür auch keinen Paartherapeuten auf.

Er: Du weißt genau, dass du nichts falsch gemacht hast.

Sie: Ja, das sagst du immer. Und du bist ja damals auch gegangen. Aber das war ja erst der Schlusspunkt. Hättest du bleiben können, wenn ich mich irgendwann anders verhalten hätte?

Th: Denken Sie an eine konkrete Auseinandersetzung, an eine konkrete Lebensphase?

Sie: Nein, eben nicht! Natürlich haben wir, wie wahrscheinlich alle Paare, unsere Probleme gehabt: Als unser erstes Kind, unser Sohn, geboren wurde und für uns beide alles so neu war. Ich dachte immer, wenn er mal nicht zur gewohnten Zeit schrie, er läge tot in seinem Bettchen. Der plötzliche Kindstod war damals gerade ein großes Thema in den Medien. Und ich habe dich damit sicher oft genervt, zumal du ganz gegen deine Planung eben doch noch eine heiße Arbeitsphase an der Uni hattest und viel weniger Zeit fandest, dich um »deinen Zwerg« zu kümmern, wie du ihn immer genannt hast.

Er: Ja, das war nicht so einfach, aber wir haben doch die Kurve gekriegt, wir haben geredet, geredet, geredet – und irgendwann lief es wieder rund, easy.

Sie: Stimmt.

Er: Und wir haben immer gerne miteinander geschlafen, als bei unseren Freunden schon längst Funkstille war.

Sie: Ja, es war ganz besonders (schweigt plötzlich).

Th: Was ist jetzt? Können Sie darüber sprechen?

Sie: Ist nicht so einfach.

Gerade weil wir miteinander reden konnten, weil wir immer Spaß am Sex hatten, war ich ja so gekränkt, als du mir plötzlich sagtest – einen Tag nach dem dritten Geburtstag unserer Tochter! –, dass du dich für deine neue Kollegin interessierst, nicht nur beruflich!

Er: Ja, ich wollte nicht rumlügen, wollte ehrlich sein, zu einem Zeitpunkt, als noch nichts passiert war.

Th: Wie meinen Sie das – noch nichts passiert?

Er: Wir hatten noch nicht miteinander geschlafen, noch nicht einmal rumgeknutscht. Dass wir uns sympathisch waren, hatten wir allerdings schon gemerkt.

Sie: Den Sex habt ihr dann ja zügig nachgeholt! Aber ich hatte es schon vorher nicht verstanden: Wir geben uns so viel Mühe, machen alles richtig, und trotzdem!

Er: Verstanden habe ich das damals eigentlich auch nicht. Auch ich hatte geglaubt, dass wir eine gute Ehe führen. Und trotzdem hatte diese andere Beziehung eine unglaubliche Faszination für mich, es war, als wenn ich völlig neue Seiten an mir entdecke, die ich unbedingt realisieren wollte. Das habe ich dir dann nicht mehr gesagt. Vielleicht weil ich zu feige war, vielleicht, weil ich dir das ersparen wollte.

Sie: Ehrlich gesagt, war ich in dieser Phase auch überhaupt nicht mehr gesprächsbereit. Ich habe dich rausgeschmissen. War vielleicht falsch, aber ich konnte nicht anders.

Th: Warum konnten Sie nicht anders?

Sie: Es war einfach nicht auszuhalten! Das schlechte Gewissen konnte ich zehn Meter gegen den Wind riechen, aber zu reden war auch nicht mit ihm! Und wie ich dann zufällig noch einen Blick auf seine neue Flamme werfen konnte, hab ich ihn überhaupt nicht mehr verstanden: Sie sah noch nicht mal toll aus. Und war offensichtlich hohl wie Bohnenstroh.

Er: Das habe ich ja dann auch ziemlich schnell festgestellt, nach drei Monaten ging das gar nicht mehr.

Th: Und warum sind Sie dann nicht mehr zurückgegangen?

Er: Ich habe mich geschämt.

Sie: Und ich wollte ihn auch nicht wiederhaben! Zu diesem Zeitpunkt. Ich hatte mich gerade aufgerappelt, hatte das alles mit den Kindern in den Griff gekriegt. Da hätte er nur gestört. Ich war eben verletzt.

Th: Und später haben Sie nie mehr den Versuch gemacht?

Er: Irgendwie ist das blöd gelaufen. Erst war bis auf den Kontakt über die Kinder ziemliche Funkstille. Irgendwann habe ich gemerkt, dass du nicht mehr so gekränkt warst, und hatte auch wieder Lust, dir näherzukommen, aber da hast du erzählt, dass sich dieser Freund aus dem Studium für dich interessiert.

Th: Ja und?

Er: Da hatte ich das Gefühl, das dürfe ich dir jetzt nicht vermasseln, nachdem ich mich so blöd verhalten hatte.

Sie: Ich wusste ja gar nicht, dass du dich wieder für mich interessierst!

Er: Konntest du ja auch nicht wissen.

Th: Und wie ging es dann weiter?

Sie: Wir haben in der Folge mit verschiedenen Frauen oder Männern rumgemacht, ohne rechte Lust, ich zumindest…,

Er: …ich auch nicht…

Sie: …bis ich dann meinen zweiten Mann kennenlernte. Das war eine richtig schöne Beziehung, er war nett zu den Kindern, und du hast dich ja auch mit ihm verstanden.

Er: Ja, schlimm, dass er letztes Jahr gestorben ist!

Sie: Ja, schlimm.

Th: (nach einer längeren Pause) Und jetzt?

Er: Ich bin seit drei Jahren wieder verheiratet.

Sie: Und ich bin alleine. Deine Frau finde ich nett. Nur ab und zu treibt mich die Frage um, was ich falsch gemacht haben könnte.

(Schweigen)

Th: Na, wenn Sie nun schon zu mir gekommen sind, sollten wir doch versuchen, eine Antwort zu finden, jeder für sich, oder auch zusammen.

Sie: Selbst in dem großen Knatsch, als du das Verhältnis mit deiner Kollegin hattest, waren wir uns ja nicht so fern, aber irgendwie hab ich überhaupt nicht verstanden, was dich damals geritten hat.

Er: So richtig war mir das auch nicht klar.

Sie: Ist das als Erklärung nicht ein bisschen mager?

Er: Es war wie eine fixe Idee, von der ich besessen war, ohne dass ich das erklären konnte.

Th: Unsereins würde das wahrscheinlich eine Projektion nennen.

Sie: Heißt das, als außenstehende Ehefrau kann man das nicht verstehen? Und möglicherweise kann es sich jederzeit wiederholen?

Th: Nicht jederzeit, vielleicht, aber wiederholen durchaus.

Es muss nicht, es kann.

Sie: Ziemlich blödes Spiel, wenn man als Frau eigentlich auf die Stabilität einer Beziehung baut.

Th: Das können Sie so sehen, aber Projektionen sind nicht auf Männer beschränkt.

Sie: Sei's drum. Aber auch danach habe ich ja keinen Weg gefunden, den Riss zwischen uns zu überbrücken.

Er: Es wäre ja wohl auch eher meine Sache gewesen...

Sie: ... aber du hattest ja so ein schlechtes Gewissen.

Er: Was natürlich nicht deine Schuld war.

Sie: Nein. Aber wenn ich zurückdenke: Das war der Zeitpunkt, an dem wir eine Chance gehabt hätten. Danach war immer wieder etwas anderes...

Er: ... oder besser: jemand anderes!

Sie: Ja, jeder von uns hatte immer wieder andere Beziehungen, und spätestens als jeder zeitversetzt wieder geheiratet hatte, war der Weg zueinander versperrt. So wie jetzt. Wir kamen eigentlich gar nicht mehr dazu, uns zu fragen, ob wir wieder zusammenkommen wollten.

Th: Und – haben Sie etwas falsch gemacht?

Sie: Nein, falsch habe ich nichts gemacht, wenn etwas falsch machen heißt, von zwei Alternativen nicht die richtige auszuwählen. Es war eher so, dass wir beide den Zeitpunkt verstreichen ließen, zu dem noch ein Rückweg möglich gewesen wäre. Aber es weiß ja auch niemand, ob wir daraus noch mal eine glückliche Beziehung hätten machen können.

Th: Ich wünsche Ihnen ein gutes Leben, jedem von Ihnen.

In guten wie in schlechten Tagen, bis dass der Tod euch scheidet

Die Erinnerung an einen Abend im Februar:
Ich (80 Jahre): »Habe ich Dir schon gesagt, dass ich Dich liebe?«
Sie (78 Jahre) »Ja, gestern Abend.«
Ich: »Ach so!«
Sie: »Sag's noch mal! Ich höre es gerne.«
Sie, meine Sigrid, ist vor acht Wochen gestorben. Wir waren 60 Jahre zusammen.

F. Winter[83]

Bei all den Gedanken über Untreue und Trennung gerät leicht aus dem Blickfeld, dass Beziehungen auch durch Krankheit und Tod beendet werden. Menschen sterben, vorzeitig an Krankheiten, oder im Alter, und dann nicht selten nach einer Phase, in der das gemeinsame Leben durch eine Demenz lange beeinträchtigt war.

Schwere Krankheiten beeinflussen das Leben zu zweit stärker, als wir das in einer Epoche der modernen Medizin und ihrer Erfolge wahrhaben mögen. Denn wenn Sie an einer Störung erkranken, die nicht schnell wieder weggeht, sondern möglicherweise nach unklarer Dauer zu Siechtum und Tod führt – Krebs, Rheuma, Systemerkrankungen –, treten die sonstigen Probleme der Zweisamkeit in den Hintergrund gegenüber jenen Anforderungen, den Partner bei der Bewältigung seiner Krankheit zu unterstützen, ihm beizustehen.

Dazu gehören aber immer zwei, eine/r die oder der sich helfen lassen will, und die oder der diese Unterstützung geben kann und will. Und ob das gelingt, hängt sehr davon ab, wie die Beziehung bis zum Beginn der Krankheit war. Nichts ist selbstverständlich, und wenig beziehungsfördernd ist es, aus der Krankheit einen Anspruch abzuleiten. Dies umso mehr, als auch bösartige Krankheiten Jahre, manchmal Jahrzehnte dauern und mit erheblichen Veränderungen von Lebens- und Beziehungsqualität einhergehen können. Letztlich ist es wie in der nicht durch Krankheit beeinträchtigten Beziehung: Was eine/r an Verständnis und Zuwendung spontan geben kann, fühlt sich viel besser an als das Eingeforderte, und was spontan nicht geschieht, schmeckt eingefordert schal. So wird eben eine lebendige Beziehung, die vom gegenseitigen Austausch bestimmt ist und in der Konflikte nicht anbrennen, mit Krankheit und Leid eher zurechtkommen als eine, in der schon die gesunden Partner über schwierige Themen eher schweigen.

Der Preis für eine gute, intensive Beziehung ist auch, dass Lebensprobleme des einen die andere nicht kalt lassen. Berufliche oder rechtliche Auseinandersetzungen sind für den Partner, der nicht handeln kann, oft schwerer zu ertragen als für den unmittelbar Betroffenen, bis in die Depression.

Eine der größten Herausforderungen für eine Beziehung kann die Demenzerkrankung des einen Partners sein, denn der Verlust der persönlichen Integrität schreit geradezu nach Unterstützung und Zuwendung. Und doch kann gerade das so schwer werden, wenn in der Demenz die Persönlichkeitsanteile, die einem wichtig waren, die man geliebt hat, verloren gehen. Den ehemals geliebten Menschen zu unterstützen, wenn von dem, was Sie da geliebt haben, nichts mehr zu sehen oder zu spüren ist, kann eine große Herausforderung sein, die nur noch überboten wird von der Notwendigkeit, den Verfall des Anderen mitzuerleben.

Und wenn es gut war? Wenn nach 60 Jahren noch ein Dialog wie der oben zitierte möglich ist? Vielleicht kommt Ihnen das Zitat zu sentimental vor. Aber ich glaube, wenn es Ihnen gelungen ist, eine so lange Zeit auch nur überwiegend gut miteinander zuzubringen, dann steht Ihnen jede Menge Süßholzgeraspele zu. Wenn es denn Ihr Süßholz ist und Sie es so wollen. Niemand anderer hat Ihnen zu sagen, wie Sie diese lange Beziehung zu finden haben, als nur Sie selbst. Und da es den meisten nicht gegeben ist, Hand in Hand oder wie Tristan und Isolde aus dem Leben zu gehen, wird eine/r übrig bleiben. Der Gedanke kann für beide schwierig sein: dass Sie überlebt werden, dass Sie alleine sein werden. Gut wäre, offen darüber sprechen zu können – wie bei allen Paarproblemen –, denn das Reden, das Erfahren, wie die oder der Andere empfindet oder denkt, macht die Angst kleiner. Das Unbekannte ist das Schlimmste.

Dann sind Sie alleine. Was sollen Sie tun, was mit sich anfangen? Es gibt nur einen sinnvollen Weg: trauern. Trauern ist die Wandlung dieses schmerzhaften, unerträglich erscheinenden Zustandes in die Erinnerung, mit der Sie umgehen können. Wenn Sie alt sind, dürften Sie mit dem Trauern schon Erfahrungen gemacht haben, denn das Sterben von Freunden ist eine der unausweichlichen Bitternisse des Alters. Das einzige adäquate Mittel ist das Trauern. Das sollten Sie bei Zeiten lernen; dann können Sie's, wenn Sie es brauchen. Wie lange Trauer zu dauern hat, das weiß keiner, das kann ihnen keiner vorschreiben, das merken Sie ganz allein.

Eines Tages ist die Trauer zu Ende und mit ihr die alte Beziehung. Dann können Sie entscheiden, ob Sie sich auf eine neue Beziehung einlassen wollen – oder ob es das war.

Happy End

»Am Ende wird alles gut – und wenn es nicht gut ist, ist es noch nicht das Ende.« Mit Oscar Wilde nahm es kein gutes Ende, erst musste er ins Zuchthaus, dann starb er einsam und isoliert, nachdem er sich ziemlich unfreiwillig von seinem Geliebten Lord Alfred Douglas getrennt hatte. Was meinte er eigentlich mit »gut«?

Und was heißt »gut« für Sie? Wie gut soll es werden?

Tja, das müssen Sie bitte selbst herausfinden. Es ist vermutlich eine der wichtigsten Fragen Ihres Lebens, welche Art von guter Beziehung Sie leben wollen. Und die können Sie nur persönlich beantworten. Vielleicht bedeutet »gut« für Sie ja auch, dass Sie überhaupt nicht in einer Beziehung, sondern allein leben wollen?

Das Happy End ist ein festes Strukturmerkmal in Film, Theater und Literatur, das ein gutes Ende nach schwierigen und gefährlichen Abenteuern signalisiert. Filme, denen der Publikumserfolg wichtig ist, können auf ein Happy End nicht verzichten. Anscheinend ist der gute Ausgang für Ihr Selbstbild unverzichtbar, obwohl Sie ziemlich genau wissen, dass er nicht einfach zu bekommen ist. Aber Scheitern wollen wir uns eben nicht auch noch im Kino ansehen.

Komplizierend kommt hinzu, dass es in Filmen in der Regel immer wieder nur Episoden sind, die von einem guten Ende gekrönt werden. Wie das Leben danach weitergeht, interessiert den Drehbuchautor in der Regel nicht.

Sie hingegen sollten wohl eher am Langzeiteffekt interessiert sein, der sich allerdings auch in Ihrem Leben als aus Episoden zusammengesetzt darstellt.

1. Sie verlieben sich als Jüngling und kämpfen um Ihre große Liebe wider die böse Welt. Ende der Episode. Ab diesem Punkt eröffnen sich zwei prinzipiell unterschiedliche Pfade: Sie leben glücklich bis an Ende Ihrer Tage – ein Ergebnis, das vor allem davon abhängt, wie weit das Ende Ihrer Tage entfernt ist. Romeo und Julia brauchten über die Probleme einer lange dauernden Beziehung nicht nachzudenken;

2. Die große Liebe ist anfällig für die Gefährdungen des Alltagslebens, des Zusammenwohnens, des Kinderkriegens, und wird Opfer eines gegenseitigen Interessenverlustes: Das ist für sich genommen schon wieder das Sujet einer weiteren dramatischen Liebesepisode, nicht selten angeheizt durch das Auftreten einer neuen »großen Liebe«. Diese neue Episode könnte ihr Happy End finden, wenn es gelingt, der alten großen Liebe zu entfliehen und mit der neuen glücklich bis ans Ende Ihrer Tage zu leben, usw. usf.

So zynisch die Darstellung solcher Verläufe erscheinen mag, sie sind nicht selten, vor allem, wenn einer oder beide Partner den Zustand der Verliebtheit als das einzig Erstrebenswerte an einer Beziehung ansieht. Da dieses Hochgefühl sich nach übereinstimmender Einschätzung in der Regel nach Monaten bis Jahren aufbraucht, ist es dann Zeit für eine neue Lebensepisode. Der Ausdruck des »Lebensabschnittspartners« gibt dieses Muster ziemlich zutreffend wieder.

Auf die Spitze getrieben, brauchen Sie nach diesem Konzept für jeden Lebensabschnitt einen neuen Partner. Welche Eigenschaften die oder der mitbringen soll? Liebe, romantische Gefühle und passabler Sex sollten wahrscheinlich in jedem Alters-Kit enthalten sein, ansonsten sind schon ziemlich unterschiedliche Fähigkeiten gefragt: der Aufbau einer gemeinsamen

Existenz; das heißt, ein gemeinsames Haus, gemeinsame Kinder, gemeinsames Vermögen verlangen andere partnerschaftliche Fähigkeiten als die nicht unerhebliche Herausforderung einer beim Partner oder auch partnerschaftlich erlebten und erlittenen Demenz. Auch das wirft die Frage auf, wie Sie denn den Begriff »Ende« definieren, um im Bild von Oscar Wilde zu bleiben.

Jedes dieser Modelle hat, was ihre Planbarkeit angeht, den großen Nachteil, dass Ihre Fähigkeiten, in die Zukunft zu sehen, also das Ende zu erkennen, sehr eingeschränkt sind, selbst wenn Sie nur kurze Vorhersageperioden von Monaten und Jahren ins Auge fassen. Da Sie schlicht überhaupt nicht wissen, wie es mit Ihnen, Ihrer Partnerin, Ihren Kindern, Ihrem Job, der Großwetterlage etc. etc. weitergehen wird, ist es auch ausgeschlossen, Glück in einer dieser Beziehungsstrukturen zu planen.

Sicherheit ist nicht.

Bleibt Ihnen folglich nur das Unglück?

Das kommt auf Sie an.

Schon wieder?

Ich weiß, dass Ihnen das auf den ersten Blick wenig befriedigend erscheint.

Aber so ist es, denn Glück können Sie nur empfinden, nicht planen.

Je mehr Sie in der Lage sind, Situationen, Begegnungen als Geschenk zu erleben und weder als fest garantierten Bestandteil einer standesamtlich oder kirchlich geschlossenen Ehe noch als Selbstverständlichkeit, desto eher haben Sie die Chance auf ein Happy End. Auf eines oder manchmal auch auf mehrere. Mit einem oder mehreren anderen Menschen. Glück könnten Sie als etwas Unerwartetes, Neues erleben, das Sie vor Staunen lachen lässt.

Liebe ist ein Geschenk

Um Beziehungen ging es in diesem Buch, aber hauptsächlich um die Liebe.

Ich habe versucht, Ihnen klarzumachen, dass der Umgang mit dieser kaum fassbaren Blüte unseres menschlichen Wesens nichts Selbstverständliches ist, nichts, was Sie einfach so konsumieren können. Liebe ist ein Geschenk. Sie hält sich nicht an die vernünftigen Regeln unserer Gesellschaft, sie kommt unerwartet, aus heiterem oder düsterem Himmel. Wenn Sie auf Vernunft stehen, haben Sie möglicherweise ein Problem damit, dieses Geschenk anzunehmen. Das ist schon in Ordnung so, denn es geht um Sie, in Liebesangelegenheiten allemal, und es wäre nicht zielführend, wenn Sie sich einem mehr oder weniger dubiosen *common sense* unterwerfen würden. Geschenk hin oder her, Liebe ist nicht eindimensonal. Sie ist beglückend, verstörend, unberechenbar, sie sprengt Konventionen und Beziehungen, sie kann gewaltsam und zerstörerisch erscheinen. Liebe und Sexualität treten oft gemeinsam, manchmal untrennbar auf, aber jede kann auch allein daherkommen.

Liebe entsteht aus der Berührung durch einen anderen Menschen, im direkten und übertragenen Sinn, und macht Ihr Empfinden, Ihre Gefühle, Ihre Zuneigung zu dieser anderen Person einzigartig, hebt diese Beziehung über unsere alltäglichen, der Nützlichkeit und anderen Zwecken dienenden Umgangsformen hinaus und gibt ihr einen einzigartigen Rang. An Ihre Liebesbeziehungen werden Sie sich immer erinnern.

Ein Kraut ist dagegen nicht gewachsen. Trotzdem lege ich Ihnen nahe, zu versuchen, vernünftig damit umzugehen? Ist das nicht paradox?

Ja, ist es. Liebe führt uns wie nichts anderes vor Augen, dass wir paradoxe, uns selbst widersprechende Wesen sind. Wenn Sie das nicht sehen wollen, machen Sie sich was vor und schaffen nur Unheil.

Wenn Sie sich aber an das schwierige Unterfangen machen, die Liebe in ihrer Irrationalität, ihrer Unmöglichkeit zu akzeptieren und Ihr ach so rationales Leben dadurch zu erweitern, dann bekommen Sie etwas zurück, ein Gefühl für den Reichtum des Lebens, die Erfahrung, lebendig zu sein. Dann wird Liebe zu einer Kraft, die gegenhalten kann – gegen die alle Werte tötende Kommerzialisierung, gegen zwischenmenschliche Kälte und andere Perversionen der Vernunft.

Ich hoffe, dass Sie sich bald wieder verlieben, – vielleicht auch in die eigene Frau, den eigenen Mann.

Anhang

Dank

Ich danke allen, von denen ich etwas über Liebe und Beziehungen gelernt habe, vor allem meinen Eltern, meinen Partnerinnen und meinen Ehefrauen, natürlich auch meinen Kindern, – Frau Eva Rosenkranz, meiner Lektorin, für viel Anregendes und weil ohne sie das Buch nichts geworden wäre, – Frau Hannah Leitgeb, meiner Agentin, weil sie an Thema und Buch geglaubt hat, – Frau Heidrun Gebhardt, C. Bertelsmann Verlag, für die Anregung zu *Her*, – Gabi und Maria fürs kritische Lesen, – und Johannes Jacob vom C. Bertelsmann Verlag, dass er so mutig war, das zweite Buch mit mir zu machen.

Literaturempfehlungen

Über Liebe und Beziehung gibt es Bücher ohne Ende.
Ich habe einige ausgewählt, deren Lektüre mich erstaunt oder
amüsiert hat und von denen ich einiges lernen konnte.

Werner Bartens: Was Paare zusammenhält. München 2013.
Eine hervorragend verständliche, umfassende Darstellung
biologischer und psychologischer Befunde zum Thema Partnerschaft. Hohe praktische Relevanz!

Daniel Bergner: Die Lust der Frauen. München, 2014.
Bergner hat sich zu den WissenschaftlerInnen aufgemacht, die
mit den Mythen weiblicher und männlicher Sexualität aufräu-
men. Sie sollten ihm folgen und dieses Buch lesen! Vielleicht
rettet es Ihre Beziehung.

Sarah Blaffer Hrdy: Mütter und andere. Wie die Evolution uns
zu sozialen Wesen gemacht hat. Berlin 2010
Wie wir uns sozial verhalten, wie wir Beziehungen leben, das
haben wir nicht erfunden und auch nicht im 20. Jahrhundert
entdeckt. Das Buch bietet eine verständliche Darstellung unseres evolutionären Erbes und zeigt, wie die Wissenschaft das
alles herausgefunden hat.

Marc Brost, Heinrich Wefing: Geht alles gar nicht. Warum wir
Kinder, Liebe und Karriere nicht vereinbaren können. Reinbek
bei Hamburg, 2015.

Ein sympathischer, gut lesbarer Erfahrungsbericht zur »Vereinbarkeitslüge«, der einem den Ausweg lässt, es mit Vorsicht und Augenmaß doch zu versuchen, Kinder, Liebe und Kariere zu vereinbaren.

Heinz Bude: Gesellschaft der Angst. Hamburg, 2014.
Angst vor uns und unseren Möglichkeiten, nicht psychiatrisch, sondern soziologisch betrachtet, was dem Thema erstaunlich guttut.

Daniel Glattauer: Die Wunderübung. (Eine Komödie). Wien, 2014.
Die wunderbar komische Darstellung einer Paartherapie, in der das Paar und der Therapeut wechselseitig an ihre Grenzen kommen – wie im Leben.

Johann Wolfgang von Goethe: Die Wahlverwandtschaften. Diverse Ausgaben.
206 Jahre alt und so bewegend, dass einem (mir) gelegentlich die Tränen kommen.
Außerdem schreibt der Geheimrat einen ziemlich tollen Stil.

Eva Illouz: Warum Liebe weh tut. Berlin, 2011.
Auch wenn sie bis heute leidenschaftlich gerne gelesen werden, beschreiben Jane Austen und Emily Brontë nicht die Liebe des 21. Jahrhunderts. Das Buch von der israelischen Wissenschaftlerin reflektiert aus soziologischer Sicht Phänomene heutiger und gestriger Liebe.

Bas Kast: Die Liebe und wie sich Leidenschaft erklärt. Frankfurt am Main, 2006.
Die neurobiologischen Erklärungen von Intimität, Liebe, Leidenschaft. Gut zu lesen.

Navid Kermani: Große Liebe. München, 2014.
Ein Liebesbuch des Friedenspreisträgers von 2015, mit einem anderen kulturellen Hintergrund: immer wieder zum Staunen, Lachen, Nachdenken.

Carola Kleinschmidt: Lebensumwege: Alleinerziehende. Zehn Porträts. Bertelsmann-Stiftung, Gütersloh, 2013.
Eindringliche Porträts alleinerziehender Menschen; ein Zustand, der jedem Ehepaar schnell widerfahren kann, wird in seinen Risiken – durchaus! – und seinen Chancen dargestellt.

Nathalie Knapp: Der unendliche Augenblick. Warum Zeiten der Unsicherheit so wertvoll sind. Reinbek bei Hamburg, 2015.
Das Buch zeigt, wie wir Übergänge wertschätzen könnten, und zwar gerade die, von denen wir lieber nichts wissen wollen: Pubertät, Sterben, Lebenskrisen.

Sandra Konrad: Liebe machen. Wie Beziehungen wirklich gelingen. München, 2015.
Schönes Therapiebuch mit vielen, vielen Beispielen.

Holger Lendt, Lisa Fischbach: Treue ist auch keine Lösung. München, 2011.
Eine mitfühlende paartherapeutische Auseinandersetzung mit der Tatsache, dass Liebe nicht nach der Treue fragt.

Stefanie Lohaus, Tobias Scholz: Papa kann auch stillen. München, 2015.
Die wohlüberlegte Gegenthese zur »Vereinbarkeitslüge«!

Thomas Metzinger: Der Ego-Tunnel. Berlin, 2009.
Neurophilosophie des Ichs: ein moderner, aufregender Ansatz, sehr verständlich beschrieben. Uns gibt's gar nicht, wir bilden uns das nur ein. Da werden Sie staunen.

David Nicholls: Us. London, 2014.
Eine wunderbare Geschichte über die drei Personen einer Zweierbeziehung – mit Sohn.
(Meine Freundin hat beim Lesen immer wieder laut gelacht.)
Wenn Sie können, sollten Sie es auf Englisch lesen.

Dirk Revenstorf: Liebe und Sex in Zeiten der Untreue. Wege aus der Verunsicherung. München, 2015.
Ein Buch über die Realitäten der Untreue,»meiner Liebsten gewidmet«!

Volkmar Sigusch: Sexualitäten. Eine kritische Theorie in 99 Fragmenten. Frankfurt am Main, 2013.
Wie der Titel sagt:»Eine kritische Theorie«!
Ein leidenschaftliches Plädoyer, ein mitreißender Versuch, Sexualität in ihrer, jede Theorie sprengenden Besonderheit zu beschreiben. Vorläufer waren Freud, Adorno, Foucault.

Michael Tsokos, Saskia Guddat: Deutschland misshandelt seine Kinder. München, 2014.
Sie wollen das nicht lesen, und doch müssen Sie es wissen. Die Auseinandersetzung mit Gewalt, die Kindern von ihren Eltern (!) angetan wird, ist wichtig, weil aus den Opfern Täter werden.

Inger-Kristina Wegener: Monster. Kunst. Kinder. Rechte. 25 Jahre UN-Kinderrechtskonvention. Landeszentrale für politische Bildung Schleswig-Holstein, Kiel, 2014.
41 gemalte Monster illustrieren je ein Kinderrecht. (Warum wohl Monster?)

Zander/Zander: The Art of Possibility. Transforming professional and personal life. London, 2000.
Einfach schön! Die Kunst der Möglichkeit – in der Liebe, im Leben, in der Musik.

Anmerkungen

1 Alexander Kluge: Tür an Tür mit einem anderen Leben. Frankfurt a. M., 2006, S. 7.
2 Amüsant ist das in »Das Rosie-Projekt« von Graeme Simsion (Frankfurt a. Main, 2015) dargestellt.
3 Jesper Juul, Peter Hoeg et al.: Miteinander. Wie Empathie Kinder stark macht. Weinheim, 2012.
4 Sigusch Volkmar: Sexualitäten. Frankfurt am Main, 2013.
5 Werner Bartens: Körperglück. München, 2010.
6 SZ 7./8. März 2015, S. 50.
7 SZ 14./15. Februar 2015, S. 58. Interview: Martin Wittmann.
8 Michael Tomasello et al (2005): Understanding and sharing intentions, The origins of cultural cognition. Behavioral and Brain Sciences 28, 675 – 691.
9 Sarah Blaffer Hrdy: Mütter und andere – Wie die Evolution uns zu sozialen Wesen gemacht hat. Berlin 2010.
10 Mir ist bewusst, dass diese Empfehlung etwas theoretisch ist: In vielen Gegenden ist es fast unmöglich, zeitnah einen Psychotherapeuten zu finden, und wenn Sie wählerisch bezüglich Person oder Richtung sein wollen, wird die Auswahl noch schwieriger. Ich kann Ihnen nur raten, wählerisch zu bleiben und gegebenenfalls das Gespräch mit Ihrer Krankenkasse zu suchen. Es kann nichts schaden, sich vorher über Ihre Rechte zu informieren. Sie zahlen ja schließlich monatlich substanzielle Beiträge.
11 Interview mit Ursula Buchfellner, Playmate 1979, mit Harald Freiberger und Hannah Wilhelm. SZ 9. Oktober 2015, Seite 22.
12 Etwa: G. Esser, R. Dinter, M. Jörg, F. Rose, P. Villalba, M. Laucht und M.H. Schmidt: Bedeutung und Determinanten der frühen Mutter-Kind-Beziehung. Zeitschrift für Psychosomatische Medizin und Psychoanalyse Vol. 39, No. 3 (1993), pp. 246-264.
13 John Bowlby Bowlby: A Secure Base: Clinical Applications of Attachment Theory. London, 1988. (pbk).

14 Durch das Kinderförderungsgesetz (KiföG) haben Kinder seit dem
   01. August 2013 schon ab Vollendung des ersten Lebensjahres bis zum
   dritten Lebensjahr einen einklagbaren Rechtsanspruch auf frühkindliche Förderung in einer Tageseinrichtung oder in der Kindertagespflege eingeführt. Im Gesetz § 24, Abs. 2, Satz 1 SGB VIII heißt es:
   »Ein Kind, das das erste Lebensjahr vollendet hat, hat bis zur Vollendung des dritten Lebensjahres Anspruch auf frühkindliche Förderung
   in einer Tageseinrichtung oder in Kindertagespflege.«
   Also besteht ein einklagbarer Anspruch auf einen Kitaplatz oder eine
   Tagesmutter, wobei die Eltern wählen können, ob ihr Kind von einer
   Tagesmutter oder in einer Kindertagesstätte betreut werden soll.
15 Nathalie Knapp: Der unendliche Augenblick. Warum Zeiten der Unsicherheit so wertvoll sind. Reinbek bei Hamburg, 2015.
16 Oskar Maria Graf: Kalendergeschichten. München, 1995.
17 Jaron Lanier: You are not a gadget. London, 2011.
18 Interview mit Moritz von Uslar, ZEIT-Magazin, September 2015, S. 10.
19 Neuerdings gibt es auch Portale, die genetische Merkmale der Teilnehmer erfassen. Sie folgen der Theorie, dass genetische Verschiedenheit ein für das biologische Zusammenpassen entscheidender Faktor
   sei; ob dies tatsächlich auch die seelische Harmonie beeinflusst, ist allerdings strittig.
20 A. Aron et al: The experimental generation of interpersonal closeness:
   a procedure and some preliminary findings. PSPB 23, 363-377, 1997.
   http://sz-magazin.sueddeutsche.de/blogs/nummereins/4693/die-
   nummer-eins-der-intimität-36-entscheidende-fragen/
21 Sara C. Mednick, Nicholas A. Christakis, James H. Fowler: The
   spread of sleep loss influences drug use in adolescent social networks.
   PLoS ONE 2010 vol. 5 (3) pp. e9775.
22 Navid Kermani: Große Liebe. München 2014, S 27.
23 Bitte machen Sie sich klar, dass die Freisetzung eines Neurotransmit-
   ters die Aktivität einer oder mehrerer Nervenzellen moduliert und das
   im Bereich von Sekundenbruchteilen. Alles spielt sich also im mikro-
   skopischen Bereich ab, strukturell und zeitlich gesehen. Direkt beobachten lässt sich die Neurotransmitterwirkung beim Menschen ohnehin nicht. Woher wissen wir also etwas über diese Zusammenhänge?
   Im strengen Sinn »wissen« wir nichts, aber wir können erschließen,
   wie wir funktionieren, indem wir tierexperimentelle, biochemische,
   elektrophysiologische Befunde mit Verhaltensbefunden kombinieren.
   Wissenschaftliche Absolutheitsansprüche sind also fehl am Platz, es
   geht eher um intelligente Vermutungen.
24 *medial preoptic area* und *ventral tegmental area*.

25 Daniel Bergner: What do women want? Edinburgh 2013.

26 Georg Rüschemeyer: Bindungshormon Oxytocin – Das macht die Gefühle. FAZ 9. November 2015.

27 SSRI = Selektiver Serotonin Reuptake –Hemmer

28 Eva Illouz: Warum Liebe weh tut. Berlin, 2011.

29 Volkmar Sigusch: Sexualitäten. Frankfurt a. M., 2013, S. 205.

30 Sigusch, a. a. O., 208.

31 Monica Bellucci im Interview mit Gabriela Herpell, SZ-Magazin, 6. November 2015.

32 »Wer unter euch ohne Sünde ist, der werfe den ersten Stein auf sie.« (Johannesevangelium, Kapitel 8, Vers 7).

33 Sie mögen sich fragen, ober eine Darstellung der vielfältigen Erscheinungsbilder menschlicher Sexualität den Rahmen dieses Buches sprengt, zumal manche Ausprägungen sehr selten sind. Ich habe mich das auch gefragt und mich für diese Form der Darstellung entschieden. Vor allem, weil ich finde, dass wir aus wenigem so viel über unsere menschliche Natur lernen können wie aus den Manifestationen menschlicher Sexualität. Und weil es Voraussetzung und Ausdruck von Toleranz ist, auch über die Aspekte des Menschlichen Bescheid zu wissen, die uns fremd erscheinen.

34 Natürlich gibt es noch viele andere Varianten; das Leben bringt eben viele bunte Blumen hervor.

35 Eva Illouz: Die neue Liebesordnung. Frauen, Männer und Shades of Grey. Berlin, 2013.

36 Volkmar Sigusch: Sexualitäten. A.a.O., S. 307.

37 Sigusch weist darauf hin, dass der etablierte Ausdruck »sexueller Missbrauch« unsinnig ist, da es keinen legitimen sexuellen Gebrauch von Kindern geben kann.

38 Ehe ist die gesetzlich anerkannte Lebensgemeinschaft zwischen Mann und Frau. Sie wird auf Lebenszeit geschlossen (§ 1353, Abs. 1 BGB). Begründet wird die Ehe durch Vertrag. Sie wird dadurch geschlossen, dass die Verlobten vor dem Standesbeamten persönlich und bei gleichzeitiger Anwesenheit erklären, die Ehe miteinander eingehen zu wollen. Einzelheiten über die Eheschließung sind im Ehegesetz vom 20.2.1946 geregelt.

39 Brotto LA. The DSM diagnostic criteria for hypoactive sexual desire disorder in women. Arch Sex Behav. 2010 Apr; 39(2):221-39.

40 Daniel Bergner: What do women want? A.a.O.

41 Daniel Bergner im Interview mit Christina Berndt, SZ, März 2013, S. 12.

42 Süddeutsche Zeitung »Wohlfühlen«, März 2015, S. 7. Rebekka Rein-

hard ist promovierte Philosophin, schreibt für Zeitungen wie *Zeit, Hohe Luft, SZ* und arbeitet in Kliniken (Onkologie) als »psychotherapeutisch qualifizierte Konsiliar-Philosophin«.

43 Karl Ove Knausgard, Lieben. München 2012.

44 Volkmar Sigusch: Sexualitäten.a.a.O. S. 293.

45 Inger-Kristina Wegener: Monster. Kunst. Kinder. Kiel, 2014.

46 M. Tsokos, S. Guddat: Deutschland misshandelt seine Kinder. München, 2014.
Lesen Sie dieses Buch, auch wenn es Ihnen schwerfällt. Mir ist es auch schwergefallen. Aber so ist Kinderrealität in unserem Land. Das Buch bestätigt das Sigusch-Zitat vom Anfang des Kapitels – nur falls Ihnen das zu krass vorkam.

47 Kate Hudson (geboren 1979) ist Schauspielerin, die Tochter von Goldie Hawn und die Stieftochter von Kurt Russell.

48 Stefan Glowacz (geboren 1965) ist Profi-Bergsteiger und Extrem-Kletterer. (SZ 14. /15. März 2015, Seite 60). Interviewer: Thomas Haberl.

49 Eva Menasse: Quasikristalle. Köln, 2013, 251–253.

50 SZ 13./14. Mai 2015.

51 St. Lohaus, T. Scholz: Papa kann auch stillen. München, 2015.

52 Kathrin Bock-Famulla, Jens Lange, Eva Strunz: Länderreport Frühkindliche Bildungssysteme 2015, www.bertelsmann-stiftung.de

53 Marc Brost, Heinrich Wefing: Geht alles gar nicht. Warum wir Kinder, Liebe und Karriere nicht vereinbaren können. Reinbek bei Hamburg, 2015, S. 188.

54 Lara Fritzsche: Damenwahl. SZ-Magazin, 9. Oktober 2015.

55 Marc Brost, Heinrich Wefing: Geht alles gar nicht. A.a.O.
Susane Garsoffky, Britta Sembach: Die Alles ist möglich-Lüge. Wieso Familie und Beruf nicht zu vereinbaren sind. München 2014.

56 Marc Brost, Heinrich Wefing: Geht alles gar nicht. A.a.O., S. 68 ff.

57 Ebd. S. 44.

58 Zitiert bei Marc Brost, Heinrich Wefing: Geht alles gar nicht. A.a.O., S. 84.

59 Julia Engelmann: Eines Tages, Baby. München, 2014, S. 66 f.

60 Ebd.

61 Der Neurowissenschaftler Onur Güntürkin im Interview mit der SZ 25. September 2015, S. 16.

62 Shunryo Suzuki: Beginners mind. New York, 1970.

63 SZ Magazin, 4. Oktober 2013, S. 18 ff. Im Interview mit Gabriela Herpell.

64 Einige meiner Überlegungen wurden u.a. angestoßen von Dirk Revenstorf: Liebe und Sex in Zeiten der Untreue. München 2015.

65 SZ Magazin 6/2015 (7.2.2015), das Interview führten Sven Michaelsen und Michael Ebert.
66 Max Frisch: Tagebuch 1946–1949. Frankfurt a. M., 1950, S. 371–377.
67 Ebd.
68 Ebd.
69 Lutherbibel. Revid. Text 1984. Ausgabe 1999, Deutsche Bibelgesellschaft, Stuttgart, 1999.
70 Nathalie Knapp: Der unendliche Augenblick. a.a.O.
71 Werner Bartens: Was Paare zusammenhält.München, 2013, S. 250.
72 Ebd., S. 140ff.
73 Siehe Kapitel Projektion und Empathie.
74 Der Titel von Nicolas Talebs wunderbarem Buch »Der schwarze Schwan« gibt das gut wieder: ein schwarzer Schwan kam in der Wirklichkeit der nicht weltreisenden Europäer nicht vor, alle Schwäne waren weiß. Aber diesen Aspekt Ihrer Ich-Struktur können Sie sich nur so lange leisten, so lange Sie nicht nach Neuseeland reisen. Naheliegender für Europäer: Aktien sind nicht sicher.
75 Passenderweise hat der Neurophilosoph Thomas Metzinger sein Buch über unsere ständigen Versuche, ein Selbst zu erzeugen, so benannt: Der EGO-Tunnel. (Berlin 2009) Er bringt jede Menge Beispiele für diesen Mechanismus.
76 Dirk Revenstorff: Liebe und Sex in Zeiten der Untreue. A.a.o.
77 Mihaly Csikszentmihaly: Flow. The psychology of optimal experience. Harper & Row, 1990.
78 Revenstorff, a.a.O., S. 59.
79 Anziehen und wegstoßen; keine Verstärkung ist so stark wie eine inkonsistente, eine, die ständig wechselt.
80 A. Milne: Pu der Bär. Hamburg, 1987, S. 49ff.
81 Liam Neeson im Wochenende-Interview mit David Pfeifer. SZ 22./23. März 2014, S.12.
82 Bertolt Brecht: Ardens sed virens. Aus: Gedichte über die Liebe. Frankfurt am Main, 1982, S. 160.
83 Was mein Leben reicher macht. Die ZEIT, 11. Juni 2015, S. 74.

Register

.